Reinhard Christl, Silke Rudorfer (Hg.)

Wie werde ich Journalist/in?

W0075945

Journalismus: Theorie und Praxis

Band 9

LIT

Reinhard Christl, Silke Rudorfer (Hg.)

Wie werde ich Journalist/in?

Wege in den Traumberuf

2. Auflage 2007

LIT

Coverbild: Lisa-Marie Gotsche & Merlin König
Model: Alina Sklenicka

Bibliografische Information der Deutschen Nationalbibliothek
Die Deutsche Nationalbibliothek verzeichnet diese Publikation in der
Deutschen Nationalbibliografie; detaillierte bibliografische Daten sind
im Internet über http://dnb.d-nb.de abrufbar.

ISBN 978-3-7000-0687-9 (Österreich)
ISBN 978-3-8258-0466-4 (Deutschland)
2. Auflage 2007

© LIT VERLAG GmbH & Co. KG Wien 2007
Krotenthallergasse 10/8
A-1080 Wien
Tel. +43 (0) 1 / 409 56 61
Fax +43 (0) 1 / 409 56 97
e-Mail: wien@lit-verlag.at
http://www.lit-verlag.at

LIT VERLAG Dr. W.
Berlin 2007
Auslieferung/Verlagskontakt:
Fresnostr. 2
48159 Münster
Tel. +49 (0)251–62 03 20
Fax +49 (0)251–23 19 72
e-Mail: lit@lit-verlag.de
http://www.lit-verlag.de

Auslieferung:
Österreich: Medienlogistik Pichler-ÖBZ GmbH & Co KG
IZ-NÖ, Süd, Straße 1, Objekt 34, A-2355 Wiener Neudorf
Tel. +43 (0) 2236/63 535 - 290, Fax +43 (0) 2236/63 535 - 243, e-Mail: mlo@medien-logistik.a
Deutschland: LIT Verlag Fresnostr. 2, D-48159 Münster
Tel. +49 (0) 2 51/620 32 - 22, Fax +49 (0) 2 51/922 60 99, e-Mail: vertrieb@lit-verlag.de

INHALT

Inhalt

Inhalt

Vorwort der Herausgeber

An gescheiten Büchern über Fragen zu allen Lebenslagen besteht wahrlich kein Mangel. Der Buchmarkt ist überschwemmt von mehr oder weniger klugen Ratgebern von Gurus, die einem erklären, wie man richtig läuft, gärtnert, kocht – oder abnimmt, je nachdem. Auch für das Berufsleben und den Weg dorthin haben die boomenden „How-to"-Bücher angeblich einiges zu bieten. Vom richtigen Bewerbungsschreiben über die besten Karriere-Kniffe bis hin zu Strategien gegen die mobbende Kollegenschaft. Alles da.

Dass diese Buchtitel selten das halten, was sie versprechen, soll hier nicht weiter diskutiert werden. Faktum ist, dass es kaum wirklich gute Ratgeber gibt, die Berufseinsteigern den Weg in ihren Traumberuf beschreiben. Für den österreichischen Journalismus fehlte ein solches Werk bislang jedenfalls mit Sicherheit.

Diese Lücke soll mit dem vorliegenden Buch geschlossen werden. Seit genau vier Jahren gibt es am FH-Studiengang Journalismus die Möglichkeit, eine fundierte, akademische Ausbildung zum Journalisten zu erhalten. Vor wenigen Wochen konnten wir die ersten Absolventen – übrigens nicht nur mit sehr guten Jobaussichten, sondern großteils mit fixen Jobzusagen – verabschieden.

Für uns war dieses Ereignis Anlass für zweierlei: Einerseits wollten wir erklären, was unseren Studiengang auszeichnet. Die ersten Beiträge des Buches widmen sich genau dem: Der Studiengangsleiter, Reinhard Christl, beantwortet die Frage, ob und wie man Journalismus eigentlich unterrichten kann. Gerade Journalisten waren bislang ja vielfach der Meinung, dass eine akademische Ausbildung, die Theorie und Praxis vereint, nur schwer möglich sei. Dass es funktionieren kann – und dass die Praktiker in den Redaktionsstuben diese Ausbildung hervorragend beurteilen – weist Silke Rudorfer, am Studiengang für Forschung und Öffentlichkeitsarbeit zuständig, in ihrem Beitrag nach. Sie zieht eine Bilanz über die ersten vier Jahre von Wiens führender akademischer Journalismusausbildung. Daniela Kraus, Geschäftsführerin des *Medienhaus Wien* und wissenschaftliche Beraterin des Studiengangs, beschreibt danach, wie man am FH-Studiengang aufgenommen wird. So einfach ist das nämlich nicht: Mehrere hundert Bewerber raufen sich jährlich um nur 37 Studienplätze. Einer, der's geschafft hat, ist Wolfgang Luef (mittlerweile fester Bestandteil der Wiener *Zeit*-Redaktion). Vor dem Hintergrund seiner frischen Eindrücke gibt er Tipps für Berufseinsteiger.

Andererseits – und diesem Anspruch ist der Hauptteil des Buches gewidmet – wollten wir abseits unseres Studiengangs endlich die Frage klären, welche Wege in den Journalismus nun wirklich die zielführendsten und effektivsten sind. Dazu haben wir mehr als zwei Dutzend der führenden Journalisten [1] des Landes eingeladen. Und, dafür bedanken wir uns ganz herzlich, bis auf vier überlastungsbedingte Absagen haben sich alle bereit erklärt, an dem Projekt mitzuschreiben. Dass mehr als zwei Drittel dieser Top-Journalisten auch am Studiengang unterrichten, soll dabei nicht unerwähnt bleiben.

Im ersten Teil der praktischen Auseinandersetzung mit dem Traumjob Journalismus widmen sich die Journalisten einigen grundsätzlichen Fragen. Anneliese Rohrer, Fachbereichsleiterin am FH-Studiengang Journalismus, *Kurier*-Kolumnistin und Doyenne des österreichischen innenpolitischen Journalismus, hält ein Plädoyer für Journalisten mit aufrechtem Gang und erklärt, was langgediente Profis Neueinsteigern weitergeben können. Hans Besenböck erzählt über seinen Berufseinstieg und beschreibt, wie sehr sich die Anforderungen an TV-Journalisten seither ver-

---

[1]   An dieser Stelle sei für alle Beiträge des vorliegenden Buches festgehalten: Alle auf Personengruppen bezogenen Formulierungen verstehen sich jeweils in der geschlechtsneutralen Form.

ändert haben. Andy Kaltenbrunner, Geschäftsführer der *Kaltenbrunner Medienberatung* und einer der Gründungsväter des FH-Studiengangs Journalismus, widmet sich gängigen Klischees über Journalisten und klärt auf, wie die Nachrichten-Macher tatsächlich ticken.

Eric Frey, Chef vom Dienst des *Standard*, Florian Klenk, stellvertretender *Falter*-Chefredakteur und Norbert Rief von der *Presse* wagen den Blick über den österreichischen Tellerrand. Frey beschreibt die ungebrochene Vorbildwirkung des amerikanischen Qualitätsjournalismus auf heimische Blätter, Klenk berichtet von seinen Erfahrungen als Redakteur des deutschen Weltblatts *Die Zeit*, und Rief von seinem abwechslungsreichen Korrespondentenjob in den USA, zwischen Guantanamo und Washington, D. C.

APA-Chefredakteur Michael Lang widmet sich der modernen Informationsflut und der ordnenden Rolle von Agenturen, die diese gerade für die Kollegenschaft in allen anderen Medien haben. *ORF-Zeit im Bild*-Wirtschaftsredakteur Georg Ransmayr verdeutlicht den Druck, unter dem moderne Journalisten heute stehen, auf andere Weise: Er lässt den Ausnahmezustand und die zeitlichen Zwänge fühlbar werden, die in einer Redaktion herrschen, wenn „Breaking News" über sie hereinbrechen. Auf die Metaebene steigt *Standard*-Medienexperte Harald Fidler, wenn er erklärt, warum es eigentlich ein unmögliches Unterfangen ist, angesichts der eher speziellen österreichischen Medienlandschaft über die Medien des Landes zu schreiben. Klaus Stimeder, Gründer und Herausgeber des *Datum*, beschreibt schließlich das Dasein als Medienpionier und die Hürden, die sich einem bei der Gründung eines neuen Magazins so in den Weg stellen.

Der zweite Teil des großen Praxisschwerpunkts befasst sich mit der titelgebenden Kernfrage des Buches, mit dem „How to?". Ein rundes Dutzend Beiträge geht der Frage nach, wie man Journalist wird.

Konrad Mitschka, verantwortlich für Training & Förderung im ORF, klärt die grundsätzlichen Fragen, wie jemand beschaffen sein sollte, um im Journalistenberuf glücklich zu werden. Einige Top-Journalisten des Landes erklären danach, was die verschiedenen Arten von Medien für Berufseinsteiger unterscheidet. Die langjährige *Standard*-Redakteurin Barbara Tóth (die kurz vor Drucklegung dieses Buches zum *Falter* wechselte) beschreibt den Weg in die Tageszeitung; *Falter*-Chefredakteur Armin Thurnher jenen ins Magazin; Fritz Dittlbacher, *Zeit im Bild*-Chefreporter im ORF, nimmt sich des Fernsehens an; Ulrich Köring (Chefredakteur von *RADIOSZENE*) und Rüdiger Landgraf (Chefredakteur von *KRONEHIT*) des Radios; Gerlinde Hinterleitner samt Redaktion von *derStandard.at* tut dasselbe für den Online-Journalismus.

Ein halbes Dutzend weitere Beiträge arbeitet schließlich die Unterschiede verschiedener Ressorts in einem Medium heraus: Gernot Bauer vom *profil* erklärt die Anforderungen an Innenpolitik-Redakteure; seine *profil*-Kollegen Michael Nikbakhsh und Emil Bobi tun das für die Bereiche Wirtschaft und Chronik; Klaus Taschwer vom *Standard* erläutert den Alltag eines Wissenschafts-Journalisten; ORF-Redakteurin Erna Cuesta sagt, was im Kultur-Journalismus Sache ist; und *SportWoche*- und *Sportmagazin*-Chefredakteur Adi Kornfeld definiert die Voraussetzungen für gestandene Sport-Journalisten. Der abschließende Beitrag des mittlerweile als Politikberater tätigen Ex-*profil*-Innenpolitikers Thomas Hofer ist nur auf den ersten Blick eine Abrechnung mit dem Journalismus: Er beschreibt Wege, die wieder aus dem Journalismus hinausführen und zeigt die Qualifikationen, die man als Journalist für das Leben danach erwirbt.

Alles in allem bietet das vorliegende Buch ein umfassendes Bild von den verschiedensten möglichen Berufen im Journalismus. Es ist ein Brückenschlag zwischen Wissenschaft und Praxis. Es ist realitätsnah, weil von den führenden Praktikern des Landes geschrieben. Und es ist unterhaltsam, weil Journalisten eines ganz sicher können: Geschichten erzählen.

Reinhard Christl, Silke Rudorfer
August 2007

4 Jahre FH-Studiengang Journalismus

I

WIE LEHRT MAN JOURNALISMUS?

Und kann die FH die Qualität des österreichischen
Journalismus verbessern?

Reinhard CHRISTL

(Leiter *FH-Studiengang Journalismus*)

Österreichs Medienlandschaft ist eine Katastrophe. Die *Kronen
Zeitung* und *Österreich* sind sowieso jenseits. *Standard* und *Presse* im Vergleich zu ihren internationalen Vorbildern nur Provinz-
blätter. Der ORF schaut viel zu sehr auf die Quote. Und das *profil*
ist auch schon lang nicht mehr das, was es einmal war. Und so
weiter.

Stimmt alles.

Und auch wieder nicht.

Ohne in die Tiefen der Qualitätsdiskussion einzusteigen:
Gemessen an den lächerlich geringen finanziellen Mitteln des
Micky-Maus-Marktes Österreich (der gerade einmal halb so ho-
he Medienumsätze generiert wie Bayern) sind manche heimische
Medien im Vergleich zu ausländischen sensationell gut. Im ORF-
Radio und -TV gibt es hervorragende Informationssendungen, in
den österreichischen Printmedien grandiose Schreiberinnen und
Schreiber.

Oder, an einem Beispiel: Das *profil* hat nicht viel mehr als 20
angestellte Redakteure. Sein deutsches Pendant, der *Spiegel*, kann

sich dank des zehnmal größeren deutschen Marktes und der entsprechend höheren Verkaufs- und Anzeigenerlöse rund 200 leisten. Aber, bewusst vereinfacht ausgedrückt, zehnmal so schlecht wie der *Spiegel* ist das *profil* natürlich nicht. Manchmal ist es sogar besser.

Profil gegen *Spiegel*, das ist, gemessen an den finanziellen Möglichkeiten, wie Rapid Wien gegen Bayern München. Und was fürs *profil* gilt, gilt im Prinzip für alle österreichischen Medien: Einerseits generiert der kleine Markt entsprechend geringe Einnahmen, also kleine Budgets, also brustschwache Redaktionen, also wenig Qualität. Andererseits findet man, gemessen an den geringen finanziellen Möglichkeiten, immer wieder auch journalistische Höchstleistungen.

Das nur einleitend für alle, die Journalisten werden wollen, weil sie von dem missionarischen Drang beseelt sind, bessere Medien machen zu wollen als die bestehenden. Das sind nämlich gar nicht wenige, und das ist natürlich ein höchst ehrenwertes Motiv. Aber, liebe potenzielle Nachwuchsjournalisten, bitte bedenken: Oft scheitert Qualität nicht am Willen dazu, sondern am Geld.

Trotzdem wünschen sich die österreichischen Leser, Hörer, Seher und User natürlich mit Recht bessere Medien. Denn die finanziellen Probleme unserer Verlage und Sender sind ihnen herzlich egal. Und mehr Qualität im Journalismus ist natürlich auch aus demokratiepolitischen und anderen Gründen höchst wünschenswert.

Und damit sind wir mitten in der Diskussion, was zu tun ist, um die Qualität der heimischen Medien zu verbessern. Eine Diskussion, die ich in diesem Beitrag nicht in aller Breite führen kann. Denn dann wäre kein Platz für die vielen anderen außerordentlich lesenswerten Texte dieses Bandes.

Also konzentriere ich mich auf den Aspekt, der für mich als Leiter des FH-Studiengangs Journalismus der entscheidende ist: Kann man die allseits beklagte bescheidene Qualität des österreichischen Journalismus durch bessere Ausbildung der Journalisten steigern? Und kann das dieser Studiengang?

Wenn nein, hat er nämlich keinerlei Existenzberechtigung. Dann sollte man ihn schnellstmöglich wieder zusperren und meinen Posten einsparen.

Beginnen wir mit einem kleinen Rückblick: Jahrzehntelang gab es in Österreich, von einzelnen Initiativen abgesehen, für Journalisten keine wirkliche Ausbildung. Das Publizistik-Studium vermittelte kaum praxisrelevante Fertigkeiten. Die Medienunternehmen hatten mit Ausnahme des ORF zuwenig Geld, um sich aufwändige Ausbildungsprogramme leisten zu können. Die Journalisten selber (der Autor inklusive) hatten meist etwas völlig anderes oder gar nichts studiert oder waren irgendwie in ihren Beruf hineingescheitert. Sie standen deshalb einer systematischen Ausbildung für diesen ihren Beruf höchst skeptisch gegenüber, nach dem Motto: Für den Journalismus braucht man kein Studium, wir selber haben ihn ja auch ohne ein solches gelernt.

Der Kommunikationswissenschafter Thomas Bauer beklagte noch vor sechs Jahren völlig zu Recht, die Journalistenausbildung in Österreich sei über Notprogramme nicht hinausgekommen. [1] Volksnäher ausgedrückt: Jahrzehntelang galt das wohlbekannte oberste österreichische Realverfassungsprinzip: Wozu brauch ma so was, das hat's früher auch nicht gegeben.

Ausländische Journalisten-Kollegen zeigten sich über die heimische Nichtausbildungslandschaft höchst verwundert. Für sie war es immer schon selbstverständlich, dass man Journalismus an Hoch- oder Journalistenschulen lernt. So gibt es beispielsweise in Deutschland, der Schweiz, Großbritannien und Skandinavien seit Jahrzehnten zahlreiche hochwertige Journalismusausbildungen. [2] Von den USA gar nicht zu reden.

Erst seit 2003, mit einigen Jahrzehnten Verspätung, gibt es mit dem Studiengang Journalismus auch in Wien etwas Ver-

---

[1] Vgl. Bauer, 2001, S. 28
[2] Vgl. für eine ausführliche Übersicht Hömberg / Hackel-de Latour 2005 sowie La Roche 2006, S. 195-251

gleichbares: eine praxisnahe Journalistenausbildung auf akademischem Niveau und in Kooperation mit den führenden Medienunternehmen des Landes.

Um von Beginn an kein Missverständnis aufkommen zu lassen: Natürlich ist Journalist bis zu einem gewissen Grad ein Talentberuf, wie das etwa *Standard*-Kolumnist Hans Rauscher immer wieder betont. Und es wird und soll auch in Zukunft Journalisten geben, die kein Journalismus-Studium abgeschlossen haben. Journalismus wird hoffentlich auch künftig eine bunte Branche sein, in der sich kreative und intelligente Menschen aller Arten von Begabungen treffen.

Das können Leute sein, die ein Jus- oder Wirtschaftsstudium absolviert haben, wie sie etwa die (Ex-) *Presse*-Chefredakteure Andreas Unterberger und Michael Fleischhacker in bemerkenswerter Eintracht bevorzugen. Oder Studienabbrecher, die während eines Studiums in einer Zeitungsredaktion gejobbt und sich dabei so unentbehrlich gemacht haben, dass sie keine Zeit mehr hatten, ihre Ausbildung zu vollenden. Oder Absolventen jener Studienrichtungen, die vom bekennenden Nicht-Medienkonsumenten Karl-Heinz Grasser wenig geistreich als „Orchideenfächer" abqualifiziert werden. Oder auch Menschen, die nie eine Hochschule von innen gesehen haben, aber einfach talentiert und engagiert sind.

Andererseits hat sich auf der ganzen Welt, zumindest in dem Teil, der sich einer gewissen Tradition in Sachen freier Medien erfreuen kann, die Erkenntnis durchgesetzt, dass man Journalismus ebenso lernen und lehren kann wie Betriebswirtschaft, Philosophie, Jus und Romanistik. Nicht Journalismus in seiner gesamten Vielfalt. Aber viele einzelne Aspekte des Journalismus: Wie bereitet man sich auf ein Interview vor, wie funktioniert eine Fernsehkamera, wie schreibt man eine Magazingeschichte, was sagt uns die Media-Analyse. Das und vieles mehr kann man jungen Menschen im Rahmen einer Ausbildung beibringen. Und man kann sie im Rahmen einer solchen auf die ethisch-moralischen Herausforderungen vorbereiten, die sie im Beruf erwarten.

Der FH-Studiengang Journalismus versucht all das zu tun. Und zwar in größtmöglicher Praxisnähe. Indem er viele der besten Journalisten und Medienmanager dieses Landes als Lektoren und Vortragende verpflichtet hat. Indem er mit fast allen führenden Medien dieses Landes kooperiert. Indem er die Ausbildung im Seminarraum und im Hörsaal schon während des Studiums mit zahlreichen Praktika in den Redaktionen koppelt. Indem er sich die international besten Ausbildungen ähnlicher Art zum Vorbild nimmt.

Wie diese Vorbilder bereitet er die Studenten für die Arbeit in allen vier Mediengattungen vor: in Print, TV, Radio und Online. Denn die Journalisten der Zukunft sollen vor dem Problem gefeit sein, unter dem derzeit nicht wenige österreichische Journalisten leiden: nur für ein einziges Medium, etwa nur für Print oder nur für TV, ausgebildet zu sein – und deshalb im ORF oder im Mediaprint-Konzern ihre Pensionierung abwarten zu müssen, weil sie keine beruflichen Alternativen haben.

Dass diese Art der Ausbildung auch in Österreich bestens funktioniert, beweist nicht zuletzt die Tatsache, dass zahlreiche Absolventen des Studiengangs Journalismus bereits vor Abschluss ihres Studiums hochinteressante Jobs in den führenden Medien des Landes hatten.[3] Aber warum sollte sie auch ausgerechnet in Österreich nicht funktionieren?

Wien ist (ausnahmsweise) nicht anders.

Freilich, auch das sei nicht verschwiegen, ist und bleibt Journalistenausbildung ein höchst diffiziles Unterfangen, das mit einigen auf den ersten Blick fatalen Grundwidersprüchen fertigwerden muss:

Einerseits sollen die Studenten lernen, was der Lektor, der Vortragende und der Studiengangsleiter für wichtig halten. Andererseits sollen sie alles hinterfragen, was ihnen als letztgültige Weisheit vorgesetzt wird.

---

[3] Details zur Medienpraxis der Studierenden finden Sie im Beitrag von Silke Rudorfer.

Einerseits dürfen sie vor den Mächtigen nicht allzu viel Respekt haben, andererseits sollen sie brav die Hausordnung einhalten (und nicht durch Kettenrauchorgien die Gänge zunebeln und jeden zweiten Tag einen Feuerwehreinsatz auslösen).

Einerseits müssen wir ihnen die handwerklichen Tricks fürs Verfassen journalistischer Texte beibringen. Andererseits dürfen wir ihre – hoffentlich vorhandene – schreiberische Kreativität nicht zerstören.

Einerseits wollen wir ihnen Sozialtechniken zeigen, die sie befähigen, in den diversen Haifischbecken der Medienbranche zu überleben. Andererseits wollen wir, dass sie die ethisch-moralischen Prinzipien des seriösen Journalismus ein- und hochhalten. [4]

Das alles sind freilich keine Argumente gegen eine gute systematische Journalisten-Ausbildung. Vor ähnlichen Herausforderungen stehen nämlich auch andere Hochschulen und Universitäten. Zum Beispiel alle, die Lehrer, Ärzte oder Juristen ausbilden.

Denn auch wenn Journalisten und Medienmenschen (der Autor wieder inklusive) ihre Branche gern für eine ganz besondere halten, zeigt sich in diesem Fall wieder einmal: So einmalig ist sie und sind wir auch wieder nicht.

Auch deshalb gibt es auf die Frage dieses Buches, „Wie werde ich Journalist?" viele Antworten. Der FH-Studiengang Journalismus ist eine davon. Mit Sicherheit eine gute.

Mit Sicherheit allerdings auch nicht für alle die richtige. Schon allein deshalb nicht, weil er Jahr für Jahr nur ein Siebtel bis ein Zehntel derer aufnehmen kann, die sich für das Studium bewerben. Das liegt an der begrenzten Zahl der Studienplätze – und damit an den begrenzten Ressourcen, die uns auch hier wieder begegnen, wie am Anfang des Textes, und wie so oft im Zusammenhang mit Journalismus in Österreich.

Auch wird sich nicht jeder Zwanzigjährige in das doch etwas verschulte System eines FH-Studiums begeben wollen. Und der eine oder andere wird wegen mangelnder Leistungen aus dem

---

[4] Vgl. zu diesem Widerspruch Karmasin 2005.

Studium hinausfliegen und später einen anderen Weg finden, Karriere in der Medienbranche zu machen.

Aber das FH-Studium des Journalismus bietet jungen Talenten die Möglichkeit, den Einstieg in eine Branche zu finden, die, aus welchen Gründen auch immer, sehr viele junge Menschen fasziniert. Menschen, für die Journalismus der spannendste Beruf ist, den sie sich vorstellen können. Von denen manche den Einstieg auch anders schaffen würden. Manche aber auch nicht, weil sie keine Beziehungen haben in die Medienwelt und deswegen einen anderen Karriereweg einschlagen.

Die Aufnahmetests der FH[5] hingegen garantieren, dass wirklich gute Leute in den Studiengang Journalismus aufgenommen und der Medienbranche zugeführt werden. Von durchschnittlich 400 Bewerbern werden jedes Jahr nur 37 ausgewählt.

Wie diese Bewerberzahlen beweisen, ist Journalist immer noch eine Art Traumberuf. Und das, obwohl Journalisten nicht nur überdurchschnittlich oft dem Alkohol und allen anderen Arten von Suchtmitteln verfallen, sondern auch mit großer Hingabe und Ausdauer über ihren Beruf und ihre Branche jammern und lamentieren können.

Aber, und damit sind wir bei der titelgebenden Frage dieses Buches, „Wie werde ich Journalist?", das ist kein Widerspruch. Sondern die Schattenseite der unbedingt notwendigen Begeisterung für den Beruf. Alle, die sich die zitierte Frage stellen, müssen sich deshalb vorher unbedingt mit einer anderen auseinandersetzen: mit der Frage, ob sie überhaupt Journalist werden wollen (und sollen).

Erste Antwort, gewonnen aus der Erfahrung mit 1500 Bewerbern fürs Studium in vier Jahren: Wer sich für Journalismus und Medien nicht wirklich begeistern kann, der wird wahrscheinlich schon das Aufnahmeverfahren nicht schaffen, aber auf jeden Fall keine Freude am Beruf haben.

Daraus folgt: Wer nicht recht weiß, ob er Journalismus, Jus, Betriebswirtschaft oder Sinologie studieren soll, soll Jus oder Be-

---

[5]   Details zum Aufnahmeverfahren finden Sie im Beitrag von Daniela Kraus.

triebswirtschaft studieren. Dort trifft er auf viele ähnlich Unentschlossene, und er hat nach dem Studium breitere Berufschancen.

Wer aber von der Medienbranche wirklich fasziniert ist und die notwendigen Voraussetzungen mitbringt, der sollte sich nicht abhalten lassen von angeblich nicht optimalen Berufsaussichten. Der wird sich auch gegen die 400 Konkurrenten im Aufnahmeverfahren durchsetzen, und der wird später auch einen Job finden.

Denn immerhin gibt es in Österreich derzeit etwa 7.000 Journalisten. [6] Wenn sie im Schnitt 20 Jahre im Job verbleiben, bedeutet das, dass jedes Jahr ungefähr 350 Nachwuchsjournalisten gebraucht werden. Selbst wenn man berücksichtigt, dass man einige dieser Jobs nicht einmal dem schlimmsten Kollegenschwein wünschen würde, bleiben doch jährlich über 200 gute und spannende Journalisten-Arbeitsplätze, die jungen Nachwuchs-Journalisten offenstehen. Das sind viel mehr, als die Fachhochschulen „liefern" können. Also keine Angst: Die FH-Studiengänge werden nicht die Wege in den Journalismus verstopfen; auch in Zukunft wird die FH nicht der einzige Zugang in die Medienbranche sein.

Eine gewisse Akademisierung wird es allerdings geben, das wage ich mit Blick auf internationale Vergleiche zu prophezeien: In anderen entwickelten Medienmärkten sind die Akademikerquoten im Journalismus deutlich höher als in Österreich. [7] Sie sind vor allem in den siebziger und achtziger Jahren gestiegen. Wir in Österreich sind einfach wieder einmal ein wenig später dran.

Andererseits wird ein guter Journalist auch in Zukunft Dinge können müssen, die er an keiner Hochschule und in keiner noch so praxisnahen Ausbildung lernen kann.

Welche das sind, wird in anderen höchst lesenswerten Beiträgen dieses Buches von erfahrenen Praktikern und unter verschiedensten hochinteressanten Blickwinkeln ausführlich beschrieben. Ihnen ist nichts hinzuzufügen.

---

[6]   Vgl. Kraus / Leithner / Zimmermann / Kaltenbrunner / Karmasin 2007, S. 19

[7]   Vgl. etwa zu einem Vergleich mit Deutschland Weischenberg / Malik / Scholl 2006, S. 65-69

Deshalb für alle, die nicht wissen, ob sie für den Journalismus geeignet sind, nur drei Grundregeln aus drei Jahren Erfahrung mit rund 1.500 Bewerbern[8]:

Erstens: Ein gewisser Drang, die Welt zu verbessern, kann durchaus von Vorteil sein. (Wann soll man diesen Drang sonst verspüren, wenn nicht im Alter von 18, 20 Jahren?) Wenn dieser Drang der einzige oder alles dominierende Antrieb ist, Journalist zu werden, ist die Gefahr des Scheiterns allerdings groß.

Zweitens: Kreativ zu sein allein reicht, entgegen der Erwartungen mancher Studienplatzbewerber, nicht. Vieles im Journalismus braucht solide handwerksähnliche Fähigkeiten und, auch wenn's altmodisch klingt, Disziplin.

Drittens: Wirtschaftskenntnisse können sehr nützlich sein. Denn erstens sind die Berufschancen im Medienmanagement sehr gut. Und zweitens laden die neuen Medien und das World Wide Web geradezu ein, sich als junger, kreativer Medienmensch selbstständig zu machen und ein Medienunternehmen zu gründen, das Dienstleistungen anbietet, von denen heute noch niemand weiß, dass wir sie jemals brauchen werden. (Wie vor 10 Jahren niemand ahnte, dass es jemals so etwas wie Suchmaschinen geben würde, und heute ist „Google" 150 Milliarden Dollar wert.)

Wie für alle anderen Regeln für erfolgreiche Journalisten gilt freilich auch für diese drei: Sie zeichnen sich dadurch aus, dass in Einzelfällen auch exakt das Gegenteil gelten kann. Nicht zuletzt deswegen ist die Medienbranche spannender als die der Schraubenfabrikanten.

Und nicht zuletzt deswegen ist es auch schwieriger, Journalisten und Medienmanager auszubilden als Schraubenfabrikanten. Kreativität ist Gott sei Dank nur sehr schwer in Seminaren lehr- und lernbar. Jede gute Journalisten- und Medienmanagerausbildung muss das berücksichtigen. Und sich insofern auch ein wenig demütig geben.

---

[8] Vgl. Christl 2004

Alle anderen Erfolgsgeheimnisse der Journalismus-Ausbildung und des Studiengangs sind vergleichsweise banal: Praxisorientierung, Offenheit für neue Herausforderungen durch neue Medien, permanente Anpassung des Curriculums an technologische und wirtschaftliche Veränderungen. [9] Und bei aller Zukunftsorientierung die altmodischen ethisch-moralischen Prinzipien des anständigen Journalismus nicht in Vergessenheit geraten lassen. [10]

Oscar Bronner schätzt, die positiven Effekte des Studiengangs werden nach 20 Jahren zu spüren sein. Dann nämlich, wenn die ersten Absolventen des Studiengangs in redaktionelle und kaufmännische Führungspositionen gelangt sein werden. Wenn sie als Chefredakteure und Geschäftsführer zeigen werden, dass es auch im kleinen österreichischen Markt möglich ist, seriöse und hochwertige Medien zu machen.

20 Jahre, das wäre, von der Gründung des Studiengangs gerechnet, 2023.

Hoffentlich hat Oscar Bronner ausnahmsweise einmal unrecht.

Hoffentlich geht's schneller.

LITERATUR

Altmeppen, Klaus-Dieter / Hömberg, Walter (Hg.): Journalistenausbildung für eine veränderte Medienwelt, Wiesbaden 2002

Bauer, Thomas: Aus Bildung Ausbildung, in: Kaltenbrunner, Andy (Hg.): Beruf ohne (Aus-)Bildung – Anleitungen zum Journalismus, Wien 2001, S. 28-37

Christl, Reinhard: Der Journalist in 2200 Stunden, in: Die Presse, Spectrum, 22.5.2004

---

[9]   Vgl. etwa Altmeppen / Hömberg 2002 und Haller 2006
[10] Vgl. dazu den Beitrag von Anneliese Rohrer

Haller, Michael: Was muss der Journalist der Zukunft können?, in: Verband österreichischer Zeitungen (Hg.): Jahrbuch Presse 2006, S. 212-224, Wien 2007

Hömberg, Walter / Hackel-de-Latour, Renate (Hg.): Studienführer Journalismus, Medien, Kommunikation, 3. Auflage, Konstanz 2005

Karmasin, Matthias: Journalismus – Beruf ohne Moral?, Wien 2005

Kraus, Daniela / Leitner, Judith / Zimmermann, Astrid / Kaltenbrunner, Andy / Karmasin, Matthias (im Auftrag des FH-Studiengangs Journalismus): Österreichs Journalistinnen und Journalisten – Eine empirische Untersuchung der Strukturen des Berufsstandes, Wien 2007. (Eine ausführliche Darstellung der wichtigsten Ergebnisse erscheint im Herbst 2007 in Buchform.)

La Roche, Walther von: Einführung in den praktischen Journalismus, 17. Auflage, Berlin 2006

Weischenberg, Siegfried / Malik, Maja / Scholl, Armin: Journalismus in Deutschland 2005, in: Media Perspektiven 7/2006, S. 346-361

Weischenberg, Siegfried / Malik, Maja / Scholl, Armin: Die Souffleure der Mediengesellschaft. Report über die Journalisten in Deutschland, Konstanz 2006

II

WAS LERNT MAN IM STUDIUM?

Und lernt man das Richtige? – Eine Bilanz nach 4 Jahren

Silke RUDORFER
(Öffentlichkeitsarbeit, Forschung *FH-Studiengang
Journalismus*)

Es ist zweifellos zu einem häufig verwendeten Schlagwort geworden: Im Regierungsprogramm der Anfang 2007 angetretenen
rot-schwarzen Bundesregierung kommt es gezählte 38 Mal vor [1],
keine wissenschaftliche Institution kann mehr darauf verzichten,
und oft werden sogar eigene Expertengruppen eingesetzt, die es
mit Leben erfüllen sollen. Es geht um das Modewort „evaluie-
ren".

Zugegeben, der Prozess des Prüfens, ob und warum eine Ausbildung wirkt, ist kein einfacher. Schon gar nicht, wenn – wie im
Fall des FH-Studiengangs Journalismus – eine Institution erst seit
wenigen Jahren existiert. 2003 ins Leben gerufen, befindet sich
der Studiengang im Frühjahr 2007 erstmals in seiner Endausbau-
stufe: Rund 200 Studierende tummeln sich im Studiengangsge-
bäude am Währinger Gürtel im 18. Wiener Gemeindebezirk, die
ersten 39 von 52 Studierenden des ersten Jahrgangs halten seit
kurzem stolz die ersten Journalismus-Diplome in Händen. [2] Ab

---

[1]   Kurier, 12.1.2007, S. 5
[2]   28 Absolventen haben im Zweig „Journalismus" abgeschlossen und werden
     ihre berufliche Zukunft im redaktionellen Bereich suchen. 11 Absolventen

Herbst 2007 wird das (aus)laufende achtsemestrige Diplomstudium durch ein sechssemestriges Bachelor-Studium abgelöst, und 2009 durch ein viersemestriges Masterstudium ergänzt.

Ist es also zu früh, eine erste Bilanz darüber zu ziehen, wie sich die Absolventen des FH-Studiengangs Journalismus am überaus kompetitiven österreichischen Medienmarkt schlagen? Keineswegs. *The proof of the pudding is in the eating*, heißt es im anglo-amerikanischen Kulturraum. Dieser Beitrag versucht, diesem Satz gerecht zu werden. Die hier zusammengefassten Reaktionen der Medienbranche auf die Ausbildung, wie auch die Erfahrungsberichte der ersten Absolventen machen deutlich, was der Studiengang in Sachen Journalismus-Nachwuchs zu leisten imstande ist.

Die erste Maxime des Curriculums[3] ist, Praxis und Wissenschaft zusammenzuführen. Tragende Elemente sind dabei die drei vom deutschen Sozial- und Kommunikationswissenschafter Siegfried Weischenberg definierten, grundlegenden Säulen einer idealen journalistischen Ausbildung[4]: Fachkompetenz, Vermittlungskompetenz und Sachkompetenz.

Unter „Fachkompetenz" lassen sich einerseits die „handwerklich" ausgerichteten Module im Lehrplan zusammenfassen. Sie bieten das grundlegende instrumentelle Rüstzeug für die angehenden Journalisten. Hier lernen sie, wie sie an Themenfindung, Themenwahl, Recherche und redaktionelle Bearbeitung der Inhalte herangehen. Andere Lehrveranstaltungen vermitteln journalistisches Sach- und Fachwissen. Im Fokus sind dabei etwa: Medienpolitik, Medienökonomie, Medienrecht, der österreichische

---

sind aus dem Zweig „Medienmanagement" hervorgegangen und werden sich künftig medienökonomischen Fragen wie Vertrieb, Marketing, Controlling oder Logistik widmen.

[3] Jenes des im Oktober 2007 startenden Bachelor-Studiengangs Journalismus und Medienmanagement ist im Anhang abgedruckt und kann unter www.fh-wien.ac.at/jour aktuell nachgelesen werden.

[4] Vgl. Weischenberg, Siegfried: Journalismus und Kompetenz. Qualifizierung und Rekrutierung für Medienberufe. Opladen: Westdeutscher Verlag 1990, S. 24

sowie internationale Medienmärkte, Medienethik und Medientechnik. Abgerundet wird der Mix durch anwendungsorientiertes Wissen zur Mediaplanung und Einblicke in die unterschiedlichen journalistischen Berufsfelder.

Bei der „Vermittlungskompetenz" steht die Betonung der sozialen Qualifikationen und die Reflexionsfähigkeit der Studierenden im Mittelpunkt. Ohne hohe Sprachkompetenz, Teamfähigkeit, Überzeugungskraft, Selbstdisziplin, Eigenverantwortung und Lernbereitschaft kommen die Studierenden gerade im Journalismus nicht weit. Um sie in diesen so wichtigen „soft skills" zu fördern, stehen etwa Lehrveranstaltungen zu Präsentationstechniken oder der Steigerung der Artikulationsfähigkeit auf dem Programm. In Gruppen setzen die Studenten zudem zahlreiche Projekte selbstständig um. Die Ergebnisse erblicken nicht selten das Licht der Öffentlichkeit, zum Beispiel als eigene Publikation oder auf Websites. Großes Augenmerk wird natürlich auch auf die journalistischen Darstellungsformen, meist unter Anleitung von Chefredakteuren, gelegt. Hier wird Fernsehen, Radio, Zeitung „gemacht".

Die Säule „Sachkompetenz" beinhaltet wissenschaftliche Qualifikationen, aber auch fundiertes „Ressort- und Spezialwissen"[5]. Letzteres fokussiert auf die praktische Arbeit in Redaktionen und Ressorts. So bekommen die Studierenden ein reales Bild der journalistischen Arbeitswelt geliefert. Aber auch wissenschaftlich werden sie gefordert, vor allem in Sachen sozial- und kommunikationswissenschaftlicher Grundlagen und Methoden. Die Studenten arbeiten auf hohem wissenschaftlichem Niveau, und sie müssen das nicht erst in ihrer Diplom- bzw. Bachelorarbeit beweisen.

Das hauptsächliche Interesse der Studierenden gilt natürlich meist den praxisbezogenen Lehrveranstaltungen. Und es ist gerade dieser Praxisbezug, der das Studium am FH-Studiengang Journalismus auszeichnet und von rein kommunikationswissenschaftlichen Ausbildungen abgrenzt. Weite Teile des Curriculums

---

[5] Weischenberg, 1990, S. 24

sind an die realen Arbeitsbedingungen des redaktionellen Alltags angelehnt. Das größte Asset ist dabei freilich eines: Von den rund 120 Lektoren und Gastvortragenden am Studiengang sind die meisten Praktiker aus den unterschiedlichsten in- und ausländischen Medien. [6] Und nicht nur das: Die Lektoren zählen durchwegs zur journalistischen Elite des Landes. Sie an dieser Stelle alle aufzuzählen, würde den Rahmen des Beitrags sprengen. Deshalb seien exemplarisch nur einige genannt:

Der Herausgeber und Chefredakteur des *Falter*, Armin Thurnher, ist Lektor der Lehrveranstaltung „Sprache und Stil I" im ersten Semester. Seine Lehrveranstaltung zielt auf den Erwerb eines bewussten, professionellen und „virtuosen" Umgangs mit Sprache in den unterschiedlichsten Stilformen ab. Der *Falter*-Chef forciert die Entwicklung ausgeprägter Sprachkompetenz und eines umfangreichen und gezielt eingesetzten Wortschatzes. Thurnher: „Ich versuche, den Studierenden einerseits eine Ahnung dessen zu geben, was Sprache ist, und wie man sich ihr praktisch und theoretisch annähern kann – und sie andererseits vor der Journalistensprache zu warnen, der größten Gefahr für Journalisten".

Anneliese Rohrer, Doyenne des österreichischen innenpolitischen Journalismus und *Kurier*-Kolumnistin, steht dem Studiengang als Fachbereichsleiterin zur Verfügung und hält gleich mehrere Vorlesungen und Seminare. Zusammen mit dem Chefredakteur der Wien-Redaktion der *Vorarlberger Nachrichten*, Kurt Horwitz, unterrichtet sie etwa „Contentformate". Hier produzieren die Studierenden des dritten und vierten Semesters in Kooperation mit *Vienna Online* ein Wochenmagazin im Internet. [7] Das Ganze geschieht in Echtzeit: Wie im Redaktionsalltag gibt es Ressorts und Chefredakteure, einen unaufschiebbaren Redaktionsschluss und wöchentliche Redaktionssitzungen samt Blattkri-

---

[6] Eine Aufstellung aller am Studiengang lehrenden Journalisten und Medienmanager befindet sich im Anhang dieses Buches.

[7] Dieses finden Sie unter www.vienna.at/fhwien

tik der aktuellen sowie einer detaillierten Besprechung der kommenden Ausgabe.

Im sechsten Semester hält Rohrer gemeinsam mit dem Bereichsleiter für Öffentlichkeitsarbeit, Marketing und IT-Koordination des Bundesministeriums für Wissenschaft und Forschung (BMWF), Clemens Hüffel, das „Atelier Buch". 2006 starteten sie dabei die Buchreihe „Medienwissen für die Praxis". Hauptautoren der Bücher sind die Studenten. Die erste Publikation fand weit über den Studiengang hinaus Beachtung. In „Medienmacher (in) der Zukunft" (Band 1) interviewten die Studenten einige der innovativsten Medienmanager des Landes zu ihren Ideen für den heimischen Markt. Der im Herbst 2007 erscheinende Band 2 widmet sich der angesichts der ORF-Reform topaktuellen Frage: „Hat öffentlich-rechtliches Fernsehen Zukunft?"

Das größte Medienunternehmen des Landes, eben der ORF, ist im Studiengang mit einigen seiner journalistischen Aushängeschilder vertreten. Auch hier seien nur zwei exemplarisch angeführt: Fritz Dittlbacher, Chefreporter der *Zeit im Bild*, leitet im dritten Semester eine Übung, die für die Studierenden alle Tipps und Tricks in Sachen Themenfindung, Recherche und Aufbau von Beiträgen in audiovisuellen Medien bereit hält. In Semester sechs folgt dann ein weiteres Highlight mit dem „Atelier ZIB 24". Diese Lehrveranstaltung findet nicht nur im ORF-Zentrum statt, die Studierenden produzieren sogar Beiträge, die dann auch tatsächlich in den Mitternachts-News des ORF gesendet werden. Dass sie dabei den Newsroom hautnah erleben, versteht sich von selbst: Sitzungen mit Redakteuren, Sendungsplanern und Moderatoren stehen auf der Tagesordnung.

Hauptaugenmerk für Dittlbacher: Er lässt die Studenten eine Reportagenreihe mit einer möglichst eigenen Bildsprache entwickeln und produzieren. Der Chefreporter der *ZiB* dazu: „In meinen Lehrveranstaltungen lernen die Studenten zunächst einmal das grundsätzliche Handwerk eines Videojournalisten kennen: Den (Eigen-)Dreh, den Schnitt, das Texten – und vor allem die Frage: Was ist eine Geschichte – und was nicht?" Ähnlich ist auch die Lehrveranstaltung „Fernsehen" von Hans Besenböck aufgebaut, in der auch *Zeit im Bild 2*-Chef Wolfgang Wagner unterrichtet. „Das Ziel ist, Beiträge zu erarbeiten, die ZIB-tauglich sein sollten. In den meisten Fällen gelingt das auch. Von der Recherche über die Kameraarbeit bis zum Schnitt werden alle Arbeitsschritte durchlaufen. Ich setze die Studenten auch unter Zeitdruck und simuliere einen Redaktionsschluss, um ihnen den Unterschied zwischen dem optimalen und dem realistischen workflow zu verdeutlichen", sagt Wagner.

Ähnliches passiert im Print-Bereich im Rahmen der im 4. Semester stattfindenden „Schreibwerkstatt". Ziel ist es dabei, unter Zeitdruck Beiträge für Printmedien zu verfassen. Die Palette reicht von Meldungen und Reportagen über Porträts und Analysen bis hin zu Straßenumfragen und Berichten von Pressekonferenzen. Die Lehrenden sind alle renommierte Praktiker aus dem Printjournalismus: *profil*-Chefredakteur Herbert Lackner, *APA*-Chefredakteur Michael Lang und sein Stellvertreter Johannes Bruckenberger, *Österreich*-Ressortleiter Wolfgang Sablatnig, die *profil*-Ressortleiter Stefan Grissemann und Michael Nikbakhsh, die langjährige *Standard*- und nunmehrige *Falter*-Redakteurin Barbara Tóth, *Standard*-Wirtschaftsredakteurin Renate Graber, die frühere ORF- und derzeitige *Kleine Zeitung*-Redakteurin Eva Weissenberger und *Wiener Zeitung*-Ressortleiter Bernhard Baumgartner.

Der langjährige Chefredakteur des *Standard*, Gerfried Sperl, hält seine Übung „Journalistische Darstellungsformen" (3. Semester) in den Redaktionsräumlichkeiten des Qualitätsblattes ab. Auch hier geht es um das Verfassen unterschiedlichster Textsorten: Berichte, Reportagen, Leitartikel und Kolumnen werden dabei im Redaktionssystem des *Standard* produziert. Gerfried Sperl sieht die Studierenden vor allem „durch die Verwendung der *Standard*-Strukturen" und „die Umsetzung des Erarbeiteten auf realen Seiten" sehr gut auf die Praxis vorbereitet.

Die Liste prominenter Lektoren und praxisrelevanter Lehrveranstaltungen ist zwangsläufig unvollständig. Aber schon die kurze Auswahl zeigt, dass die Studierenden am Studiengang Journalismus Zugang zu den bedeutendsten Redaktionen des Landes haben, der anderen Berufsanwärtern meist verwehrt bleibt. Jeder Studierende lernt während seiner Ausbildung mehrere Redaktionen kennen und bekommt wertvolle Kontakte zu potenziellen Arbeitgebern gleich mitgeliefert.

Die praktische Ausbildung gipfelt in einem verpflichtenden 15-wöchigen Berufspraktikum gegen Ende des Studiums [8]. Über diese Praktika verfassen die Studenten ausführliche Berichte, in denen sie die Relevanz des Gelernten für ihre berufliche Zukunft zu bewerten haben.

Es ist wie eingangs erwähnt: *The proof of the pudding is in the eating.* Und den Studenten scheint die Kost zu schmecken. Denn eine Auswertung der bislang vorliegenden Praktikumsberichte zeigt deutlich: Das Gros der Absolventen bewertet das Berufspraktikum als einmalige Möglichkeit, die am Studiengang vermittelten Inhalte „hautnah" im Berufsalltag umzusetzen. Fast alle Studierenden empfanden ihr Praktikum als „Horizonterweiterung", sie sahen sich zu „eigenverantwortlichem Arbeiten" angehalten und fühlten sich nach Abschluss „reif für die Praxis". Einige hoben besonders die Möglichkeit des „direkten Kontakts" zu führenden Politikern, Wirtschaftstreibenden, Künstlern oder Sportlern hervor. Wieder andere berichteten stolz, dass sie bereits während des Praktikums ihren Namen unter eine Coverstory setzen durften. Eine Gruppe Studenten konzipierte gar ein eigenes Magazin. [9]

Ein Blick auf die Zahl der Praktika, die allein der erste Jahrgang bei den führenden österreichischen Medien gemacht hat, zeigt deutlich, welche Chancen sich den Studierenden während des Studiums bieten (siehe Abbildung 1). Die Bilanz der Studierenden nach vier Jahren Studiengang Journalismus fällt also

---

[8]   Im (aus)laufenden Diplomstudium muss das Berufspraktikum im bzw. bis zum 7. Semester absolviert werden, im Bachelorstudium im bzw. bis zum 6. Semester.

[9]   Die Rede ist hier vom Magazin *Durst – Seitenweise Studentenfutter*, das einmal pro Semester dem *Falter* beigelegt wird.

überaus positiv aus. Die ersten Abgänger absolvierten nicht nur Praktika, sie sind in den genannten Medien heute schon vielfach als freie Mitarbeiter, Pauschalisten oder angestellte Redakteure tätig.

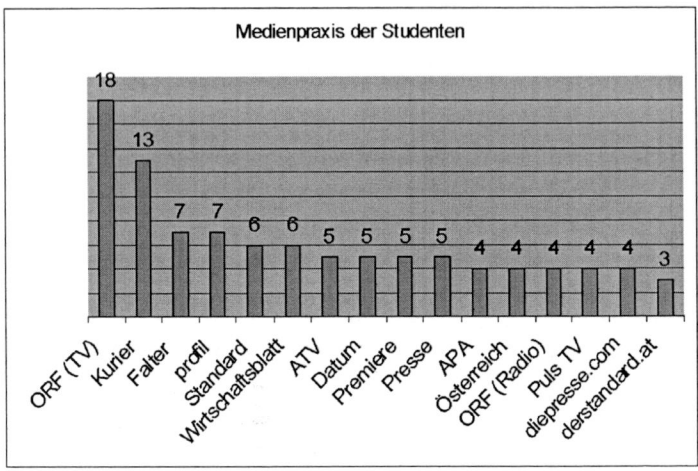

Abb. 1: Anzahl der Studierenden, die im jeweiligen Medium Praktika absolvierten. Die vorliegende Abbildung spiegelt die von den Absolventen am häufigsten genannten Medien wider (Mehrfachnennungen waren möglich). Darüber hinaus gab es noch zahlreiche andere Medien, die die Jungjournalisten während ihrer Ausbildung förderten.

Allein diese Fakten stellen den Absolventen des Studiengangs ein gutes Zeugnis der Branche aus. Dennoch: Der Frage, wie nun die österreichische journalistische Elite die Qualität der Ausbildung am FH-Studiengang Journalismus beurteilt, gilt es, konkreter nachzugehen. Schmeckt der *pudding* auch den Chefredakteuren und Ressortleitern in den österreichischen Medien, also jenen Menschen, die die Abgänger des Studiengangs potenziell engagieren?

Die Antworten auf einen kurzen Fragebogen, ausgesandt an einige der führenden Journalisten des Landes – und hier vor allem jene, die mit den Studierenden zu tun hatten und somit Vergleichsmöglichkeiten mit anderen Bewerbern haben – ergeben ein klares Bild: Auch die Journalisten sehen den Studiengang und seine Absolventen als Bereicherung für die mediale Landschaft in Österreich. Und sie führen dabei gleich eine ganze Liste an Vorzügen der Studiengangs-Absolventen an.

FACHLICHE KOMPETENZ UND ÜBERZEUGENDES BASISWISSEN

Auf die Frage, ob sich die Praktikanten aus dem Studiengang grundsätzlich von anderen Berufsanwärtern unterscheiden, antworten fast alle Praktiker mit: Ja. Der ehemalige *Standard*-Chefredakteur Gerfried Sperl meint etwa: „Sie heben sich ab. Durch mehr Basis-Kenntnisse, aber auch durch Recherche-Neugier und Grundwissen über Stilarten des Journalismus." Auch Walter Longauer, InfoGrafik Ressortleiter der *APA*, *profil*-Chefredakteur Herbert Lackner und der Chefredakteur des *Kurier*, Christoph Kotanko, sehen das ähnlich und betonen die fundierte Grundausbildung der Studenten. Kotanko: „Sie haben ein Basiswissen über Theorie und Praxis des Journalismus". Was im Print-Bereich zutrifft, gilt offenbar auch für audiovisuelle Medien. „Die besondere Qualifikation der FH-Studenten ist, dass sie sich zumindest theoretisch schon mit vielen Fragen, die im Berufsleben vorkommen, befasst haben. Ein klassisches Universitätsstudium vermittelt das in viel geringerem Ausmaß", sagt *Zeit im Bild*-Chefreporter Fritz Dittlbacher.

PRAKTISCHE ERFAHRUNG UND DIE ERWARTUNGEN AN DEN JOB

Abgesehen vom theoretischen Vorwissen, überzeugen die Studierenden aber offenbar auch durch ihre solide Ausbildung während des Studiums in allen praktischen Belangen des Journalismus. „Sie haben Vorstellungen von der Praxis und sind deswegen sehr lernbereit und engagiert – vielleicht, weil es wichtig ist, nicht in praktischen Dingen gedrillt, aber eben in praxisnaher Weise auf Praxis neugierig gemacht zu werden", sagt *Falter*-Herausgeber und Chefredakteur Armin Thurnher. *APA*-Ressortleiter Walter Longauer ergänzt: „Ich habe den Eindruck, dass FH-Studenten schon wesentlich besser über die journalistische Praxis Bescheid wissen. Die Absolventen wissen, was sie wollen und was sie erwartet."

Auch in diesem Punkt sind die Vertreter des ORF mit den Kollegen vom Print einig. Fritz Dittlbacher betont die „breite Praxis" der Studierenden: „Wer einmal drei Monate als Praktikant in einer Redaktion überlebt hat, der hat im allgemeinen schon eine gewisse Ahnung davon bekommen, was ihn oder sie im Journalismus erwartet." Dass die Studierenden diese praktischen Erfahrungen auch rasch anwenden können, bestätigt *Zeit im Bild 2*-Chef Wolfgang Wagner: „Auffällig ist das allgemein hohe Niveau. Jene, die das ORF-Aufnahmeverfahren für Praktikanten bestanden haben (und das sind unter den FH-Studenten nicht wenige), waren fast alle vom ersten Tag an in den Redaktionen einsetzbar. Die Schnupperphase war deutlich kürzer als bei Uni-Abgängern."

HERAUSRAGENDE PERSÖNLICHE EIGENSCHAFTEN

Gute Journalisten zeichnen sich nicht nur durch das Beherrschen des „Handwerks" und die Kenntnis ihrer Fachgebiete aus. Attribute wie Neugier, Motivation, Begeisterung, Engagement oder Kreativität sind oft genauso wichtig. Auch diese, meinen die befragten Chefredakteure und Ressortleiter, kennzeichnen die Absolventen des Studiengangs. „Im aktuellen Wettbewerb kommt es auf die journalistische Qualität an, auf die Eigenleistung, die Kreativität. Die Studierenden der FH bringen die Grundvoraussetzungen für diese Leistungen mit. Sie sind im Idealfall vielseitig, kritisch, leistungsorientiert, initiativ", sagt *Kurier*-Chefredakteur Kotanko. Walter Longauer von der *APA* betont die „hohe Motivation und Begeisterung", Armin Thurnher vom *Fal-*

ter, dass die FH-Studenten „zielorientierter und hungriger" sind als andere Bewerber.

DAS STUDIUM ALS ANSTELLUNGSKRITERIUM

Selbst bei der zugegebenermaßen schwierigen Frage, ob das Absolvieren des Studiengangs per se ein Anstellungskriterium sein könne, geben sich die interviewten Chefredakteure positiv. Allein *Datum*-Herausgeber Klaus Stimeder und *profil*-Chefredakteur Herbert Lackner sind der Ansicht, dass die akademische journalistische Ausbildung nie ein Kriterium sein könne.

Alle anderen Befragten sehen die Ausbildung an der FH als klares Asset: Gerfried Sperl vom *Standard* ist sich sicher, dass es bei der Aufnahme von Mitarbeitern in Zukunft ein Kriterium sein wird, ob jemand FH-Abgänger ist oder nicht. Auch *Kurier*-Chef Kotanko meint: „Eine FH-Ausbildung wird sicher positiv berücksichtigt – wobei dann die Bewährung im Redaktionsalltag natürlich entscheidend ist." Für *APA*-Ressortleiter Walter Longauer sind die FH-Absolventen „gut vorbereitet. Damit ist die FH natürlich ein Kriterium für mich." Armin Thurnher vom *Falter* sieht das FH-Studium zumindest als zusätzliches Argument: „Der Bessere ist immer der Feind des Guten. Aber im Zweifelsfall wäre es gewiss ein Kriterium." Und *ZiB*-Mann Wagner ist überzeugt: „Bei FH-Absolventen weiß ich, dass sie den Reality-Check schon hinter sich haben. Die rasche Einsetzbarkeit wird künftig ein immer größerer Wettbewerbsvorteil sein."

Ein anderer Reality-Check ist somit ebenfalls vorerst einmal bestanden. Sahen einige Branchenkenner den Start des FH-Studiengangs Journalismus vor vier Jahren oft nur als „Experiment", zeichnet die erste Evaluierung des Studiums nach vier Jahren ein klares Bild: Sowohl die Studierenden als auch die Top-Journalisten in den führenden Medien des Landes, also die „Abnehmer" für den Journalisten-Nachwuchs, sehen im Studiengang eine massive Bereicherung der Medienlandschaft in Österreich.

Silke RUDORFER

Das ist wohl mehr als nur ein Ansporn, den eingeschlagenen Weg auch in den kommenden Jahren fortzusetzen.

LITERATUR

Weischenberg, Siegfried: Journalismus und Kompetenz. Qualifizierung und Rekrutierung für Medienberufe. Opladen: Westdeutscher Verlag 1990

III

WIE KOMMT MAN HINEIN I?

Auswahlverfahren und Assessment Center am
FH-Studiengang Journalismus

Daniela KRAUS
(Geschäftsführerin *Medienhaus Wien*)

Von rund 400 Bewerberinnen und Bewerbern kann nur ein Zehntel am Studiengang Journalismus aufgenommen werden. Für diejenigen, die es schaffen, ein enormer Vorteil: Sie genießen intensiven Unterricht in kleinen Gruppen und profitieren von der Zusammenarbeit mit motivierten Kolleginnen und Kollegen. Doch: Nach welchen Kriterien werden diese 37 Studierenden ausgewählt – und wie läuft das Auswahlverfahren ab?

„Wie herausgeputzt sollte man dort hingehen?" Diese Frage stellt ein User von www.fachhochschule.info, der sich seiner Krawatte bei einem Aufnahmeverfahren bereits einmal geniert hat. Zweifellos eine wichtige Überlegung für viele, die zum ersten Mal zu einem sogenannten „Assessment Center" gehen. Doch bestimmt nicht die entscheidende.

Denn das Ziel von Auswahlverfahren ist es, jene Bewerberinnen und Bewerber für einen Job oder einen Studienplatz zu finden, die den *inhaltlichen* Anforderungen aufgrund ihres Vorwissens und ihrer Persönlichkeit am besten entsprechen. Meist sind verschiedene Tests zu absolvieren, und ebenso müssen sich die Bewerberinnen und Bewerber im persönlichen Gespräch bewähren. Oft ist in Unternehmen ein Assessment Center Teil des Auswahlverfahrens. Dort werden Tests durchlaufen, Interviews geführt, manchmal Gruppenspiele organisiert, bei denen neben Wissen und strategischem Denken auch soziale Eigenschaften wie Teamfähigkeit oder Zielstrebigkeit beobachtet werden.

Für FH-Studiengänge in Österreich werden Bewerberinnen und Bewerber meist in einem weniger aufwändigen Prozess durch eine Kombination aus schriftlichem Test und persönlichem Interview mit dem/der StudiengangsleiterIn oder anderen Lehrenden ausgewählt[1]. Gerade für Medienberufe sind aber die Anforderungen so komplex, dass für den Wiener FH-Studiengang Journalismus von einem Team[2] aus Medienpraktikern, Theoretikern und Ausbildungsexperten ein ausgetüfteltes mehrstufiges Auswahlsystem entwickelt wurde, dessen wesentlicher Bestandteil ein solches Assessment Center ist.

WIE FUNKTIONIERT DAS AUSWAHLVERFAHREN?

Im ersten Schritt wird überprüft, ob die Bewerber den formalen Kriterien, die sich aus dem Fachhochschul-Gesetz ergeben, entsprechen: Nachgewiesen werden muss die allgemeine Universitätsreife (Matura, Berufsreifeprüfung oder universitäre Studienberechtigungsprüfung) oder eine studienrelevante berufliche Qualifikation plus Zusatzprüfungen (Details siehe www.fh-wien. ac.at).

Alle Interessenten, die diese Voraussetzung erfüllen, werden zu einem ersten Termin an der FH eingeladen. Vor Ort müssen EDV-gestützte Tests absolviert und Texte verfasst werden, die durch ein mehrköpfiges Team beurteilt werden. Die 150 bestbewerteten Kandidaten werden zum Assessment Center eingeladen.

---

[1] Messerer, Karin / Humpl, Stefan (2003): Bewerbung – Auswahl – Aufnahme. Das Aufnahmeverfahren an österreichischen Fachhochschul-Studiengängen, WUV Wien.

[2] Die Entwicklung des Verfahrens wurde von Andy Kaltenbrunner geleitet und der Autorin koordiniert.

Dieses „AC" dauert einen ganzen Tag. Die Bewerber durchlaufen dabei drei Stationen: einen Wissens- und Logiktest; eine Station, wo ein journalistischer Text verfasst wird; und ein Hearing.

Der Wissenstest wird am Computer durchgeführt und dauert 60 Minuten. Gefragt wird nach Allgemeinwissen, vor allem aus den Bereichen Politik, Wirtschaft, Geschichte, Kultur und Medien. Zusätzlich werden logische und kombinatorische Fähigkeiten überprüft. Dies ist an Institutionen zur Journalistenausbildung üblich. Gefürchtet wird der Test der renommierten Hamburger Henri-Nannen-Journalistenschule, die Fragen sind unter www.journalistenschule.de abrufbar. Aber keine Angst: Die Bewerber für diese Schule haben meist bereits ein Studium abgeschlossen, dementsprechend komplexer die Fragen – zumal die Antworten offen sind. Am Studiengang Journalismus in Wien können die Bewerber aus mehreren Antwortmöglichkeiten wählen.

Dann ist zu einem vorgegebenen Thema ein journalistischer Text zu verfassen. Dafür stehen 90 Minuten zur Verfügung.

Am größten ist das Lampenfieber in der Regel vor dem Hearing: Denn da diskutieren jeweils fünf Bewerberinnen und Bewerber eine Stunde lang mit vier Expertinnen und Experten aus Journalismus, Medienmanagement und Medienwissenschaft. Sie sitzen als Bewerberin und Bewerber dann etwa dem Chefredakteur einer Tageszeitung, der Kommunikationswissenschafterin einer Universität, der Wirtschaftsredakteurin einer Wochenzeitung und dem Studiengangsleiter des Studiengangs Journalismus gegenüber. Das Hearing dient nicht der Überprüfung von Faktenwissen. In der Diskussion mit den Bewerberinnen und Bewerbern werden in erster Linie Motivation und die Fähigkeit zu Argumentation und strukturiertem Nachdenken ausgelotet. Freilich: Das funktioniert kaum ohne solides Allgemeinwissen und Interesse am aktuellen Geschehen. Das funktioniert aber auch nicht ohne die Lust am Diskurs.

NACH WELCHEN KRITERIEN WERDEN DIE ERGEBNISSE BEURTEILT?

Jeder Fachhochschulstudiengang, der in Österreich angeboten wird, wurde von der zuständigen Behörde, dem Fachhochschulrat (FHR), geprüft und bewilligt. Basis dieser Bewilligung sind – anders als bei universitärer Ausbildung – auch detaillierte Beschreibungen jener Berufe, für die ausgebildet wird. Was Menschen, die diese Berufe ausüben wollen, können und wissen müssen, wird in sogenannten Qualifikationsprofilen beschrieben. Auch für den Studiengang Journalismus wurden solche Qualifikationsprofile erstellt, und zwar für verschiedene Mediensparten (Print, Online, TV, Radio) jeweils für die Bereiche „Journalismus" und „Medienmanagement"[3]. Diese Profile sind die Basis für die Planung des Curriculums (Lehrplans) – und für die Auswahl der bestgeeigneten Studierenden.

Wohlgemerkt: Es kommt hier natürlich nicht darauf an, dass die Bewerberinnen und Bewerber bereits das können, was sie ja in der Ausbildung erst lernen sollen; es geht vielmehr darum, ob der Bewerber – sei er Abiturient, Studienabbrecher oder an einem zweiten Bildungsweg interessiert – das Potenzial für diese Fähigkeiten erkennen lässt.

Welche Voraussetzungen sollten Bewerberinnen und Bewerber also im Idealfall mitbringen, um später im Beruf erfolgreich sein zu können?

Das Qualifikationsprofil für den Studiengang lässt sich grob untergliedern in die Bereiche Fach-/Sach- und Vermittlungskompetenz sowie Sozialqualifikationen[4]. Selbstverständlich unterscheiden sich die Anforderungen je nachdem, ob es sich um Radio-, TV-, Print- oder Online-Journalismus handelt – oder um

---

[3]   Im Detail dargelegt im Konzept „Medienausbildung in Wien", Kaltenbrunner Medienberatung 2002 / wissenschaftliche Leitung Thomas Bauer und Matthias Karmasin, darin insbesondere 151-160.

[4]   Siehe dazu: Weischenberg, Siegfried: Journalismus und Kompetenz. Qualifizierung und Rekrutierung für Medienberufe, Wiesbaden, Westdeutscher Verlag 1990.

jene wachsende Zahl an Jobs, in denen bi- oder trimedial gearbeitet wird, oder die Entwicklung neuer Produkte bzw. die Integration veränderter Kommunikationsformen im Vordergrund steht. Diese Gliederung kann also nur einen ersten groben Überblick bieten.

Fachkompetenz, das ist einerseits das „Können", die instrumentellen Fähigkeiten, die für die Arbeit in Medienunternehmen benötigt werden. Für Journalisten also etwa der Umgang mit technischen Hilfsmitteln oder die Fähigkeit zum Recherchieren; für Medienmanager betriebswirtschaftliche Kenntnisse oder die Erhebung und Interpretation von Marktdaten.

Das ist aber auch, auf der Wissens-Ebene, die Kenntnis der Medien und ihrer Besonderheiten in wirtschaftlicher, politischer, gesellschaftlicher und rechtlicher Hinsicht.

Wenn also bereits im Assessment erkennbar ist, dass sich eine Bewerberin oder ein Bewerber im Grunde gar nicht für Medien interessiert, kaum Zeitungen liest, aktuelle Berichterstattung meidet, sich über die Rolle des Journalismus noch nie Gedanken gemacht hat, lässt das für den Erwerb von Fachkompetenz wenig hoffen.

Sachkompetenz meint das spezialisierte Wissen über ein bestimmtes Fachgebiet, also etwa über Innenpolitik, Theater, Sport oder Medizin; beispielhaft für das Medienmanagement ist Wissen über Vertrieb, Anzeigenverkauf, Marketing oder Formatentwicklung. Auch hier wird von den Bewerberinnen und Bewerbern nicht verlangt, bereits ganz spezialisiertes Expertenwissen zu haben. Trotzdem scheint es für eine Medienkarriere vielversprechend, wenn erkennbar ist, dass eine Bewerberin oder ein Bewerber mit offenen Augen und kritischem Blick durch die Welt geht, sich für die Dinge, die um sie/ihn geschehen, interessiert, sie mit Neugier betrachtet und sich darüber Meinungen zu bilden imstande ist.

Vermittlungskompetenz äußert sich in der Fähigkeit zu kommunizieren. Sei das in Wort, Schrift oder Bild. In Medienberufen geht es um Kommunikation. Künftige Journalisten sollten daher imstande sein, Sachverhalte verständlich zu beschreiben, Meinungen nachvollziehbar zu argumentieren. Dies zeigt sich im Assessment im persönlichen Gespräch genauso wie bei den schriftlichen Aufgabenstellungen.

Aber Achtung! Das geht weit hinaus über das „gute Schreiben", das allzu oft als Hauptargument für den Wunsch nach journalistischem Arbeiten genannt wird. Wer sich also gern und virtuos Gedichten oder Stammbucheinträgen widmet, ist deswegen noch nicht für die Arbeit in einer Redaktion prädestiniert.

Schließlich gewinnen die Sozialqualifikationen, die grundsätzlich für jede erfolgreiche Berufsausübung erforderlich sind, gerade im Medienbereich immer mehr an Bedeutung. Das ist etwa die Teamfähigkeit – aber auch die Fähigkeit zur Durchsetzung des eigenen Standpunktes. Dazu gehört auch die Gabe, Neues schnell zu erfassen, kreativ arbeiten zu können und die Bereitschaft zur Selbstreflexion. Diese Eigenschaften werden besonders im Hearing sichtbar, zeigen sich aber in der Regel auch in den Texten der Bewerber.

In der Beurteilung der Ergebnisse aus dem Auswahlverfahren gibt es zwei große Herausforderungen: Wie wird Fairness gewährleistet? Und wie können Potenziale anstatt bereits vorhandenen Wissens bewertet werden?

Um diesen Anforderungen gerecht zu werden, wurde für die Bewertung der einzelnen Stationen ein Kriterienkatalog entwickelt, der sich am oben beschriebenen Qualifikationsprofil orientiert.

– Die Texte aus Vor- und Hauptverfahren werden nach diesen Kriterien – von Vorwissen über Argumentationsfähigkeit, Fähigkeit zu strukturiertem und reflexivem Denken und Kreativität bis zu Interesse an aktuellem Zeitgeschehen und organisatorischer und ökonomischer Begabung – beurteilt. Nicht zuletzt fließen natürlich das „Schreiben", Ausdrucksfähigkeit und Stil, in die Bewertung ein. Die durchschnittlichen Ergebnisse der einzelnen Bewerterinnen und Bewerter werden miteinander verglichen und nach einem errechneten Schlüssel gewichtet, sodass „strengere" und „mildere" Beurteilungen ausgeglichen werden.

- Der Wissenstest wird vom Computer automatisch ausgewertet.
- Bei den Hearings kann jeder der Experten individuell Punkte vergeben, die dann addiert werden.

Den einzelnen Stationen wird unterschiedlich große Bedeutung beigemessen. Ziel des Bewertungssystems ist eine möglichst objektive und faire Beurteilung. Bei Auffälligkeiten, etwa extrem guten Bewertungen im Hearing, aber unterdurchschnittlichem Abschneiden im Wissenstest, wird nach Erklärungen gesucht.

Letztlich, darin besteht Einigkeit, ist die Begabung für einen Beruf im Medienbereich nicht präzise messbar. Doch in einem Verfahren, das für ein klar definiertes Qualifikationsprofil auswählt, kann eine Beurteilung erfolgen, die nachvollziehbar und transparent ist. Der große Planungs- und Organisationsaufwand wird durch das Ergebnis gerechtfertigt. Das zeigt der Vergleich von Studienerfolg und Abschneiden im Assessment ebenso wie die niedrige Drop-Out-Quote. Das beweist aber vor allem die kritische, aufgeweckte und überdurchschnittlich interessierte Studierendengruppe. Die ersten Absolventinnen und Absolventen arbeiten bereits in österreichischen Leitmedien wie *profil*, *Kurier* oder *Standard*, in österreichischen Onlinemedien und im ORF. Wenn das Aufnahmeverfahren gut ist, ist das die halbe Miete des Erfolgs. Für die Studierenden und für die Hochschule selbst.

WIE BEREITE ICH MICH VOR?

Das Interesse am Fachhochschul-Studiengang Journalismus ist sehr groß. Bewarben sich in den letzten Jahren durchschnittlich rund 2,4 Bewerber für einen Studienplatz an österreichischen Fachhochschulen [5], waren es an diesem Studiengang in den letzten Jahren 7 bis 10 Personen. Die Konkurrenz ist an diesem Studiengang also besonders groß.

---

[5]   Offizielle Statistik des Fachhochschulrats, siehe www.fhr.ac.at

Intervention ist sinnlos. Aus Prinzip, und darüber hinaus weil durch das Verfahren die Bevorzugung einzelner Bewerber gar nicht möglich wäre: Über die Bewertung im Auswahlverfahren entscheidet nicht eine Person, sondern ein ganzes Team von Assessoren. Vorbereitung hingegen ist sinnvoll. Hier einige Tipps.

Tipp 1: Warum wollen Sie JournalistIn/MedienmanagerIn werden? Und was genau wollen Sie denn in diesem Berufsfeld tun? Haben Sie eine Vorstellung, wie die Branche aussieht? Können Sie sich ein Bild von verschiedenen Berufen machen? Haben Sie Vorbilder? Überlegen Sie sich diese Fragen genau, lesen Sie dazu die Beiträge in diesem und anderen Büchern, und diskutieren Sie darüber mit Freunden und Familie. Wenn Sie dann noch immer sicher sind, sammeln Sie (ehrliche und damit glaubwürdige) Argumente, warum gerade Sie sich besonders für einen Medienberuf eignen.

Tipp 2: Setzen Sie sich damit auseinander, was Medien überhaupt sind. Welche Rolle spielen sie in einer Gesellschaft? Was ist Journalismus? Wie haben sich Medien in den letzten 15 Jahren verändert? Sie finden dazu große Mengen an Literatur, Fachzeitschriften, Internetseiten und Weblogs. To start with: Probieren Sie www.newsu.org oder werfen Sie einen Blick auf die Literaturtipps in diesem Buch.

Tipp 3: Reflektieren Sie Ihren eigenen Medienkonsum. Und verfolgen Sie die Berichterstattung über Medien (einen guten Einstieg bietet www.etat.at).

Tipp 4: Verfolgen Sie das aktuelle Tagesgeschehen und analysieren Sie, wie darüber berichtet wird. Wer sich für aktuelle Berichterstattung nicht interessiert, ist in der Medienbranche fehl am Platz.

Tipp 5: Sie sind also nun sicher, dass Sie einen Medienberuf ergreifen wollen. Warum wollen Sie dazu am Studiengang Journalismus studieren? Warum beginnen Sie nicht mit einem Praktikum, in einer Lehrredaktion oder an einer anderen Bildungseinrichtung? Informieren Sie sich über die angestrebte Ausbildung (Website, Unterlagen, Info-Veranstaltungen, Foren, Studenten) und über Alternativen (siehe dazu z. B. www.publizistik.net).

Tipp 6: Relaxen Sie, frühstücken Sie und ziehen Sie etwas an, worin Sie sich wohlfühlen. Das kann auch ein Blazer mit Krawatte sein ...

LITERATUR

Messerer, Karin / Humpl, Stefan (2003): Bewerbung – Auswahl – Aufnahme. Das Aufnahmeverfahren an österreichischen Fachhochschul-Studiengängen, WUV Wien.

Weischenberg, Siegfried (1990): Journalismus und Kompetenz. Qualifizierung und Rekrutierung für Medienberufe, Westdeutscher Verlag Wiesbaden.

IV

WIE KOMMT MAN HINEIN II?

Jede Menge Fragen und drei mal zwei Anregungen zum
Einstieg in den Journalistenberuf

Wolfgang LUEF
(Absolvent *FH-Studiengang Journalismus*; *Die ZEIT*)

1. KEINE SKRUPEL KENNEN ...

Bauchweh ist super. Es gehört einfach dazu. So oder so ähnlich
wird ein gewissenhafter Redakteur einen jungen Journalisten auf
eine der schwierigsten Situationen vorbereiten, in die er kommen
kann: Er muss zum ersten Mal ein Leben durcheinanderbringen.
Bewaffnet mit sorgfältig durchgeführten und überprüften Recherchen zum Telefon greifen, und jemanden „aufmachen", wie es
im Jägerlatein der Branche manchmal heißt. Soll heißen: Ihn mit
dem konfrontieren, was man über ihn weiß. So etwas kann ziemlich nervenaufreibend sein.

Das erste Mal einen Text in einer Zeitung zu veröffentlichen,
das schafft prickelnde Nervosität. Den ersten erbosten Leserbrief
bekommen, weil man einen offensichtlich wichtigen Aspekt im
letzten Artikel völlig übersehen hat, das mag Unsicherheit erzeugen. Zum ersten Mal seinen Namen in der Korrekturspalte
der Zeitung lesen müssen, weil man vergangene Woche ein paar
Fakten durcheinandergebracht hat, das ist richtiggehend peinlich.
Aber echtes Bauchweh hat man erst, wenn man zum ersten Mal

die Wörter ausspricht: „Was sagen Sie dazu, dass … ", und am anderen Ende der Leitung ein entsetztes Schnaufen hört.

Und es ist nicht der Verteidigungsminister, der dort schnauft, weil man ihm die Kritik eines politischen Gegners vorhält, die er ohnehin längst kennt. Nicht der Konzernchef schnauft, weil man ihm schlechte Unternehmenskennzahlen vorhält, die er vor Tagen selbst veröffentlicht hat. Sondern es ist zum Beispiel der Trainer eines Unterliga-Fußballklubs, dem man die Bestechung von Spielern des Gegnerteams nachweisen kann – und wenn das in der Zeitung steht, verliert er seinen Job und das Ansehen in seinem Heimatort. Oder es ist ein islamischer Geistlicher, den man mit Recherchen über seine zwielichtige Vergangenheit konfrontiert – und wenn die öffentlich werden, ist sein Ruf nachhaltig im Eimer.

Streitlust – das Gegenteil von Harmoniesucht, so steht es in ungezählten Ratgebern für Berufseinsteiger, ist eine der wichtigsten Eigenschaften für einen Journalisten. Aber die Mittel in so einem Streit sind doch recht ungleich verteilt. Hier der Journalist – das drohende Zepter der Öffentlichkeit in der Hand. Dort der überraschte Beschuldigte – der zunächst einmal genug damit zu tun hat, sich die bevorstehenden Folgen einer Veröffentlichung in den schrecklichsten Farben auszumalen.

Der junge Redakteur oder Praktikant, der da beim ersten Mal nicht anfängt zu zittern, der angesichts seiner plötzlichen Macht und Verantwortung nicht zu grübeln beginnt, was er da eigentlich gerade tut und warum er es tut, der hat es im Journalistenberuf bedeutend leichter. Allen anderen bleibt der Gewohnheitseffekt. Streitlust ist da nur ein Euphemismus für Skrupellosigkeit. Und die entsteht durch Routine. Schlecht beraten, wer sich in solchen Situationen vom Mitleid leiten lässt. Er würde wohl seinen Job gründlich missverstehen.

... ABER AUF SEINE SKRUPEL HÖREN

Bauchweh ist ein Alarmsignal. Es zeigt an, dass man gerade dabei ist, zu weit zu gehen. Man sollte darauf hören. Zum Beispiel: Ein junger Journalist hat gerüchteweise von dubiosen Nebengeschäften eines bekannten Lokalpolitikers erfahren, aber trotz tagelanger Recherche nichts richtig Griffiges darüber herausfinden können. Was er hat, reicht höchstens für einen sehr spekulativen Artikel. Also bekommt er den Auftrag, genau diesen spekulativen Artikel zu schreiben und nach bewährter Praxis die Gerüchte eben so zu formulieren, dass der Politiker rechtlich nichts gegen die Veröffentlichung unternehmen kann. Eigentlich hat der Journalist keine besondere Lust dazu, er tut es aber natürlich trotzdem – schon weil er sich über den Auftrag freut. Nach der Abgabe macht sich der Chefredakteur ans „Zuspitzen" der entscheidenden Passagen. Dazu sucht die Bildredaktion ein Foto aus, auf dem der Politiker äußerst unvorteilhaft abgebildet ist. Ungeschriebener Subtext: Der Kerl hat Dreck am Stecken. Und der Chef vom Dienst setzt noch eine Bildunterschrift darunter: „Was macht er mit unseren Steuergeldern?"

Nicht jedes Mal ist es eine so lehrbuchtaugliche Situation, in der Bauchweh aufkommt oder die Skrupel Überhand nehmen. Was ist mit dem Auftrag, jemandem bis ins Privatleben nachzuschnüffeln? Was mit dem vom Chefredakteur eingefügten Wort „Verbrecher", wenn man doch selbst bloß von „Verdächtiger" geschrieben hat? Was mit der Anweisung, einen bestimmten Politiker zu „schonen", während man einen anderen „runterschreiben" soll?

„Was euch euer Leben lang bleibt, ist euer Rückgrat", wiederholte die Lektorin in einer meiner ersten Journalismus-Vorlesungen eindringlich. Es klang damals pathetisch und es klingt heute noch so. Trotzdem: So einen Satz merkt man sich ganz einfach. Und die dazugehörige Frage kann sich einem jederzeit stellen: An welchem Punkt wird das Bauchweh so stark, dass man tatsächlich „Alarm" ruft? Wie sehr muss, will und kann man sich verbiegen? Es besteht jederzeit die Gefahr, in einer Redaktion als „Diva" dazustehen, als „Komplexler" oder „Nerverl", wenn man einige Male laut „nein" sagt. Wer einmal zu oft „Alarm" brüllt, der kann ohne weiteres von einem schlechtgelaunten Chef vor die Entscheidung gestellt werden: Entweder das Bauchweh hinunterschlucken, oder die Redaktion auf der Stelle verlassen. Schlecht beraten ist, wer in so einer Situation all seine Skrupel vergisst, dem Drängen nachgibt und am Abend nicht in den Spiegel sieht. Denn auch er würde wohl seinen Job gründlich missverstehen.

2. SICH NICHT UNTERSCHÄTZEN ...

„Wer sind die denn schon?" ist eine der gesündesten Fragen, die man sich als Journalist stellen kann. Egal ob Kanzler, Spitzensportler oder internationaler Popstar: Es empfiehlt sich, diese respektlose Frage in jedem Moment mitzudenken. „Die" Berühmten, „die" Mächtigen – wer sind die denn schon? Klingt banal? Nicht, wenn man das erste Mal dem Bundeskanzler gegenübersitzt und sich zwanghaft bemüht, wie ein ZIB-Moderator zu klingen.

Übertriebener Respekt wirkt immer nur lähmend. Das beginnt schon im Umgang mit Kollegen. Am Anfang eines Praktikums neigt man dazu, ruhig und höflich am Schreibtisch zu sitzen, den man zugewiesen bekommen hat, und zu warten, bis sich jemand erbarmt und einem auch eine Aufgabe zuweist. Voll Ehrfurcht schweigt man in den Redaktionssitzungen und lauscht den Ausführungen der erfahrenen Kollegen. Wer um jeden Preis vermeiden möchte, aufzufallen, fährt mit dieser Taktik ganz gut. Andernfalls: Widersprechen, sich einbringen, Vorschläge machen. Das Risiko, sich damit als lästiger Besserwisser zu präsentieren ist sehr viel kleiner als die Chance, dadurch aufzufallen. Redaktionen, in denen ehrfurchtsvoll stille, zurückhaltende Journalisten gerne gesehen sind, gilt es ohnehin zu meiden.

Ebenso bei der journalistischen Arbeit außerhalb der Redaktion. Beim Pressefoyer nach dem Ministerrat, beim ersten Interview mit einem Regierungsmitglied, beim Telefongespräch mit einer Berühmtheit. Überall gilt: Frechheit siegt. Eine scheinbar dumme Frage ist weniger blamabel, als scheinbar gar keine Frage zu haben. Außerdem: Es sind eben die scheinbar dummen Fragen, die ein langweiliges Interview von einem besonderen unterscheiden. Ein Redakteur des Radiosenders Ö1 stellte vor zwei Jahren dem damaligen Finanzminister Karl-Heinz Grasser fünfzehn Minuten lang immer wieder dieselbe Frage. Der weigerte sich, darauf zu antworten und verließ schließlich erbost das Studio. Es war das kurzweiligste und aufschlussreichste Grasser-Interview, das ich je gehört oder gelesen habe. Mit übertriebenem Respekt vor dem Minister wäre es ein Interview wie jedes andere geworden. Es gilt die multifunktionale journalistische Binsenweisheit, die an jedem Redaktionsstammtisch erzählt wird: Alle kochen nur mit Wasser, bloß sind die Töpfe eben unterschiedlich groß.

... ABER DEMÜTIG BLEIBEN.

„Wer bin ich denn schon?" Manchen Journalisten kommt diese Frage während ihrer gesamten Karriere nie in den Sinn. Andere ringen täglich mit ihr. Zum ersten Mal dann, wenn sie den geschützten Bereich der Schülerzeitungen oder Schreibwerkstätten an Universitäten und Fachhochschulen für ein Praktikum oder einen Beitrag als freier Mitarbeiter verlassen. Schließlich sind es nur schöne Worte, die Fachbücher und Ratgeber als Anforderungen für Journalisten definieren: Sorgfalt, Begabung, Neugier, Interesse, Rückgrat, Demut oder Wissen. Ein Journalist ist in der Realität aber immer noch, wer in einem Medium publiziert. Ganz egal, wie begabt. Ganz egal, wie sorgfältig. Von dem, der er gestern noch war, unterscheidet ihn nur eines: Plötzlich sieht und hört ihm die Öffentlichkeit zu: also potenziell jeder. Eine Verantwortung, die ziemlich lähmend sein kann.

So mancher mag dann – völlig überraschend – feststellen, dass er streng genommen rein gar nichts zu sagen hat. So ging es dem jungen Egon Erwin Kisch, als er zu einer seiner ersten Reportagen geschickt wurde: Mehrere Getreidemühlen stehen in Flammen. Der Reporter Kisch soll zusehen und berichten. Er beobachtet den Brand, spricht mit Feuerwehrmännern und mit Kollegen. Doch außer Feuer kann er nichts erkennen. Stoff für eine Reportage würde das nicht hergeben. Zurück in der Redaktion erfährt Kisch, dass er 150 Zeilen über den Brand abliefern muss. „Ich hatte nicht einmal eine. Doch, eine hatte ich: den Titel. ‚Brand der Schnittkauer Mühlen.‘ Der stand fest. Unter ihm klaffte leere Öde … hundertfünfzig Zeilen tief“, erzählt Kisch im Buch „Marktplatz der Sensationen“. Daraufhin beginnt der junge Reporter zu schreiben: „Ich schrieb von den Flammen und immer wieder von den Flammen … Ich ließ sie lodern, leuchten, züngeln, prasseln, aufflackern … das Gebälk ließ ich knistern, krachen, bersten … die Mehlsäcke ließ ich glimmen und platzen und qualmen und dampfen und rauchen … die Wasserstrahlen ließ ich stechen wie Dolche und niedersausen wie Säbelhiebe … und all das zusammen, all das zusammen ergab erst zwanzig Zeilen.“

So ging es nicht nur Kisch. Die Einsicht, dass man als Journalist nicht per se etwas zu sagen hat; dass schon alleine das richtige Hinsehen harte Arbeit ist; dass die Fähigkeit, etwas zu erkennen schon ein großes Talent darstellt, ist mindestens genauso heilsam wie eine gesunde Selbsteinschätzung.

3. ALLE TRÄUME AM EINGANG ABGEBEN …

Nicht jeder Artikel kann die Welt verändern. Das ist eine schöne Erkenntnis, denn sie tut niemandem weh. Mein Traum, als Journalist mit jeder Zeile eine Lawine loszutreten, mit jeder messerscharfen Nebenbemerkung einen Minister zu Fall zu bringen, war schon längst ausgeträumt, bevor ich erstmals eine Redaktion betreten habe. Andere Träume lösen sich erst später in Luft auf – und man leidet etwas länger an den Phantomschmerzen. Da gibt es etwa die vielzitierte Objektivität, die es bei genauerer Betrachtung eben nicht gibt. Oder die absolute Sorgfalt, die man trotz intensivem Bemühen nie erreichen kann.

Aber selbst so banale Grundsätze wie „Recherche ist immer sinnvoll" können ins Wanken geraten, wenn man anfängt, tatsächlich als Journalist zu arbeiten, anstatt bloß darüber nachzudenken. Am ersten Tag meines ersten Praktikums in einer Zeitungsredaktion gibt man mir eine verdienstvolle Aufgabe: „Mach einmal eine Kurzmeldung." Gerne! Rubrik: Vermischtes. Umfang: ungefähr acht Zeilen – das sind nicht mehr als drei oder vier Sätze. Man reicht mir eine Agenturmeldung auf einem Zettel. Dort steht: *„Die Wahlen zu den Senaten an den österreichischen Universitäten waren verfassungswidrig. Zu diesem Schluss kommt der Verfassungsgerichtshof in einem am Montag zugestellten Erkenntnis. Grund: Wissenschaftliche Mitarbeiter in Ausbildung waren vom aktiven Wahlrecht ausgeschlossen, was gegen den Gleichheitsgrundsatz verstößt. Konsequenzen hat das Urteil aber keine. Die entsprechende Bestimmung des Universitätsgesetzes ist vom Nationalrat bereits novelliert worden."* Alles klar? Natürlich, sage ich. Und mache mich an die Arbeit. Worin besteht die Neuigkeit? Das ist einfach: Es gibt da dieses Erkenntnis des Verfassungsgerichtshofs. Gut, gehört hat das jeder schon einmal. Aber wie und auf wen wirkt sich so ein Erkenntnis eigentlich aus? Wer hat das wem zugestellt? Wie lange lag es schon in der Schublade, bevor es zugestellt wurde? Was sind Senatswahlen? Welche Gesetzesstelle wurde da geändert und warum? Und überhaupt: Sollte es nicht „die" Erkenntnis heißen?

Am ersten Tag werden Redaktionspraktikanten in der Regel nicht gerade mit Arbeit überhäuft, und so bleibt mir genug Zeit, nach den Antworten zu suchen. Ich lese Gesetzestexte, durchforste Sitzungsprotokolle des Nationalrats, telefoniere mit VfGH-Pressesprechern, Rechtsanwälten und Uni-Mitarbeitern.

Nach zwei Stunden weiß ich Bescheid. Also schreibe ich eine achtzeilige Kurzmeldung. Sie liest sich so: *„Die Senatswahlen an den österreichischen Unis waren verfassungswidrig, wie der Verfassungsgerichtshof in einem Erkenntnis festgestellt hat. Zwei wissenschaftliche Mitarbeiter der WU hatten den VfGH angerufen, weil sie zur Wahl nicht zugelassen worden sind. Folgen hat die Entscheidung aber keine: Das verfassungswidrige Gesetz ist vom Nationalrat bereits geändert worden."* Ein kurzer Blick auf die Agenturmeldung bestätigt meine Befürchtung: Ich habe fast wörtlich das Gleiche geschrieben.

Die Meldung ist zwar letztlich nicht erschienen („Wir haben doch noch was Besseres gefunden, danke jedenfalls"). Ich aber habe meinen Abend über der Frage verbracht: Hätte es auch nur den geringsten Unterschied gemacht, die Agenturmeldung per Copy & Paste ins Layout-Programm zu übernehmen und ein klein wenig umzuformulieren? Hätte der aufmerksame Leser bemerkt, dass ich keinen Schimmer habe, worüber ich da berichte? Nein. Und die Redakteure – hätten die einen Unterschied wahrgenommen? Gar keine Rede.

... ABER SICH NICHT VON IHNEN TRENNEN.

Welch ein Schock: Schon am ersten Tag erkannt, dass Sorgfalt völlig sinnlos sein kann. Wer seine „Hausaufgaben ordentlich macht" (© einer meiner ersten Chefredakteure), wer also nachfragt, nachliest und überprüft, kann auch nicht wahrhaftiger, klüger oder stichhaltiger formulieren, als jemand, der einfach ungeprüft übernimmt. Der journalistische Alltag ist voller solcher Trugschlüsse. Und es gibt immer ein Andererseits.

Journalist – noch immer ein Traumberuf?

V

MEHR QUALITÄT, WENIGER BELIEBIGKEIT

Wir brauchen Journalisten mit Rückgrat und gute
Mentoren

Anneliese ROHRER

(Fachbereichsleiterin *FH-Studiengang Journalismus*;
Kolumnistin *Kurier*)

Der ehemalige ORF-Generalintendant Gerd Bacher ist vor ungefähr 30 Jahren sinngemäß mit folgender Feststellung bekannt
geworden: „Die einzige Voraussetzung, die Journalisten in Österreich für ihren Beruf mitbringen, ist die Frechheit, diesen ergreifen zu wollen." Ganze Generationen von Medienmachern zitier-
ten diesen Satz, ohne je nachgefragt zu haben, welche Voraussetzungen Bacher eigentlich im Sinn gehabt haben könnte, nachdem eine Ausbildung für den Beruf des Journalisten weder für
ihn noch für alle anderen bis vor kurzem zu haben war.

Seit Bachers kulturpessimistischem soundbite, wie man heute sagen würde, haben sich die Rahmenbedingungen für junge Journalisten entscheidend geändert, gewisse Voraussetzungen
sind aber dennoch gleich geblieben. Die Frechheit, die Bacher
meinte, gehört sicher nach wie vor dazu oder wäre zumindest
wünschenswert, auch wenn der Ex-Journalist Bacher das natürlich – wie vieles andere auch – herabwürdigend verstanden haben
wollte.

Unverändert sind auch die absoluten Vorbedingungen Neugier, Wissbegierigkeit, Leidenschaft und Sachkenntnisse. In diesem Quartett sind die einzelnen Teile aber nicht gleichberechtigt, denn ein Journalist kann sich schlimmstenfalls über mangelnde Sachkenntnisse hinwegturnen oder sich diese als „work in progress" noch aneignen, ohne Neugier, Leidenschaft und Wissbegierde geht jedoch gar nichts. Wenn auch nur ein Teil aus diesem Trio fehlt, ist man eigentlich im Medienbereich fehl am Platz. Jedenfalls in einer idealen Welt.

Die Welt war aber auch zu Zeiten der legendären Medienmänner Hugo Portisch, Gerd Bacher, Otto Schulmeister und anderen nicht ideal, sondern lediglich anders. Weder Print- noch elektronische Medien wurden zu ihren Zeiten als „Geschäft" angesehen, das auch nur entfernt auf irgendeine Weise den Gesetzen der Marktwirtschaft unterworfen gewesen wäre. Die *Kronen Zeitung* als Ausnahme eines gewinnträchtigen Unternehmens bestätigte nur die Regel eines nicht funktionierenden Medienmarktes, auf dem sich der reformierte Rundfunk nach 1967 in seiner absoluten Monopolstellung mit gesetzlich verankerten Gebühren behaglich eingerichtet hatte.

In Österreich, wo die Kleinheit des Landes, seine Geschichte nach dem Zweiten Weltkrieg, die Aufteilung der Republik in zwei Einflusssphären, die starken Verflechtungen zwischen Politik, Wirtschaft und Medien das Geschehen bestimmen, hat nie eine „ideale Welt" für neugierige, leidenschaftliche und kritische Journalisten existiert, gleichgültig wie die Zeit vor den großen Veränderungen Ende der 80er und zu Beginn der 90er Jahre in der Verklärung der Vergangenheit heute dargestellt wird. Das „System" war sogar in der Stunde der journalistischen Heroen, denn ohne die Liberalität eines konservativen Bundeskanzlers wie Josef Klaus wäre auch aus der Heldentat des Volksbegehrens für einen unabhängigen Rundfunk 1964 nichts geworden. Da hätten sich die Chefredakteure von *Kurier, Presse, Kleine Zeitung, Wochenpresse* und *Salzburger Nachrichten* noch so stark gegen die bereits unerträgliche Verpolitisierung des staatlichen Rundfunks aufbäumen können. 1975 war auch diese Stunde vorüber. Das „System" hatte wieder zurückgeschlagen.

Es folgte ein Jahrzehnt, in dem die Rahmenbedingungen für einige wenige investigative Journalisten wie Alfred Worm oder Gerald Freihofner günstig waren: Eine immer stärker werdende Oppositionspartei ÖVP mit genügend Ressourcen im „System", um den Informationsfluss zu den diversen Skandalen um AKH, Hannes Androsch und Udo Proksch in Gang zu halten; eine durch innere Querelen und lange Amtszeit abgenützte SPÖ.

Ab 1987 erfolgte die große Umgestaltung des österreichischen Medienmarktes mit dem Einstieg der *Westdeutschen Allgemeinen Zeitung (WAZ)* bei *Kronen Zeitung* und *Kurier*, der Gründung der Mediaprint, dem Auftauchen des *Standard* Oscar Bronners und später von *News* Wolfgang Fellners, dem Einstieg des Styria-Verlages bei der *Presse*, dem Niedergang der Parteizeitungen und dem „Aus" für das Zentralorgan der SPÖ, *Arbeiterzeitung*, 1989. Printmedien wurden zum „Geschäft", ein Konzentrationsprozess in der Folge politisch nicht nur geduldet, sondern ausdrücklich genehmigt.

Rückblickend auf diese Entwicklung kann man heute eine stillschweigende „Verschwörung" zwischen Wirtschaft und Politik im Mediensektor erkennen. Milde gestimmt, könnte man sogar von einer „unbewussten" Verschwörung sprechen. Wie auch immer, sie ist dem österreichischen Journalismus abträglich – und für die Demokratie in diesem Land langfristig schädlich. Was als wirtschaftliche Notwendigkeit bei den meisten Printmedien begann, wurde von der Politik bald als bequem erkannt und gefördert: Aus Gründen der Kosteneinsparung setzte in vielen Medien ein Verjüngungsprozess in den Redaktionen ein, der zwangsläufig aufgrund fehlender Sachkenntnisse und Kompetenz zu mehr Oberflächlichkeit und weniger kritischer Substanz führen musste. Gleichzeitig wurde und wird den jungen Journalisten jede Absicherung vorenthalten – sozial und arbeitsrechtlich. Wer aber auf sich allein gestellt ist, wem der Verlag die Unterstützung verweigert, sollte das „System" mittels Klage gegen zu kritische Berichterstattung zurückschlagen, der hat nur in ganz wenigen Ausnahmefällen den Mut zur Kritik.

Weil es so billig und so bequem ist, lässt man junge Journalisten zuerst auf der Basis des Zeilenhonorars gegeneinander anschreiben, was Oberflächlichkeit und Fehleranfälligkeit unter Zeitdruck fördert und außerdem die Lust auf langwierige und exakte Recherchen drastisch verringert. Während dieser Zeit, in der sich Verleger das beruhigende Gefühl leisten, Redakteure jederzeit per SMS und kostenfrei aus dem Haus weisen zu können und Politiker vor allzu bohrenden, weil kenntnisreichen Fragen, sicher sind, hält man dem journalistischen Nachwuchs zudem noch die Karotte vor die Nase, irgendwann doch den beruflichen Aufstieg zum „Pauschalisten" schaffen zu können. Das garantiert in jedem Fall Wohlverhalten und schließt selbst bei Einhaltung des Versprechens kostenmäßigen und arbeitsrechtlichen Unbill aus. Denn auch eine Pauschalierung ergibt keine, für Selbstbewusstsein, Zivilcourage und Arbeitsaufwand notwendige soziale Absicherung.

Dieser Interessengemeinschaft von Politik und Wirtschaft, um nicht wieder den Begriff der „Verschwörung" zu strapazieren, könnte nur die gewerkschaftliche Vertretung der Journalisten in die Parade fahren. Doch diese träumt offenbar in einer Art Dornröschenschlaf von besseren Zeiten: Von Zeiten, in denen ein Kollektivvertrag ausverhandelt wurde, der unter ganz anderen wirtschaftlichen und politischen Rahmenbedingungen seine Berechtigung hatte, sich heute aber als unüberwindbare Einstiegshürde für Jungjournalisten mit Ambition erweist. Kündigungsschutz, automatische Gehaltssprünge, Urlaubsausmaß, Sonstiges „verteuert" für den Verlag die Anstellung von Redakteuren in einem – unter wirtschaftlichen Gesichtspunkten betrachteten – unzumutbaren Ausmaß.

Spricht man Gewerkschaftsvertreter auf diese neue Situation an und schiebt man dann noch die Frage nach, warum sie sich nicht um eine Neugestaltung bemühen, reagieren die meisten äußerst aggressiv. Dabei ginge es gar nicht um einen Eingriff in bestehende Verträge, denn welche Berufsgruppe würde sich in Österreich schon freiwillig diverser „Privilegien" begeben? Es ginge nur um eine neue, zeitgemäße Gestaltung der Anstellungsbedingungen. Dieser Mühe unterzieht sich offenbar eine Gewerkschaft nicht, deren Hauptvertreter auch aus einer anderen, wenn auch nicht idealen, Welt des Journalismus stammen.

So befinden sich Jungjournalisten in einem Teufelskreis. Kaum jemand unter ihnen dürfte dazu zu überreden sein, ihn zu durchbrechen: In Wahrheit müsste der journalistische Nachwuchs in Scharen in die Gewerkschaft drängen, um nach Erreichung einer kritischen Masse dort Veränderungen zu erzwingen. Kann man jedoch von jungen Journalisten, die oft jahrelang kaum ihr Auskommen für Leben und Sozialversicherung finden, den notwendigen Beitrag als Mitglied der Journalisten-Gewerkschaft verlangen? Man kann, aber man erntet nur fassungsloses Staunen. Deshalb können sich Funktionäre auf ihren vergangenen und verwelkten Lorbeeren ausruhen, während Jungjournalisten sich abmühen, den Fuß in die Tür eines Medienhauses zu bekommen – und weder Zeit noch Geld haben, die Situation zu verändern.

Diese ist in der Tat grotesk. Ganz im Gegensatz zu früher wurde nämlich das handwerkliche Anfangstraining für Journalisten in speziellen Studiengängen und diversen Lehrredaktionen, in Praktika und Seminaren, entschieden verbessert, die eigentliche Arbeitssituation der Journalisten aber hat sich bedenklich verschlechtert. Langfristig gesehen werden die existierenden Medienunternehmen davon nicht profitieren, denn journalistische Arbeit ohne Freude, Pfiff und Mut macht die Produkte auf Zeit uninteressant und vor allem unglaubwürdig. Um Grundinformationen zu erhalten, muss heute kein Medienkonsument zu Print greifen oder auf die ORF-Information warten. Er bekommt sie per Klick im Internet, zeitsparend und kostengünstig.

Politisch gesehen ist der Umgang mit dem journalistischen Nachwuchs, wie er vor allem in den letzten sieben Jahren üblich geworden ist, erstaunlich kurzsichtig: Wie es der Haltung konservativer Politiker auch international entspricht – von Washington über Prag bis nach Wien – wurde der Umgang mit Vertretern der Medien merkbar unduldsam und herablassend. Der Politologe Fritz Plasser hat das in einem Interview einmal so erklärt: Vertreter des rechten politischen Spektrums wähnen sich im Besitz der allein gültigen Wahrheit; das heißt sie halten ihren politischen Weg für den einzig richtigen. Da sie unter den Journalisten mehrheitlich Angehörige des links-liberalen Gesellschaftsspektrums vermuten, sehen sie die meisten von ihnen als „natürliche" Gegner an. Das mache sie, so Plasser, extrem kritik-resistent. Hinter jeder Frage, skeptisch oder nicht, glauben sie einen offenen oder versteckten Angriff auf „ihre" Wahrheit zu erkennen.

Diese Analyse würde auch den erstaunlichen Gleichklang im Verhalten erklären. Ob nun Ex-Bundeskanzler Wolfgang Schüssel jahrelang vor allem junge Journalisten bei Pressekonferenzen mit Angriffen auf deren intellektuelle Kapazität mundtot zu machen versuchte und sie so ganz persönlich der Häme des Publikums preisgab; ob Tschechiens derzeitiger Präsident Vaclav Klaus sich von Journalisten verfolgt fühlte; oder ob US-Präsident George W. Bush bei einer Pressekonferenz 2006 eine völlig legitime und eigentlich harmlos erscheinende Frage nach der Reform des amerikanischen Sozialversicherungswesens mit einem gezielten persönlichen Angriff auf die Sozialversicherungs-Situation des Journalisten beantwortete – die Einschüchterungstaktik scheint immer die gleiche gewesen zu sein.

In Österreich führte dies dazu, dass zu Presseauftritten der Regierung in vielen Fällen von den Redaktionen nur mehr Zeilenschreiber oder Pauschalisten entsandt wurden, weil die erwarteten Antworten und der geschätzte News-Wert solcher Auftritte die Zeit der etablierten Journalisten nicht mehr wert war. Mehr noch. Es reduzierte die Bereitwilligkeit der Anwesenden zu kritischen Fragen und Zusatzfragen auf nahezu Null. Damit ließ sich zwei Regierungsperioden lang ganz gut leben – aus der Sicht der Politiker und wohl auch aus der Sicht der jungen Journalisten, die jedenfalls über gesicherte, wenn auch mäßig interessante, Abdrucke zu ihren Honoraren kamen. Nicht bedacht wurde allerdings, dass es vielleicht ein politisches Leben nach dem eigenen Machtbesitz gibt; dass die solcherart „sozialisierten" Jungjournalisten ähnliche Kritikunwilligkeit auch dem politischen „Gegner" gegenüber an den Tag legen werden, was durchaus nicht im eigenen Sinn sein kann und wird.

Das Ausmaß des Schadens, der in den letzten Jahren in Bezug auf vitalen politischen Journalismus angerichtet wurde, wäre der ÖVP wohl schneller und schmerzlicher bewusst geworden, hätte sie sich nach der Nationalratswahl 2006 in Opposition und nicht in Koalition mit der SPÖ wiedergefunden.

Junge Journalisten blicken unter den gegebenen arbeitsrechtlichen Verhältnissen heute mitunter auf ein abruptes Ende ihrer Karriere. Jene, die dennoch hartnäckig bleiben, sind Ausnahmeerscheinungen. Mit anderen hat die Politik jeglicher Couleur leichtes Spiel. Von ihnen sind bohrende Fragen nicht zu befürchten. Dabei war mit Ausnahme des staatlichen ORF nicht so sehr die Angst vor politischen Interventionen in den Redaktionen ausschlaggebend – gute Chefredakteure wissen diese immer abzuwehren. Es geht um subtilere Druckmittel: Das Infragestellen der Qualität mittels Denunzierung des Fragestellers; mittels wirtschaftlichem Druck durch Streichung entsprechender Inserate – in Vorwahlzeiten ein besonders beliebtes Druckmittel der Politiker; oder Verweigerung von Interviews. Auf die Arbeit von arbeitsrechtlich abgesicherten Journalisten wirken sich solche Methoden weniger aus als auf jene von prekär Beschäftigten, die jederzeit mit der sofortigen Auflösung des Dienstverhältnisses rechnen müssen. Diese Entwicklung in den Medien wird oft bedauert, ganze Vereine zur Förderung der journalistischen Qualität werden gegründet, substanzielle Verbesserungen sind nicht zu erkennen.

Das Mediengeschäft oder das Geschäft mit den Medien ist eines, in dem mit Glaubwürdigkeit, Vertrauen, Gewissenhaftigkeit und Verlässlichkeit gehandelt wird. Schreibt man die Entwicklung der letzten Jahre einfach fort, dann kann man den Zeitpunkt, an dem dieses Geschäft zwar nicht finanziell aber von den Produkten her konkursreif ist, bereits jetzt schon erahnen. Es kann ja eigentlich nicht im Interesse der Eigentümer sein, solange beim journalistischen Personal zu sparen bis die billigste aller Varianten, nämlich die völlig unreflektierte und unkritische Wiedergabe offizieller Verlautbarungen, realisiert wird. Das wäre langfristig eine massive Selbstbeschädigung, weil Konsumentenvertreibung.

Vorerst gilt es aber überhaupt und ununterbrochen das Sensorium von Jungjournalisten, die mehr oder weniger engagiert auf den Markt drängen, für die Gefahren zu schärfen. Wer sich nämlich erst einmal daran gewöhnt hat, durch Kopieren und Abschreiben vorgefertigter Texte und Agentur-Unterlagen die Abkürzung zur vermeintlichen Karriere einzuschlagen, der ist später nur mehr schwer auf den viel interessanteren kritischen Weg zurückzuführen. Journalisten entziehen sich – außer bei gesondert einberufenen Symposien – gerne der Diskussion über die Fülle von ethischen Fragen, die täglich auf sie zukommen könnten. Sie blocken diese meist mit dem Hinweis ab, dass solche Fragen in der Realität nie eindeutig beantwortet werden können.

Das ist jedoch eine der vielen Ausreden, die sich in Österreich in allen Bereichen großer Beliebtheit erfreuen. Mit Schuldzuweisen ist man auch im Journalismus schnell bei der Hand: Die Werbewirtschaft verlangt dies, die Anzeigenabteilung jenes, die Redaktion hastiges Arbeiten, der Leser immer mehr Unterhaltung zu Lasten der Information und so weiter.

Wenn aber ein Medienkonsument zum Beispiel beklagt, dass er in einem vermeintlichen Qualitätsblatt von einer politischen Veranstaltung großflächig nur Interviews mit Nebendarstellern, ausführliche Beschreibungen der politischen Inszenierung und der Gefühlslage von Anwesenden, jedoch nichts über die politischen Reden ebendort erfahren hat, dann weiß man, dass Gefahr im Verzug ist. Oder man erinnert sich an die Worte des ehemaligen Intendanten des Westdeutschen Rundfunks, Friedrich Nowottny, der laut *Süddeutscher Zeitung* den Ist-Zustand in der Medienlandschaft so beschrieb: Früher sei den Medien die Aufgabe zugekommen, die Politiker zu beobachten, „heute beobachten die

Politiker die Medien und suchen sich ihren Raum für Inszenierungen."

Wohlmeinend könnte man im oben beschriebenen Beispiel von schlechtem journalistischem Handwerk sprechen; weniger milde gestimmt, von Verletzung der Informationspflicht. Man muss den jungen Journalisten die Frage aufdrängen, wem sie sich nun verpflichtet fühlen: Dem Konsumenten, also der Öffentlichkeit, oder den Politikern deren Inszenierungsdrang sie nachgeben, auf dass sich keiner von ihnen beklage. Und eine prekäre Arbeitssituation noch unsicherer mache.

Erwartungsgemäß werden sie versichern, nur Verbündete der Öffentlichkeit zu sein. Konfrontiert man sie dann aber mit detaillierter Fragestellung nach ihrer Einstellung zu ethischen Fragen, hört sich die Sache schon wieder ganz anders an: Da verschwimmen die Grenzen zwischen Aufklärungspflicht, Rücksichtnahme auf Eigentümer und deren Anzeigenkunden, Schutz der Privatsphäre und nachhaltiger Recherche. Da gibt es wieder diesen Zug zu den Abkürzungswegen.

Rein theoretisch ist es nicht schwer, Einsteigern in den journalistischen Markt die ökonomischen, berufsethischen und persönlich wünschenswerten Zusammenhänge zu erklären: Wer sich dazu verführen lässt, ethische Grundregeln im Journalismus fortgesetzt zu verletzen, verspielt das einzige Kapital, das er neben Talent noch einzusetzen hat, Glaubwürdigkeit und Verlässlichkeit. Ohne dieses lässt sich in den seltensten Fällen eine befriedigende Laufbahn einschlagen, auf keinen Fall aber persönliche Genugtuung im Beruf erreichen.

Praktisch gibt es natürlich eine Reihe von Faktoren, die in Österreich diese Zusammenhänge schwächen: Der allgemeine ökonomische Druck, die von der Politik tolerierte Medienkonzentration, die Entwicklung neuer journalistischer Möglichkeiten wie Internet, Weblogs, Bürgerjournalismus. Und international verblassten in den letzten vier Jahren jene leuchtenden Beispiele, die man jungen Journalisten bis dahin wenigstens beispielhaft vorhalten konnte: Wenn sich schon Ikonen des Journalismus wie jene in der *New York Times* für fehlerhafte, unkritische und manipulierte Berichterstattung wie jener über den Krieg im Irak bei ihren Konsumenten entschuldigen müssen, können gewisse Anforderungen an den journalistischen Nachwuchs in einem kleinen Land wie Österreich schwer hochgehalten werden. Verfechter des kritischen Journalismus können sich in diesem Fall nur auf die Behauptung zurückziehen, dass sich ein Blatt wie die *New York Times* wenigstens entschuldigt hat, was in einem vergleichbaren Fall in Österreich wohl ausgeschlossen werden kann.

Allein, es gibt in Österreich keinen vergleichbaren Fall. Gerade deshalb, gerade wegen der vergleichsweise undramatischen Situation, sollten für heimische Journalisten die Tugenden Sorgfalt der Recherche, Vielfalt der Quellen, Verifizierung der Informationen, Fairness, Unabhängigkeit und Glaubwürdigkeit nicht verhandelbar sein. Ein Medienmarkt wie der österreichische könnte sich den Luxus journalistischer Qualität eigentlich leisten. Nur gilt eben auch hier der Satz: Man muss mit den Medien leben, die man hat, und nicht mit denen, die man gerne hätte.

Die Entwicklung der letzten 15 Jahre zwingt eigentlich zur permanenten Abwehrschlacht gegen journalistische Beliebigkeit. Man könnte den Standpunkt vertreten, dass die Gründung der Tageszeitung *Österreich* und ihrer Performance am österreichischen Markt eigentlich ein versteckter Segen sein könnte, würden Serienverstöße gegen Minimalstandards als Weckruf verstanden werden und zur Schaffung einer neuen Institution zur Überwachung der Einhaltung journalistischer benchmarks führen. Der frühere Presserat führte sich medienpolitisch und parteipolitisch selbst ad absurdum. Seitdem ist das Feld frei. Noch ist der Schmerz mangelnder Qualität offenbar nicht stark genug, um Verleger und führende Journalisten wachzurütteln.

Es wäre auch für Jungjournalisten von Vorteil, gäbe es eine „Instanz", der sie gegebenenfalls Rechenschaft ablegen müssten.

Es liegt im Wesen des österreichischen „Systems", dass die Fähigkeit zu Kritik – im aktiven wie im passiven Sinn – nicht übermäßig ausgebildet ist. Unter den gegenwärtigen Rahmenbedingungen des Mediensektors allerdings ist es besonders wichtig, die nicht sehr ausgeprägte Neigung junger Journalisten, wichtige Dinge zu hinterfragen, zu stärken. Am Ende des Tages allerdings liegt die Verantwortung dafür bei den Eigentümern der Medien, den Medienmachern und den Journalisten in führender Position. Dem journalistischen Nachwuchs das Handwerk mitzugeben, ist eine Sache. Und in dieser Hinsicht hat sich vieles zum Positiven verändert. Ihm jedoch in der täglichen Arbeit den Rücken zu stärken, ihm permanent kritisches Denken abzuverlangen, diese Verantwortung liegt in den einzelnen Redaktionen.

Für die Bereitschaft, sie dort auch tatsächlich wahrzunehmen, bietet sich ein ganz einfaches Modell an: Jedem Neuzugang wird ein „Mentor" zugeteilt, also ein erfahrenes Redaktionsmitglied, das bereits den Nachweis handwerklicher und ethischer Festigkeit erbracht hat. An diesen „Mentor" sollten sich die Jungjournalisten nicht nur mit allen handwerklichen Fragen wenden, sondern auch alle ethischen Entscheidungen besprechen können. Das Funktionieren eines solchen Mentorensystems setzt allerdings die Bereitschaft gefestigter und erfahrener Journalisten voraus, Zeit und Wissen in den Nachwuchs zu investieren. Und es setzt die Bereitwilligkeit der Jungen voraus, sich nicht schon nach wenigen Monaten in der Praxis für Gottes Geschenk an den Journalismus, sondern noch für lernfähig zu halten. Voraussetzung ist allerdings, dass Redaktionsführung und Medieneigentümer davon Abstand nehmen, sich den journalistischen Nachwuchs „abzurichten" und genügend Freiraum für Kreativität lassen. Funktioniert ein Mentorensystem jedoch, so können beide Teile und das Gesamtmedium davon nur profitieren.

Das Pendel wird, wollen die Medien in ihrer heutigen Form überleben, früher oder später wieder von der Beliebigkeit zu Seriosität und Qualität zurückschlagen. Jede andere Entwicklung wäre Selbstzerstörung. Das werden Verlage und Politik ebenfalls früher oder später erkennen müssen. Wer dann aber, handwerklich gut ausgestattet, moralisch und ethisch gefestigt, Journalismus mit Leidenschaft betreibt, wird einen Startvorteil gegenüber jenen haben, die sich weiter in der Beliebigkeit verlieren.

VI

AUS DER TRAUM?

Es ist Zeit, bei wachem Verstand über Journalismus
nachzudenken

Hans BESENBÖCK

(Geschäftsführer *Public Solutions Media Consulting*)

Ja, aus der Traum!

Wie bitte? Ein Empfang bei Präsident oder Kanzler im Wiener Redoutensaal, ein Studiogespräch mit Niki Lauda oder eine
Sendung mit Paul Liessmann im ORF, eine tolle Reportage vom
Endspiel der Fußball-WM 2006, dem Spiel Zidane gegen Ma-
terazzi, im öffentlichen deutschen Fernsehen, eine Hintergrund-
geschichte über wachsende Armut trotz harter Arbeit im *Spiegel* und den Armin Wolf und die Sabine Christiansen samt ihrer
Nachfolgerin und den Jürgen Plasberg – das alles gibt es doch,
und dennoch: aus der Traum?

Ja, aus der Traum. Denn dass es die Reportagen gibt und
die guten Interviews und die hochrangigen Einladungen und die
brauchbaren Köpfe, das alles ist in Zukunft ein Minderheitenprogramm. Oder besser: ein Mindersheitenprogramm, denn ein
Minderheitenprogramm war es natürlich immer. Die Tagesarbeit
des Journalismus lag immer in den Händen tausender Menschen,
die keiner kannte und keiner kennt und die ihre Arbeit gut und
verlässlich machen – das hat sie nicht davor bewahrt, geringschät-
zig „graue Mäuse" genannt zu werden.

Der Traum ist aus, weil etwas ganz anderes passiert ist: Die vielen „grauen Mäuse", die in Wahrheit gute Journalistinnen und Journalisten waren und sind, haben keine Chancen mehr. Und das war früher nicht so. Wer gut war, der (die männliche Form war und ist hier noch immer angebracht – leider), der also bekam seine Chance – er musste dann halt was draus machen. Diese Chancen sind weitgehend verschwunden. Und wer sie haben will, muss Zugeständnisse machen, berufliche natürlich, verlags- und senderpolitische natürlich auch, vor allem aber intellektuelle. Journalismus als intellektueller Beruf, als Beruf der besten Köpfe, hat ausgedient. Die intellektuellen Erfolgskurven sind sehr flach geworden, seit in Verlagen und Sendern die Gewinnkurven sehr steil geworden sind.

Nicht dass es in Zukunft gar keine Journalistinnen und Journalisten mehr geben wird. Das natürlich nicht. Die Menschen werden auch in Zukunft Zeitungen lesen, Radio hören und fernsehen wollen, und deshalb wird es auch Menschen geben müssen, die dafür sorgen, dass das möglich ist. Und es werden die Schlechtesten nicht sein. Aber der Traum ist aus – der Traum vom großen Schreiber, der stilbildend wirkt wie weiland Alfred Polgar in der Tageszeitung *Der Neue Tag*, der Traum vom großen Kommentator, den die Macht auch empfängt, wenn er ihr nicht – oder vorsichtiger: nicht unbedingt und jedenfalls – zu Willen ist, wie früher Otto Schulmeister oder Hugo Portisch in *Presse, Kurier* und ORF; der Traum vom großen Kopf, der man ist und den man einsetzt, um eine Zeitung oder eine Sendung zu machen, die nicht nur unterhält, sondern auch Wissen vermittelt, also auch bildet; Manfred Scheuch in der ehemaligen *Arbeiter-Zeitung* und Franz Kreuzer ebendort und viele mehr im ORF-Fernsehen sind dafür Beispiele. Und selbst das historische „Tor, Tor, Tor – i wer' narrisch" des Reporterstars Edi Finger senior geht nicht mehr; längst ist diese echte Emotion überboten durch pseudo-emotionelle Hektik und pseudo-patriotischen Neo-Nationalismus und unterboten durch emotionsloses Studiogeschwätz, das sich Analyse nennt.

Keine Frage: Journalismus ist immer auch ein Handwerk gewesen, aber ein besonderes – wie Chirurgie in der Medizin ein besonderes Handwerk ist. Aber kein Chirurg würde sagen, dass er zur Unterhaltung arbeitet. Journalistinnen und Journalisten aber, einige jedenfalls, halten das mittlerweile für ihre vornehmste Berufspflicht. Als bedürfte es dafür eines Beweises, zeigt sich das in der Bezeichnung der modernen journalistischen Arbeit: Nicht qualifizierte Inhalte sind herzustellen, also ein besonderes Handwerk ist qualifiziert auszuüben, sondern „Content" ist zu „providen", also herzustellen und vorrätig zu halten, in kleinen verträglichen Happen, gleichsam in „Chappi"-Dosen, und wenn's ausnahmsweise was Besonderes sein soll, kommt's von „Sheba". Keiner hat diese Entwicklung so genial in einem Satz von funkelnder Ironie zusammengefasst wie der langjährige Chefredakteur der deutschen Wochenzeitung *Die ZEIT*: „Jeder französische Winzer", sagte er bei den Alpbacher Medientagen des Jahres 2002, „jeder fanzösische Winzer würde sich weigern, als Content-Provider für Flaschen bezeichnet zu werden".

JOURNALISTEN ODER „CONTENT-PROVIDER"?

Warum sind Journalistinnen und Journalisten heute so oft vor allem Content-Provider? Sie sind es, weil viele von ihnen unter dem Zwang der Mehrfach-Verwertung der gleichen Inhalte stehen. Dadurch entsteht ein Arbeits- und Zeitdruck, der zu dem führt, was hier mit „Content-Providing" gemeint ist: Eine Sache – sagen wir ein Interview – muss, weil für die nachfolgende Mehrfach-Verarbeitung Zeit erforderlich ist, schnell aufgenommen werden. Das verknappt nicht nur die Zeit, während des Interviews kritische Fragen zu stellen, es nimmt vorher auch Zeit weg, kritische Fragen zu entwickeln, und es nimmt nachher Zeit weg, über das Gesagte kritisch nachzudenken und den

Zeitungstext oder den Radio- und Fernseh-Schnitt als Ergebnis dieses Denkprozesses zu gestalten. Das Ergebnis dieser Arbeitsweise ist, dass einfache Fragen gestellt und einfache Antworten gegeben werden, das kritische Nachfragen häufig entfällt und das Aufgenommene nachher weitgehend unverändert weitergegeben wird – im Extremfall (wirklich ein Extremfall?) als kurzes Interview in einem Privatradio, als längerer Text in der Zeitung des gleichen Medien-Unternehmens und als Langfassung dann im Internet-Auftritt des Mediums, in dem diese unkritisch wiedergebende Langfassung – gleichsam die ungeschnittene Form des Interviews – auch noch als besonderer Leserservice angepriesen wird. Und, bitte schön, so etwas wird eine Redakteurin oder ein Redakteur doch zumindest zwei Mal am Tag machen können. Schließlich wird sie – oder er – das Geld doch brauchen können, das man als freie Mitarbeiterin und als freier Mitarbeiter doch nur verdient, wenn man möglichst viel herstellt.

Hier verwebt sich – unvermeidlich und typischerweise – die moderne journalistische Arbeit mit dem lebensnotwendigen Ertrag dieser Arbeit, dem Gehalt oder Honorar. Und das hat natürlich wieder mit den Erträgen der Medienhäuser zu tun. Aus methodischen Gründen müssen wir, was in der Wirklichkeit untrennbar zusammenhängt, hier auseinanderhalten. Und von der Ökonomie später reden. Zuerst geht's also um den Inhalt.

ES GEHT UM QUALITÄT

Oder genauer gesagt: Es geht um die Qualität der Inhalte. Oder noch genauer: Es geht um die Antwort auf die Frage, wie Qualität entstehen soll, wenn Content genügt.

Ein ganz persönlicher Blick zurück als Versuch einer Antwort: Als ich 1979 in die Redaktion der *Zeit im Bild* eintrat, galt eine eiserne Regel, die nur durch außerordentliche Ereignisse außer Kraft gesetzt worden ist. Die Regel: Vier Geschichten in der

Woche. Das hieß: Jeden Tag eine Geschichte und nicht mehr, und der fünfte Arbeitstag diente der Kontaktpflege und dem Ausbau von Kenntnissen, also dem Lesen und dem Gespräch mit kenntnisreichen Informanten. Diese Regel hat es möglich gemacht, dass Journalisten Wissen und Erfahrung sammeln und Urteilskraft ausbilden konnten, die allesamt der Qualität jeder einzelnen Story zugutekamen. Und jede einzelne Story konnte gut vorbereitet, qualifiziert hergestellt und in Ruhe bearbeitet werden, was ihr sicher gut tat – es stand ja mit einem ganzen Tag genug Zeit zur Verfügung. Eine solche qualitätssichernde Arbeitsweise ist im ORF heute sicher nicht mehr selbstverständlich, und in den privaten Medien – elektronischen wie gedruckten – kommt sie vermutlich gar nicht vor. Denn die müssen, anders als der ORF, der sein halbes Geld vom Gebührenbaum schütteln kann, jeden Cent selbst verdienen. (Schon wieder hat sich hier die Ökonomie eingeschlichen, aber wir schieben sie noch ein bisschen vor uns her.)

Was die kleine Geschichte aus der besseren (gut war wohl auch sie nicht) Zeit des Journalismus lehrt, ist ebenso offensichtlich wie einfach, weil es für jede andere Arbeit auf dieser Welt genauso gilt: Qualität braucht Wissen und Erfahrung und Ruhe zur handwerklichen Arbeit, und das alles braucht Zeit – und die ist bekanntlich Geld. Aha, die Ökonomie! Ja, sie kommt gleich, aber erst nach der Technik.

DIE TECHNIK PRÄGT DIE INHALTE

Es gab Zeiten, und die sind – vom ersten Jahrzehnt des 21. Jahrhunderts aus gesehen –, nicht länger als ein Arbeitsleben her, eher kürzer, so dreißig bis maximal vierzig Jahre, es gab also Zeiten, da diente die Technik überwiegend als Mittel zum Zweck. Denn sie war teuer und man ging sparsam mit ihr um, setzte sie nur ein, wo der Zweck – eine Zeitung herzustellen, einen TV-Beitrag zu gestalten – sie unverzichtbar machte. In den Zeitungen war die

Druckvorstufe ein Riesenaufwand: Bleisatz Zeile für Zeile hergestellt von gut bezahlten Setzern, unattraktive Schwarz-Weiß-Fotos über teure Klischees, Titel in mühsamem Handsatz. Und im Fernsehen alles auf Film, der teuer war und extra entwickelt und „angelegt", das heißt Bild-Ton-synchron gemacht werden musste, und das alles von Menschen, die dafür Geld erhielten. Die Druckvorstufe ist heute die Arbeit von Redakteuren, die ohnedies bezahlt werden, und einigen wenigen Layoutern. Setzer und Chemiegrafen gibt es keine mehr. Und Fernsehen ist ein bisschen ein besseres Home-Video-Ding, keine teuren Filme, kein Entwickeln, kein Anlegen, bald auch schon keine Kameraleute mehr. Auch hier machen die Redakteure (fast) alles. Das ist nicht nur ökonomisch wichtig – gleich ist es soweit – sondern prägt auch die Inhalte. Wenn ihre Herstellung einfach und billig ist, warum sie nicht einfach herstellen ohne viel nachzudenken?

Was aber lässt sich einfach und billig herstellen?

– Nie (oder so gut wie nie) investigativer Journalismus – der ist teuer, denn er funktioniert genau verkehrt zum Content-Prinzip: Wenig, bei Erfolg freilich sensationeller, Inhalt entsteht dabei. Aber dem gehen wochen-, vielleicht sogar monatelange intensive Recherchen voraus, die die Arbeitskraft eines oder sogar mehrerer Journalistinnen und Journalisten binden, ohne dass sie Content für die nächste Zeitung, das nächste Heft, die nächste Sendung abliefern. Die Kosten dafür sind daher meist höher als die Sensationsstory Einnahmen bringt – allerdings ist der Imagewert eines solchen Erfolges enorm.

– Selten die gute, informative Reportage von weit weg. Denn sie erfordert teure Korrespondenten und hohe Transmissionskosten.

– Öfter schon ein gut recherchierter Hintergrundbericht, zumeist in Zeitungen oder Zeitschriften, denn Hintergrund lässt sich selten gut bebildern.

– Hin und wieder doch ein gut geführtes, weil gut vorbereitetes, Interview mit einem interessanten Gegenüber – es können in einer Diskussionssendung auch mehrere Gegenüber sein –, weil das zwar journalistisch, aber nicht technisch viel Arbeit ist (freilich gilt das mehr für das Radio und das Fernsehen als für die Zeitung).

– Manchmal Ereignisse, wo Bilder tatsächlich mehr sagen als Worte – die täglichen Tragödien in Darfur 2006 und 2007 sind dafür ein gutes Beispiel, aber da muss halt eine Kamera dort sein – und die Wahrscheinlichkeit dafür sinkt mit dem Quadrat der Entfernung und dem Kubus des Interesses.

– Doch eines ist täglich und immer billig herzustellen: Alles, für das man nur die TV-Kamera hinhalten, das Foto schießen, ein paar Zeilen zusammenschreiben muss. Adabeistories von Britney Spears bis Richard Lugner, politischer Tratsch inklusive ministerialer Friseurbesuche, öffentliche Streitereien zwischen echten oder scheinbaren Promis, Modegefechte und Stylingfragen öffentlicher Personen, Scheinereignisse wie Schanigarteneröffnungen oder Weltspartagsbesuche, bis hin zu Adeligen, die hinters Haus pinkeln.

ÖKONOMIE HAT VORRANG

Und jetzt ist es soweit, über das Klartext zu reden, was bisher ohnedies ständig zwischen den Zeilen gestanden ist: Das alles hat mit den wirtschaftlichen Bedingungen zu tun, unter denen Medienarbeit heute stattfindet.

Diese Bedingungen sind nicht besser geworden, ja sie haben sich in dem schon beschriebenen Zeitraum der letzten dreißig bis vierzig Jahre sogar ziemlich verschlechtert – das Internet hat ganze Geschäftsfelder der Zeitungen verschwinden lassen, etwa Wohnungsanzeigen oder den Stellenmarkt. Das hat selbst traditionsreiche Medien – etwa die *Süddeutsche Zeitung* – bis an die Grenzen des wirtschaftlichen Untergangs geführt und intensive Sparmaßnahmen nach sich gezogen. In Österreich hat diese Entwicklung (zu der auch gehört, dass gut verdienende Verlage in lohnendere Investments als österreichische Medien gegangen sind, vor allem im Osten) auf viele Zeitungen durchgeschlagen, Redaktionen sind verkleinert, Dienstverträge für die Verlage günstiger gestaltet, statt Angestellten freie Mitarbeiter in Dienst genommen worden. Journalisten sind nicht mehr gut bezahlt, wie in den 70ern und 80ern des vergangenen Jahrhunderts, sondern bestenfalls noch besser als andere Berufsgruppen. Leider heißt das auch: Die Besten suchen sich andere Jobs, mittlere Gagen bringen Mittelmaß in die Redaktionen. Und auch wenn es hier Gott sei Dank viele Ausnahmen gibt, in der Tendenz stimmt das leider.

Dazu kommt: Es ist einem Journalisten, der frei arbeitet (arbeiten muss), auch gar nicht zu verdenken, wenn er Geschichten sucht und denen den Vorzug gibt, die sich schnell herstellen lassen, die die Möglichkeiten offen halten, noch weitere zu produzieren und damit das Einkommen zu erhöhen (oder eher auszugleichen, dass es Tage ohne Story, aber mit persönlichen Ausgaben gibt). Und wenn die Leserinnen, Leser, Hörerinnen, Hörer, Seherinnen und Seher das ohnedies wollen, dann bitte …

Denn zu den Bedingungen, unter denen Medien heute wirtschaftlich arbeiten, gehört auch, wofür Zeitungsleser und -leserinnen bereit sind zu zahlen und was sie bereit sind anzuschauen, damit in Radio und Fernsehen Quoten und somit Werbeeinnahmen entstehen. (Und das gilt auch für den ORF, der von den Gebühren allein nicht leben kann.) Wenn das qualitativ Flache – zum Ausgleich verbunden mit einem quantitativ aufwendigen Erscheinungsbild, etwa täglichen oder zumindest wöchentlichen Hochglanzbeilagen –, wenn das inhaltlich Flache ausreicht, um ein Medium über Wasser zu halten, wenn dieses Flache die Herstellungskosten senkt, wenn Verlage und Medienhäuser damit also besser verdienen (oder zumindest überleben können) – wer sollte dann bei wirtschaftlicher Vernunft anders handeln? In einer Anekdote formuliert: Die Zeiten, da der Insel-Verlag gegründet wurde und diesen Namen annahm, weil er bewusst eine herausragende Qualitäts-Insel im Meer des Flachen sein wollte, und das zu Lasten des Reichtums seines Eigentümers, die sind vorbei, auch weil es diese Art von Reichtum, den Wohlstand des gebildeten jüdischen Bürgertums, nicht mehr gibt ...

Jedenfalls, der Traum ist aus, willkommen in der Wirklichkeit. Und siehe da: Sie bietet neue Chancen, Möglichkeiten und Wege.

DIE SPIRALE NACH UNTEN STOPPEN

Wenn die hier angestellten Überlegungen annähernd der Wirklichkeit entsprechen, dann folgt daraus nicht ein Aufruf zur Aufgabe und Resignation. Wenn überhaupt ein Aufruf folgt, dann einer zu einem neuen Aufbruch. Der Aufruf lautet: Unterbrechen wir den Lauf der Verflachungsspirale, stoppen wir ihren Dreh nach unten. Es ist nicht so, dass die Menschen das Dümmste als das Beste empfinden. Nur: Was sollen sie tun, wenn sie wenig anderes vorfinden. Österreich war und ist über Jahrzehnte ein Land der Qualitätsmedien gewesen und ist es zu einem guten Teil noch: Es gibt *Die Presse*, anders unter Fleischhacker als unter Schulmeister, aber eine Zeitung mit Qualität, es gibt das *profil*, anders unter Rainer als unter Bronner oder Lingens, aber Qualität ist vorhanden; und das gilt für die andere Bronner-Gründung, den *trend* und natürlich für Bronners Tageszeitung, den *Standard*. Der *Kurier* schaut auch als Boulevardblatt auf Qualität und die *Wiener Zeitung* hat unter Andreas Unterberger eine Qualitätsoffensive hinter sich. Und der ORF ist offenbar endlich wieder dabei. Es gibt also offensichtlich einen Markt für Qualität, trotz merkbarer Untiefen in Österreichs Medienlandschaft (und ihrer ungesunden Konzentration).

Und wir spüren überdies: Im Internet stecken viele Chancen, die noch gar nicht genützt sind. Das Internet ist ein wissenschaftlicher Verbund, es ist ein Lexikon – von Wikipedia bis Telefonbuch –, es ist eine Kauf- und Tauschbörse, es ist eine Verwaltungshilfe für Staat und Bürger. Nur eines ist es noch nicht wirklich: Ein verlässliches, hochqualitatives Informationsmedium. Denn Qualität kostet, und im Internet kann man immer noch nicht einfach und zugleich betrugssicher zahlen: Fällt dieses Problem weg, bietet das Internet enorme Chancen für qualitätsvollen Journalismus, für den bezahlt werden muss.

Die Anti-Qualitätsspirale stoppen heißt für die Leser: Qualität zu fordern. Es heißt für die Verleger: Qualität zu finanzieren (auch zu Lasten möglicher Riesengewinne; große genügen, ja es reicht im Notfall sogar eine schwarze Null). Es heißt für die Herausgeber: Von den journalistischen Mitarbeitern viel zu verlangen, sie dafür aber auch anständig zu bezahlen und vor Billigkonkurrenten zu schützen. Und es heißt für die Journalisten: Viel lernen, viel wissen, sich anstrengen – und dafür auch einen anständigen Lohn zu verlangen und notfalls zu erkämpfen.

Obwohl heute vielfach das Gegenteil für wahr gehalten wird: Wir Journalistinnen und Journalisten haben die Konsumenten auf unserer Seite. Die haben als Lebensmittelkäufer längst erkannt, dass Bioprodukte besser sind als irgendeine Billigware. Und sind bereit, für Bioqualität auch mehr zu zahlen. Warum das anders sein sollte, wenn die gleichen Konsumenten ihr Geld für Medien ausgeben, ist nicht einzusehen. Es lohnt sich daher, auf Qualität im Medienbetrieb zu achten.

Wie das geht? Indem wir Journalisten auf Klasse setzen und nicht auf Masse. Und das bewusst gemeinsam tun. Einrichtungen dafür haben wir genug: Journalistenclubs, wo wir Qualitätsstandards erarbeiten und klare Grenzen ziehen können, die wir nicht unterschreiten wollen; unsere Gewerkschaft, die aktiver sein könnte, um unter den heutigen technischen Voraussetzungen Arbeitsbedingungen zu schaffen, die Qualitätsprodukte ermöglichen; und uns selber, die wir einfach einmal Nein sagen können, wenn qualitativ Minderwertiges von uns verlangt wird.

Das klingt schon wieder wie ein Traum? Vielleicht. Aber der ist nicht aus. Der kann wahr werden, wenn wir Journalistinnen und Journalisten mit wachem Qualitätsbewusstsein handeln. Das können wir, und das sollte uns Mut machen. Wir werden ihn brauchen.

VII

DAS BILD DES JOURNALISTEN

Wie Funk und Fernsehen Klischees prägen und wie es
wirklich ist

Andy KALTENBRUNNER

(Geschäftsführer *Kaltenbrunner Medienberatung*)

Diese Markt- und Meinungsforschung war nicht repräsentativ.
Keineswegs. Ein Dutzend Journalisten jüngerer Generation saß
im Seminarsaal, Hoffnungsträger ihrer Häuser. Freiwillig fortbil-
dungswillig waren sie noch dazu. Weil es um die hohe Kunst der
Reportage als journalistisches Genre gehen sollte, war eine historische Herleitung unvermeidlich. Welche Texte von Max Winter oder Egon Erwin Kisch geläufig seien? Immerhin: Ein paar
der Jungredakteure hatten schon von Winters hundert Jahre alten
Sozialreportagen gehört, „Der rasende Reporter" Kisch war fast
allen ein Begriff. Drei von zwölf hatten schon einmal eine der berühmten Reportagen von ihm gelesen. Ein Viertel. Wenige? Im
Gegenteil. Wir waren auch schon in Redakteursrunden gesessen,
wo kein einziger je einen Kisch-Text gelesen hatte.

Aber haben solche historischen Heroen ihrer Zunft überhaupt
noch etwas mit dem modernen Journalismus zu tun? An wem
orientieren sich junge Menschen, die es in die Medienbranche
drängt?

Wenn Publizistik-Professoren heutzutage die „50 Vorbilder des Journalismus" in Büchern porträtieren [1], versuchen sie verdienstvolle Aufklärungsarbeit. Meist aber mit mäßigem Erfolg: Zu einem Bestseller wird derlei Fachliteratur nie. Weil eben die Vorbilder längst nicht mehr Kisch und Winter oder Alfred Polgar heißen und auch nicht – um erst kürzlich verstorbene publizistische Größen zu erwähnen – der *Spiegel*-Gründer Rudolf Augstein oder der *Süddeutsche*-Autor Herbert Riehl-Heyse für Jungjournalisten als Orientierungspunkte dienen.

Die Role-Models sind heute bekannt aus Funk und Fernsehen. Genauer: Das ist eigentlich seit Jahrzehnten so. Die wichtigsten, massenfähigen Bilder vom Beruf lieferten meist Schauspieler. Einer der erfolgreichsten Verwerter von Journalismus-Klischees war ein Wiener Reporter, der in Hollywood zum Drehbuch- und Regiestar wurde: Billy Wilder. Sein „Reporter des Satans" (1951 mit Kirk Douglas) und sein „Extrablatt" (1974 mit Jack Lemmon und Walter Matthau) waren Gustostücke cineastischer Satire auf ein Berufsbild.

„Lou Grant" hieß dann eine erfolgreiche US-amerikanische TV-Serie, die, 114 Folgen lang, in den späten siebziger und den achtziger Jahren auch im deutschen und österreichischen TV gar nicht so realitätsferne Einblicke in das Innenleben einer US-Lokalzeitung gab. Sie hat mehr zum Journalismusbild in der Öffentlichkeit beigetragen, als alle noch so klugen analytischen Publizistik-Vorlesungen im gleichen Jahrzehnt. Eine Generation Berufseinsteiger fand in dieser Serie im egoistischen Spürhund-Reporter Rossi durchaus brauchbare Wesenszüge für die eigene Karriere und lernte den griesgrämigen, aber im Charakterkern recht liebevollen, Chronik-Chef Lou Grant schätzen.

Medien gehen bei der Beschreibung des eigenen Innenlebens grundsätzlich und mehrfach in die Medienfalle. Wirklich wahr ist erst ihre konstruierte Wirklichkeit. Was der Wiener Kommunikationswissenschafter Haas allgemein formuliert, gilt erst recht

---

[1] Jakobs, Hans-Jürgen / Langenbucher, Wolfgang R. (Hrsg.) (2004), Das Gewissen ihrer Zeit. Fünfzig Vorbilder des Journalismus, Wien.

für die Beschreibung des Journalismus durch Journalisten: Jegliche Kommunikationsanliegen müssten eben „mediengerecht – und das heißt TV-gerecht – vorgetragen werden"[2]. Was wir über Journalismus wissen, wissen wir aus den Medien.

So wirklich gut und beeindruckend waren auch die leibhaftigen Enthüller des sogenannten „Watergate"-Skandals, die Journalisten Carl Bernstein und Bob Woodward erst, als diese Affäre verfilmt war: In den Reporter-Rollen bei der *Washington Post* agierten 1976 Dustin Hoffman und Robert Redford weit besser als es die Originale zwei Jahre davor je hätten sein können. Hoffman und Redford brauchten gerade einmal 138 dichte Kino-Minuten, um US-Präsident Nixon zum Rücktritt zu bringen. Woodward und Bernstein hatten zwei Jahre recherchiert, gezweifelt und gelegentlich auch etwas geschrieben.

Wer möchte es da jungen Menschen verdenken, dass sie ihre Vorbilder für Journalismus in der Fiktion suchen, ihre Vorstellungen vom Beruf oft mit der Realität wenig gemein haben? Das öffentliche Bild des Journalismus ist das vielfach veröffentlichte: Mal sind Journalisten Verteidiger der Ohnmächtigen und der Demokratie oder ganz im Gegenteil eher schmierige Gesellen als Trabanten der Macht. Die Bilder setzen sich in den Köpfen fest: Journalisten wahlweise als sensible Schöngeister im Feuilleton oder sensationslüsterne Schreier am Boulevard.

In den Jahren 2004 bis 2006 erarbeitete die Kaltenbrunner Medienberatung eine Studie zu „Berufswünschen und -bildern von Journalismus-EinsteigerInnen".[3] 289 Bewerber um Studienplätze, teils bereits mit journalistischer Praxis-Erfahrung, wurden

---

[2] Haas, Hannes (2006), Dynamik im Marketing, Stagnation im Journalismus? In: Filzmaier, Peter / Karmasin, Matthias / Klepp, Cordula (Hrsg.): Politik und Medien, Medien und Politik, Wien, S. 67.

[3] Kaltenbrunner Medienberatung (2006), ... Journalisten zu sein – Berufswünsche und -bilder von Journalismus-EinsteigerInnen, unveröffentl. Studie des FH-Studiengangs Journalismus, Studienteam: Andy Kaltenbrunner, Daniela Kraus, Judith Leitner, Tobias Radinger, Wien, Erhebungszeitraum: Juli/August 2005 und Juli 2006, Alters-Median: 20,4 Jahre, N=289.

befragt. Eine Erhebung dieser Art war durch die Existenz des neuen FH-Studiengangs Journalismus möglich geworden.

Nur einige Eckdaten dieser empirischen Studie können hier referiert, einige wichtige Ergebnisse in Tabellen und Grafiken präsentiert werden:

– „Print gewinnt" lautet einer der Befunde der Studie. Knapp mehr als die Hälfte (54,7 %) der jungen Journalistinnen und Journalisten sehen ihre Zukunft im Printjournalismus, rund ein Viertel hofft auf eine Karriere beim Fernsehen. Die Hoffnung auf Jobs bei Radio- und Internetbetreibern spielt dagegen bei der Berufswahl nur eine untergeordnete Rolle.

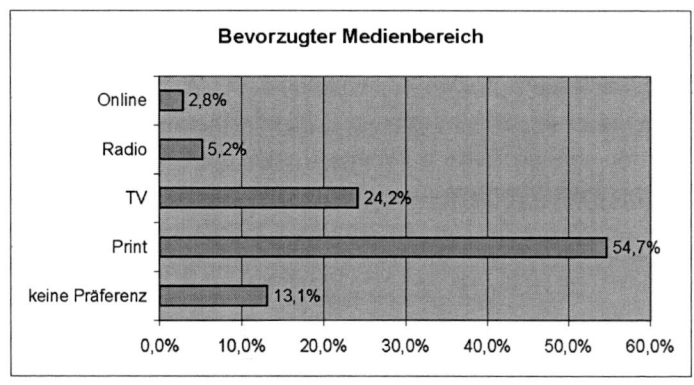

In welchem Medium würden Sie bevorzugt arbeiten?
BerufseinsteigerInnen 2005/2006
(N=289)
Angaben in Prozent

– Weit mehr als die Hälfte (57,8 %) aller Journalismusinteressenten würde am liebsten im Kultur-Ressort eines Mediums arbeiten. Besonders gerne genommen würden auch Stellen in der Außenpolitik (44,3 %) und Innenpolitik (34,9 %). Das Schlusslicht: Wirtschaft. Nur rund jeder achte Berufseinsteiger kann sich grundsätzlich vorstellen, in einem Ressort mit Ökonomie-Schwerpunkt tätig zu werden.

– Besonders bemerkenswert sind aber die Differenzen nach Geschlechtern: Vor allem Frauen haben „die Kultur" zum Lieblingsthema erkoren (63,7 %), bei Männern liegt die Außenpolitik (51,4 %) ein Stück voran. Eklatant klaffen die Präferenzen bei Sportberichterstattung auseinander. Sie ist für 40,2 Prozent der Männer aber nur 15,9 Prozent der Frauen ein möglicher Arbeitsschwerpunkt. Im Wirtschaftsressort sieht jeder fünfte Mann, aber nur jede zwölfte Frau, eine mögliche professionelle Zukunft.

Ressort	Geschlecht	Anzahl (m/w)	Prozentsatz
Innenpolitik	männlich	47	43.9 % der Männer
	weiblich	54	29.7 % der Frauen
	Gesamt	101	34.9 % von 289
Außenpolitik	männlich	55	51.4 % der Männer
	weiblich	73	40.1 % der Frauen
	Gesamt	128	44.3 % von 289
Wirtschaft	männlich	22	20.6 % der Männer
	weiblich	15	8.2 % der Frauen
	Gesamt	37	12.8 % von 289
Chronik	männlich	20	18.7 % der Männer
	weiblich	73	40.1 % der Frauen
	Gesamt	93	32.2 % von 289
Kultur	männlich	51	47.7 % der Männer

	weiblich	116	63.7 % der Frauen
	Gesamt	167	57.8 % von 289
Sport	männlich	43	40.2 % der Männer
	weiblich	29	15.9 % der Frauen
	Gesamt	72	24.9 % von 289
Wissenschaft	männlich	27	25.2 % der Männer
	weiblich	34	18.7 % der Frauen
	Gesamt	61	21.1 % von 289

In welchem Ressort würden Sie bevorzugt arbeiten?
BerufseinsteigerInnen 2005/2006
(N=289)
Angaben in Prozent
Mehrfachnennung möglich

– Befragt wurde unter anderem auch, welche Aspekte von Medienberufen für das eigene Interesse wichtig sind. Verkürztes Fazit: Jungjournalisten hoffen vor allem auf Kreativität, aufregende Erfahrungen, interessante Kontakte und wollen „Missstände aufdecken". Weniger wichtig sind ihnen Einkommen und Reputation. Gar nicht wichtig ist dem Nachwuchs ausgerechnet in jenem Metier, das gerne als „vierte Gewalt" apostrophiert wird, die „Macht".

Was aber lässt sich aus solchen, zuerst meist noch sperrigen Daten für junge Menschen ableiten, die sich dem Journalismus verschreiben wollen?

Einige Schlüsse sind in der Mischung aus Empirie und Branchen-Alltagserfahrung schnell gezogen: Für jene vielen Jun-

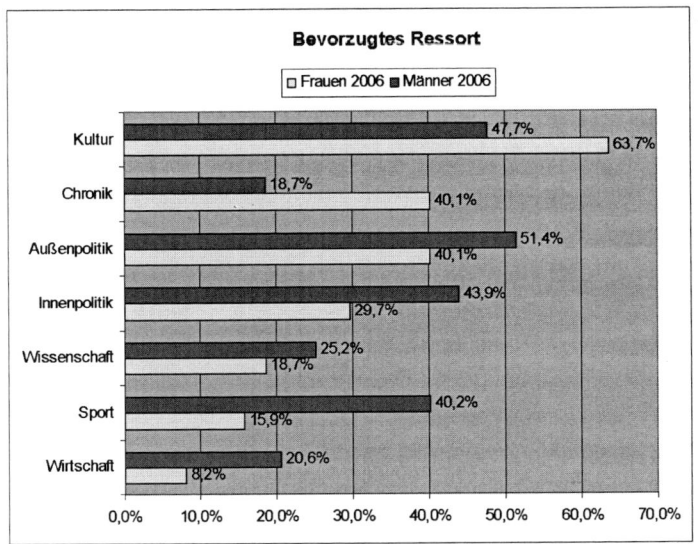

gen, die im Kulturjournalismus reüssieren wollen, für alle, die
eher ins feuilletonistische Fach tendieren und am liebsten zwischen Literatur- und Theaterkritik pendeln möchten, wird es sehr
viel gleichaltrige Konkurrenz, aber kaum Arbeitsplätze geben.
Auch jene Journalisten-Jobs im Ausland, die gleich eine Hälfte der männlichen Berufseinsteiger vor Augen hat, sind rar, die
Auslandsressorts klein, ständige Korrespondenten selten.

Solche Ambitionen sind ehrenwert und verständlich – aber
nur in manchen Einzelfällen lassen sie sich im Karriereverlauf
realisieren.

Wunsch und Wirklichkeit klaffen – gerade anfangs – auch
bei jenen Attributen, die Journalismus zugeschrieben werden, oft
weit auseinander. Über Kreativität kann natürlich immer nachgedacht werden, aber meistens erst nachdem die ersten paar hundert Agenturmeldungen – copy-paste – in Einspalterform, gut gekürzt und fehlerfrei ins Blatt gerückt worden sind. Auf spannende Kontakte darf gehofft werden, aber erst nachdem viele uner-

träglich langweilige Routinetermine überstanden sind. Der inzwischen mit mehreren Journalismuspreisen ausgezeichnete – und auch im vorliegenden Buch zu Wort kommende – immer noch junge Journalist Florian Klenk (*Falter, Die ZEIT*) berichtet gerne von seiner ersten Pressekonferenz: „Es ging um eine eher seltsame Studie über verdorbenes Obst. Es wurde nie auch nur eine Zeile darüber berichtet."

Solche ersten Ausbildungs- und Berufserfahrungen verblüffen viele. Manche sind davon verstört. Herbert Lackner, Chefredakteur des *profil*, schmunzelt deswegen über die „potenziellen Kollegen in spe", die so unvorbereitet in Redaktionen auftauchen, um Journalisten zu werden: „Acht von zehn werden schon wenige Monate später selbst herzlich über diese Schnapsidee lachen, die restlichen zwei werden ihr Lebtag nicht verstehen, warum sie sich das alles angetan haben." [4]

Wer zu sehr an glorifizierende Berufsbilder glaubt und in Rollenklischees verharrt, vergeudet vermutlich die eigene Zeit und jene der durchaus wohlwollenden Ausbildner in Hochschule oder Redaktion.

Die Kombination aus handwerklichen Fertigkeiten, realistischer Einschätzung und unkonventionellen Ansprüchen ist aber durchaus gefragt. Gegen den Strom zu schwimmen, kann tatsächlich frühzeitig Karrieren fördern. Wenn man ein sehr guter Schwimmer ist.

Glaubwürdig versichern die Sport-Journalisten einer großen österreichischen Tageszeitung von vielen Versuchen, wenigstens eine Jungjournalistin dauerhaft in die eigenen Reihen zu bekommen. Doch – siehe Umfragedaten oben – die weibliche Nachfrage sei sehr gering. Die wenigen Interessentinnen, die ganz bevorzugt zu Volontariaten eingeladen worden waren, hätten sich nicht bewährt. Sie hatten nur trickreich das Sport-Ressort als Einfallstor in die Zeitung erkannt, um beizeiten auf andere Interessen als

---

[4] Lackner, Herbert (2001): Hereinspaziert. In: Kaltenbrunner, Andy (Hrsg.) (2001): Beruf ohne (Aus-)Bildung, Anleitungen zum Journalismus, Wien, S. 83

Fußball oder Formel 1 hinzuweisen: Ob nicht doch ein Plätzchen im Kulturressort frei wäre?

Auch der Zweifel an Berufslegenden, die von den Altvorderen gerne gepflegt werden, lohnt sich: Journalismus sei ausschließlich ein Begabungsberuf, das Genie in die Wiege gelegt, ein Studium übrigens überflüssig, wie die Vielzahl der Studienabbrecher in den Redaktionen beweise. Das ist ziemlicher Humbug. Natürlich bedarf es – wie in fast jedem Beruf – gewisser Talente. Aber auch einer soliden handwerklichen Ausbildung. Und die heimischen Redaktionsstuben sind längst keine Sammelbecken verhinderter oder gescheiterter Studenten mehr. Manch ein Veteran der Branche mag selbst Studienabbrecher sein. Der Großteil der Neueinsteiger hat eine abgeschlossene Hochschulausbildung oder ist jedenfalls dabei, sie tatsächlich zu beenden. Redaktionschefs, die in Sonntagsdebatten das Hohelied auf den Journalismus der intellektuellen Freigeister ohne Titel anstimmen, schauen schon montags wieder ganz genau auf die Zeugnisse der Bewerber für ein Praktikum oder gar einen fixen Job.

Händeringend fragen Ressortleiter nach Nachwuchs für Wirtschaftsressorts, der gleichermaßen verständliche Texte schreiben, fleißig recherchieren und eine Bilanz lesen kann. Gesucht: FH-Journalismus-Absolvent mit parallelem Abschluss in Wirtschaftswissenschaften.

Solche Themenkonjunkturen ändern sich natürlich, neue Spielräume entstehen: Die Digitalisierung hat zwar noch nicht soviele qualifizierte und gut bezahlte Journalistenarbeitsplätze unter Nutzung der neuen Technologien geschaffen wie erwartet – aber kurioserweise eine Menge zusätzlicher Arbeitsplätze für Sonderseiten, Sendungen, Supplements und Magazine, die über New Media berichten.

Die Projektion der Jungen, dass wichtigster Arbeitgeber noch immer Printmedienhäuser sind, ist eine – laut Berufsmarktanalyse – korrekte Momentaufnahme. Zwei Drittel der österreichischen Journalisten verdienen ihr Einkommen derzeit hauptsächlich aus Tätigkeiten für Zeitungen, Zeitschriften und Magazine. [5] Doch der elektronische Medienmarkt hat sich in Österreich sehr spät, erst in den vergangenen Jahren überhaupt, geöffnet. Private TV- und Radiostationen werden langsam, aber eben doch systematisch mehr qualifizierte Stellen für junge Journalisten anbieten.

Bei allen (selbst)verständlichen Spezialinteressen junger Journalisten ist ein Erfolgsschlüssel also die Offenheit für möglichst viele Themen und Mediengattungen schon während der Ausbildung. Neue Technologien haben Branche und Beruf im vergangenen Jahrzehnt mehr verändert als in einem halben Jahrhundert davor. Technische Konvergenz im modernen Newsroom erfordert von Journalisten in Zukunft auch mehrmediale Fertigkeiten zur Verwertung von Information. Kulturkritik ist eine wunderbare Herausforderung. Gesucht aber werden News-Manager.

Von Journalisten wurde, wenigstens in der Theorie, aber schon immer enorme Vielseitigkeit verlangt. Norbert Regitnig, Kommunikationswissenschafter und selbst langjähriger Magazin- und TV-Autor, ironisiert das vergnüglich: Journalisten sollten das sein, „was Bayern und Tiroler als den ‚Wolpertinger' definieren: Das ist ein Wesen, das Eier legt, Milch gibt, einen wertvollen Pelz besitzt und spuckt, wenn ihm ein Angreifer entgegentritt. Denn Journalisten sollten Manager, Künstler, Bürgerrechtler, Chronisten und Entertainer in einem sein." [6] Weder ein solcher „Wolpertinger" noch ein derartiger Journalist wurde bisher im wahren Leben gesichtet.

Solche Forderungen an den Journalismus sind jene, die uns ebenfalls vorrangig die Medien selbst suggerieren. Gerne wird das von Berufseinsteigern geglaubt. Journalisten seien in erster Linie „der Wahrheit verpflichtet", sagen gleich 61,5 Prozent aller befragten Ausbildungs- und Berufsanfänger.

---

[5]   Siehe dazu die neue Studie: „JournalistInnen in Österreich" von Medienhaus Wien/FH-Studiengang Journalismus, Wien 2007. Eckdaten zum Berufsmarkt abrufbar unter www.medienhaus-wien.at.

[6]   Regitnig, Norbert (2001): Gut geplant. Der Schritt von Ausbildungstheorie zu Planung und journalistischer Bildungspraxis. in: Kaltenbrunner, Andy (2001), S. 89.

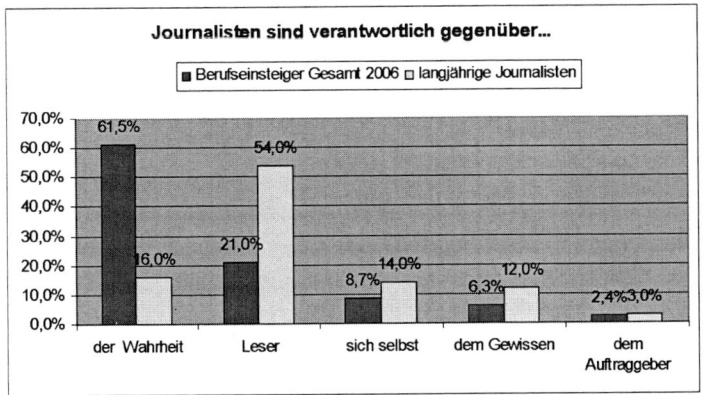

Wem gegenüber sind JournalistInnen in erster Linie verantwortlich?
BerufseinsteigerInnen 2005/2006
(N=289)
Im Vergleich mit den Ergebnissen von Matthias Karmasin
aus der Studie „Journalismus: Beruf ohne Moral?

Von den Profis mit langjähriger Berufserfahrung glaubt das, laut einer empirischen Studie von Matthias Karmasin aus dem Jahr 2004, nicht einmal jeder sechste Journalist.[7] Sie orientieren sich am Markt, am Leser, Seher, Hörer. Und auch das ist ja nicht schändlich.

Das investigative Streben nach der Wahrheit und nichts als der Wahrheit gibt es in dieser Reinheit eben nur im Spielfilm. Ob es „Objektivität" überhaupt gibt? Das ist ein sehr spezielles Medienthema.

Hand aufs Herz, was sehen Sie lieber:

Mitschnitte von Vorlesungen und Auftritten des Theodor W. Adorno zum Positivismusstreit, der in den 1960er Jahren über die (Un)Möglichkeit von Objektivität vor allem mit Karl Popper gestritten hat? Oder doch lieber Robert Redford als Reporter im Ringen um die eine, einzige Wahrheit?

Na, bitte. Ist ja auch als Video erhältlich:

---

7 Vergleichsdaten aus: Karmasin, Matthias (2005): Journalismus: Beruf ohne Moral?, Wien

„Der Bürger als Revolutionär". Eine TV-Dokumentation der Sender ARTE/SWR zu Adornos 100. Geburtstag. Ein gutes journalistisches Stück.

LITERATUR

Jakobs, Hans-Jürgen / Langenbucher, Wolfgang R. (Hrsg.) (2004): Das Gewissen ihrer Zeit. Fünfzig Vorbilder des Journalismus, Wien.

Haas, Hannes (2006): Dynamik im Marketing, Stagnation im Journalismus? In: Filzmaier, Peter / Karmasin, Matthias / Klepp, Cordula (Hrsg.): Politik und Medien, Medien und Politik, Wien

Kaltenbrunner Medienberatung (2006): … Journalisten zu sein – Berufswünsche und -bilder von Journalismus-EinsteigerInnen, unveröffentl. Studie des FH-Studiengangs Journalismus, Studienteam: Andy Kaltenbrunner, Daniela Kraus, Judith Leitner, Tobias Radinger, Wien, Erhebungs-zeitraum: Juli/August 2005 und Juli 2006, Alters-Median: 20,4 Jahre, N=289.

Lackner, Herbert (2001): Hereinspaziert. In: Kaltenbrunner, Andy (Hrsg.) (2001): Beruf ohne (Aus-)Bildung, Anleitungen zum Journalismus, Wien

Regitnig, Norbert (2001): Gut geplant. Der Schritt von Ausbildungstheorie zu Planung und journalistischer Bildungspraxis. In: Kaltenbrunner, Andy (2001)

Karmasin, Matthias (2005): Journalismus: Beruf ohne Moral?, Wien

VIII

WORLD'S BEST NEWSPAPERS

Die amerikanische Presse ist noch immer Vorbild

Eric FREY

(Chef vom Dienst *Der Standard*)

Eine der überraschendsten und für viele Beobachter schmerzhaftesten Folgen der nationalistischen Bigotterie, welche die USA nach den Terrorangriffen vom 11. September 2001 ergriff, war die einst so gute Reputation der US-amerikanischen Presse. Zeitungen wie die *New York Times*, die für ihre Unabhängigkeit und die Qualität ihrer Recherche berühmt waren, stellten sich plötzlich bedingungslos hinter Präsident George W. Bush und trugen dazu bei, dass Kritik am Präsidenten in weiten Teilen des Landes als eine Art von Landesverrat empfunden wurde. Diese Haltung dominierte während der Vorbereitung auf die Invasion des Irak im März 2003: In dieser Zeit berichtete vor allem die *New York Times* regelmäßig über angebliche stichhaltige Geheimdienstinformationen über die Massenvernichtungswaffen in der Hand von Saddam Hussein. Alle diese „Beweise" haben sich später als falsch herausgestellt.

Auch während des Irakkriegs und in der ersten Zeit danach ließen sich die wichtigsten Medien für die Kriegspropaganda einspannen. Doch bereits im Herbst 2003 setzte eine Gegenbewegung ein. Angesichts der nicht aufgetauchten Massenvernichtungswaffen und des wachsenden Chaos im besetzten Irak begann in vielen Redaktionen eine eingehende Gewissensprüfung. Spätestens mit der Aufdeckung des Folterskandals aus dem Abu-Ghraib-Gefängnis durch den Starjournalisten Seymour Hirsh im *New Yorker* war es mit der Schonung der Bush-Regierung vorbei. Mit unbarmherziger Kritik verfolgt die amerikanische Presse den Präsidenten und seine Republikanische Partei und hat dadurch viel zu deren dramatischen Popularitätsverlust beigetragen. Der amerikanische Printjournalismus ist zu seinen alten Werten und seiner besonderen Qualität zurückgekehrt und kann damit auch jene globale Vorbildfunktion ausüben, die er so viele Jahrzehnte hatte.

Ich selbst habe das Vorbild des US-Journalismus in meinem Berufsleben mehrmals persönlich erlebt. Nach meiner Matura in Wien ging ich 1981 in die USA, um an der Princeton University zu studieren. Dort erscheint, wie an sehr vielen größeren amerikanischen Hochschulen, eine ausschließlich von Studenten gemachte und geleitete Tageszeitung, der *Daily Princetonian*. Schon in den ersten Wochen begann ich dort mitzuarbeiten, fast vier Jahre lang gehörte ich zur Redaktion. Ich habe in dieser Zeit nicht nur mein Englisch dramatisch verbessert, ich kann auch sagen, dass ich dort von meinen älteren Kollegen den Journalismus gelernt habe, den ich noch heute praktiziere. Das Niveau des „*Prince*", wie er liebevoll genannt wird, kann sich auch heute noch mit fast jeder europäischen Zeitung messen, einschließlich dem *Standard* und der *Presse*. Das liegt nicht nur am Talent der Princeton-Studenten, sondern auch an den professionellen Leitlinien des amerikanischen Journalismus, dem diese Studenten folgen. Sie wissen, wie man eine solide Nachricht schreibt, eine färbige Reportage, oder einen Kommentar. Sie würden es nie verabsäumen, die Stellungnahme der Gegenseite einzuholen, und sie schreiben stets so, dass auch ein Außenstehender alles versteht.

Nach meinem Abschluss 1986 ging ich zur Finanznachrichtenagentur AP-Dow Jones (heute Dow Jones News Service), für die ich vier Jahre lang aus Frankfurt über deutsche Wirtschaft und Finanzen berichtete – und gelegentlich auch im *Wall Street Jour-*

nal Europe publizieren durfte. Auch dort profitierte ich ungemein von den Regeln und den in der Organisationstheorie genannten „Standard Operating Procedures" (SOPs) des US-Journalismus. Ich hatte zwar Volkswirtschaft studiert, war aber dennoch mit der Realität der Unternehmensbilanzen und Finanzmärkte nicht vertraut. Dennoch trauten mir meine Chefs zu, sofort über komplexe Themen zu schreiben. Ich müsse mich nicht auskennen, sondern nur die richtigen Fragen stellen. Grundsätzlich wollen US-Medien nicht, dass Experten über ihr Fachgebiet schreiben – ob das Wirtschaft, Politik oder Kunst ist. Entscheidend ist die Verständlichkeit, und die ist bei intelligenten Laien viel eher gesichert als bei blasierten Insidern.

1988 gründete Oscar Bronner den *Standard*, zu dem ich drei Jahre später stieß. Bronner hatte jahrelang in New York gelebt und hat dort die *New York Times* geliebt. Er verfolgte das Ziel, die Qualität und die Normen des amerikanischen Journalismus nach Österreich zu bringen – die Unabhängigkeit, die Trennung von Bericht und Kommentar, die Verbindung von analytischer Tiefe und Verständlichkeit. Der *Standard* ist natürlich eine österreichische Zeitung und keine amerikanische geworden. Aber etwas von diesem Geist weht immer noch durch die Redaktionsräume. Und als wir vor zwei Jahren begannen, eine Beilage der *New York Times* der Montagsausgabe beizulegen, beobachteten wir mit Freude, wie gut die *New York Times* zum *Standard* passt.

Die besondere Qualität der amerikanischen Presse zeigt sich allerdings nicht nur in ihren beiden prominenten Aushängeschildern, der *New York Times* und der *Washington Post*. Nicht nur die *Los Angeles Times*, der *Boston Globe* und der *Miami Herald* können diesen beiden Zeitungen auf bestimmten Gebieten das Wasser reichen (die *Chicago Tribune* hat hingegen einen weniger guten Ruf). Es gibt Dutzende andere Regional- und Lokalzeitungen, die einen ganz hervorragenden Journalismus machen. Sie kümmern sich zwar wenig um Weltpolitik, aber sie bieten eine tiefschürfende, investigative und äußerst kritische Berichterstattung über jene Dinge, die ihre Leser betreffen – die lokale Politik, die

Qualität der Schulen und des Gesundheitswesens, die Stadtplanung und die Entwicklung der Wirtschaft.

Von August 2001 bis Juni 2002 habe ich mit meiner Familie in New Orleans gelebt, wo ich an der lokalen Universität unterrichtete. In dieser Zeit gehörte die *Times Picayune* zu meiner täglichen Lektüre, gleich nach der *New York Times*. Die von Jim Amoss, einem beeindruckenden Intellektuellen und Manager, geleitete Zeitung ist ein Musterbeispiel einer herausragenden Regionalzeitung. Ihre Berichterstattung über die Probleme der Stadt – von der hohen Verbrechensrate bis zur Landerosion im Mississippi-Delta – aber auch ihre Reportagen über Mardi Gras und die Jazzszene der Stadt waren schon damals legendär. Als im August 2005 der Hurrikan Katrina New Orleans unter Wasser setzte und weite Teile der Stadt zerstörte, gelang es der *Times Picayune*, ohne Unterbrechung über diese Katastrophe zu berichten – einige Tage allerdings nur auf der Webseite nola.com, da auch die Druckerpressen in der Stadt überschwemmt wurden. Ihre Reportagen und Fotos der darauffolgenden Wochen wurden in aller Welt nachgedruckt, und die Redaktion wurde im April 2006 für diese Leistung mit zwei Pulitzer-Preisen belohnt.

Aber auch in anderen amerikanischen Städten werde ich immer wieder von der Qualität der Lokalzeitungen überrascht – etwa vergangenen Sommer, als ich mit meiner Familie in den Rocky Mountains unterwegs war. Die *Casper Star Tribune*, die größte Zeitung von Wyoming, war ein Genuss zu lesen und brachte mir das Leben in dem so dünn besiedelten Bundesstaat viel näher.

Wie lässt sich die besondere Qualität der US-Presse und ihrer Journalisten erklären? Vier Aspekte gehören herausgestrichen: 1) die besondere Rolle der Presse im amerikanischen politischen System; 2) wirtschaftliche Umstände, die finanziell starke und unabhängige Tageszeitungen hervorgebracht haben; 3) eine selbstbewusste journalistische Kultur, die ihre Stärken pflegt und verteidigt; und 4) eine Sammlung journalistischer Techniken, die Qualität und Verständlichkeit verbinden.

1. POLITIK

Die amerikanische Revolution, die 1776 zur Unabhängigkeitserklärung von Großbritannien geführt hat, wurde entscheidend von der damaligen Presse angefacht und mitgetragen. Die Pressefreiheit ist im ersten Zusatzartikel zur amerikanischen Verfassung („Bill of Rights") neben der Meinungs- und Religionsfreiheit verankert und wurde durch eine pressefreundliche Judikatur in den vergangenen 200 Jahren weiter ausgebaut. Zeitungen sahen sich von Anfang an als vierte Säule der amerikanischen Demokratie. Bis heute sind viele junge Journalisten nicht nur von professionellem, sondern auch von einem staatsbürgerlichen Eifer beseelt.

Diese Tendenz erreichte ihren Höhepunkt nach der Watergate-Affäre, in der die beiden *Washington Post*-Reporter Bob Woodward und Carl Bernstein mit ihrem Aufdeckerartikel über den Einbruch in die Wahlkampfzentrale der Demokratischen Partei entscheidend zum Sturz von Präsident Richard Nixon beigetragen haben. Seither träumen viele angehende Journalisten davon, durch tolle Recherchen ebenfalls eines Tages einen korrupten Präsidenten zu stürzen oder zumindest kleinere Amtsträger das Fürchten zu lehren. Dies ist zwar illusorisch, aber der kritische Blick auf die Mächtigen bleibt der grundlegende Wert fast jedes Reporters. Das gilt sowohl im Großen – George Bush bekommt in seiner zweiten Amtszeit endlich jene aggressive Berichterstattung zu spüren, der sein Vorgänger Bill Clinton die gesamten acht Jahre ausgesetzt war – wie auch im Kleinen. Jede Lokalzeitung macht es sich zur Aufgabe, dem Bürgermeister und dem Stadtrat auf die Finger zu schauen. Die in Österreich so übliche „Verhaberung" zwischen Lokalpolitik und Lokalpresse findet man in den USA nur selten.

2. WIRTSCHAFT

Die Voraussetzung für Qualitätsjournalismus ist immer eine solide finanzielle Grundlage. Amerikanische Tageszeitungen haben in den fünf Jahrzehnten zwischen 1945 und 1995 blendend verdient. Das war vor rund einem Jahrhundert noch nicht abzusehen, als idealistisch gesinnte Unternehmer wie Arthur Ochs die *New York Times* (1897) und Eugene Meyer die *Washington Post* (1933) übernahmen. Damals herrschte in jeder Stadt ein beinharter Wettbewerb zwischen einer Vielzahl von Zeitungen. Doch seit den fünfziger Jahren hat sich der Markt dramatisch konsolidiert: Zeitungen fusionierten oder wurden übernommen, sodass in den meisten Städten (mit New York, Chicago und Washington als Ausnahmen) zum Schluss nur eine Tageszeitung übrigblieb. Diese erwies sich dann als Goldgrube, da Inserate in der Zeitung für viele Geschäfte oft der einzige Weg waren, um die weitverstreuten Bewohner städtischer Konglomerate zu erreichen. Zeitungen mit einer Vielzahl von Inserenten können sich auch eine kritische Berichterstattung über lokale Unternehmen leisten, was allerdings nicht immer geschieht.

Die Folge ist, dass sich viele amerikanische Zeitungen auffallend große Redaktionen leisten können; die *New York Times* und *Washington Post* auch ein weltweites Korrespondentennetz. Die finanziell so lukrative Konsolidierung der Medien hatte auch Auswirkungen auf den Inhalt: In Städten mit nur einer Tageszeitung kann es sich diese nicht erlauben, durch eine einseitige Berichterstattung weite Teile der Bevölkerung zu verärgern. Objektivität und Ausgewogenheit werden dadurch zu einer wirtschaftlichen Notwendigkeit.

Früher noch als in Europa haben die US-Zeitungen das Internet zu spüren bekommen und im vergangenen Jahrzehnt deutliche Einnahmeneinbußen erlebt. Die Folge waren Sparmaßnahmen, die sich auch auf die redaktionelle Qualität auswirkten. Doch dank der großen personellen Polster sind amerikanische Zeitungsredaktionen immer noch gut besetzt.

3. JOURNALISTISCHE KULTUR

Amerikanischer Journalismus ist von einer professionellen Kultur geprägt, die von einer Generation zur nächsten weitergegeben wird. Das Land hat seit vielen Jahrzehnten ausgezeichnete Journalismus-Hochschulen. Die Fakultät an der Columbia University in Manhattan ist die älteste und berühmteste, spürt aber inzwischen immer mehr Konkurrenz von anderen Universitäten. Dort werden Schreib- und Recherchetechniken und Werte gelehrt, die dann in fast allen Redaktionsstuben praktiziert werden – unabhängig davon, ob die Redakteure tatsächlich eine solche Schule besucht haben. Das erklärt etwa auch den hohen Standard der Studentenpresse: Auch beim *Prince* folgte man zu meiner Zeit genauso wie heute den in den Journalismusschulen gelehrten Prinzipien. Auch dort werden intensiv ethische, rechtliche und gesellschaftliche Fragen diskutiert, führt jede Art von Fehler zu einer eindringlichen Gewissensprüfung.

So gehören Errata zum Standard-Repertoire jeder ordentlichen Zeitung und hängen nicht von der Zerknirschtheit des Journalisten oder der Intervention der Chefredaktion ab. In der *New York Times* gilt die tägliche Rubrik „Corrections" als eine der meistgelesenen Teile der Zeitung. Und als die *New York Times* in den vergangenen Jahren von mehreren Skandalen erschüttert wurde – die Fälschungen und Plagiate des Jungstarreporters Jayson Blair, die irreführende Berichterstattung über Saddam Husseins Massenvernichtungswaffen und die zwielichtige Rolle der Starreporterin Judith Miller in der sogenannten „Plamegate"-Affäre, bei der Mitarbeiter der Bush-Regierung gegenüber Journalisten eine CIA-Agentin enttarnt haben, um ihren Mann zu diskreditieren, der einen der zentralen Vorwürfe gegen Saddam Hussein als Lüge entlarvt hatte – kostete dies den Chefredakteur Howell Raines und zahlreiche andere Führungskräfte den Job. Im Oktober 2005 veröffentlichte die *New York Times* auf ihrer Seite 1 einen von mehreren Reportern recherchierten ausführlichen Artikel über die Miller-Affäre, der heute als Musterbeispiel für korrekte Medienkritik gilt.

Oft sind es Kleinigkeiten, die in amerikanischen Redaktionen intensive ethische Diskussionen auslösen. In meiner Zeit bei AP-Dow Jones in Frankfurt schimpften Kollegen über einen AP-Reporter, der in der Früh von Frankfurt nach Bonn fuhr, aber bereits seine Vorgeschichte mit der Ortsangabe Bonn versehen hatte. Dies wäre in einer deutschen oder österreichischen Redaktion völlig akzeptabel, verstößt aber gegen ein Grundprinzip im US-Journalismus: Wenn eine Ortsangabe steht, muss der Reporter tatsächlich vor Ort sein. Amerikanische Medien akzeptieren in Reportagen kaum anonyme Zitate, weil diese die Glaubwürdigkeit der Berichterstattung mindern. Bei heiklen Recherchen sind zwar anonyme Zitate üblich, aber auch dort ist es entscheidend, dass der Reporter die Glaubwürdigkeit der Quelle gegenüber seinen Chefs darlegen kann. Und während in Europa die Grenze zwischen offiziellem Pressegespräch und Hintergrundgespräch fließend ist, gibt es in den USA ganz klare Regeln: Ein Gespräch kann „on the record" sein, „on background", „on deep background" oder „off the record". Daraus ergibt sich genau, wie das Material verwendet werden kann.

4. TECHNIKEN

Amerikanische Journalisten erlernen und befolgen Techniken viel rigider als ihre europäischen Kollegen. Jeder Bericht ist wie eine umgekehrte Pyramide aufgebaut: Das wichtigste (wer, wann, was, wo, warum) im ersten Absatz, gefolgt von einem sogenannten „nut graf", der erklärt, warum der Leser sich für die Geschichte interessieren soll. Dann folgen die weiteren Informationen in der Reihenfolge ihrer Wichtigkeit. Keinem US-Journalisten würde es einfallen, eine wichtige Information im letzten Satz zu vergraben. Nicht nur, weil Artikel von hinten gekürzt werden müssen, man geht auch davon aus, dass der Leser irgendwann ermüdet und aus dem Bericht aussteigt.

In englischsprachigen Berichten wird bei Zitaten grundsätzlich nur „said" oder „added" verwendet – also „sagte" und „fügte hinzu". Auf die im Deutschen üblichen und oft sinnlosen Variationen wie „erklärte", „betonte", „vermutete" etc. wird verzichtet. Zu Recht, denn sie bieten keinen zusätzlichen Informationswert.

Viele Qualitätszeitungen arbeiten selbst bei Nachrichten mit einem Reportage-artigen Einstieg – meist ein Einzelschicksal, das symptomatisch für die Situation oder das Problem ist. Auch dies dient dazu, den Leser in die Geschichte hineinzuziehen.

Und schließlich der Punkt Verständlichkeit: Der Anthropologe Edward Hall hat in den sechziger Jahren die nützliche Unterscheidung zwischen „high context"- und „low context"-Kulturen eingeführt. In der ersteren teilen die Menschen ein ähnliches Wissen und Verständnis, weshalb viele Dinge gar nicht erklärt werden müssen, weil sie ohnehin jeder begreift. In der letzteren fehlen diese Gemeinsamkeiten, weshalb alles deutlich ausgesprochen werden muss. Japan ist ein typisches Beispiel für eine high-context-Kultur, die USA für eine low-context-Kultur. Österreich zählt ebenso wie die meisten mittel- und osteuropäischen Länder in die high-context-Kategorie, Deutschland mehr zu den low-context-Ländern.

Beide Kulturkategorien haben ihre Vorzüge und Nachteile, aber eines ist klar: Eine low-context-Kultur führt zu besserem Journalismus. Wenn sich der Journalist in jeder Zeile bemühen muss, für eine breite Leserschicht verständlich zu bleiben, dann hebt das das Lesevergnügen, ohne die Qualität zu mindern. In der amerikanischen Presse gehört dieses Ziel zum Selbstverständnis, in abgeschwächter Form auch in Großbritannien (die britische Kultur ist mehr high-context als die amerikanische). US-Zeitungen würden nie einen Namen nennen, ohne die Person zu identifizieren und oft sogar kurz zu erklären. Im *Wall Street Journal*, der täglichen Bibel der Finanzwelt, wird selbst der geläufige Begriff „Option" nie ohne Kurzdefinition verwendet. Deutschsprachige Amerikaner in Österreich wundern sich immer darüber, wie wenig sie verstehen, wenn sie eine Zeitung lesen. Das ist das – unglückliche – Zeichen einer low-context-Kultur. Wie der deutsche Sprachpapst Wolf Schneider sagt: „Einer muss immer schwitzen, entweder der Autor oder der Leser." In der US-Presse ist es grundsätzlich der Journalist, der ins Schwitzen gerät.

Das ist die größte Stärke des angelsächsischen Journalismus: Hier wird Zeile für Zeile um den Leser gekämpft, eine Kundenorientierung, die für Dienstleistungsgesellschaften wie die USA typisch ist. Intellektuelle Arroganz, wie sie in so vielen deutsch- und französischsprachigen Medien zu spüren ist, kennt die amerikanische Presse nicht. Auch die großen Kommentatoren wie Thomas Friedman schreiben auf eine so verständliche Weise, dass selbst ein Volksschüler den Argumenten oft folgen kann. Das mag zwar auf manche Leser banal wirken, ist aber vor allem ein Zeichen guter Kommunikation.

Bei der Bewertung des amerikanischen Journalismus muss man strikt zwischen Tageszeitungen, Magazinen und anderen Medien, vor allem den elektronischen Medien, unterscheiden. Trotz großer wirtschaftlicher und personeller Stärke ist die Qualität der TV-Information in den USA im Vergleich zu europäischen Sendern enttäuschend niedrig. Ein unbarmherziger Kampf um Quoten hat dazu geführt, dass die Abendnachrichten bei den großen Sendern *ABC*, *CBS* und *NBC* in den vergangenen Jahrzehnten immer weniger seriöse politische Informationen geliefert haben. Der Qualitätssprung, den *CNN* ab dem Golfkrieg von 1991 im Fernsehen brachte, wurde durch den Erfolg der schamlos parteiischen Berichterstattung von *Fox News* wieder zunichte gemacht. In den vielgesehenen Lokalnachrichten werden praktisch nur Blutverbrechen und andere chronikale Themen behandelt.

Auch die US-Nachrichtenmagazine haben ihre Vorbildwirkung verloren. Einst war *Time* das Modell für den deutschen *Spiegel* und mittelbar damit auch für das österreichische *profil*. Doch auch *Time* und *Newsweek* mussten angesichts eines ständigen Auflageschwunds ihre Standards senken. Europäische Magazinmacher haben ihre amerikanischen Lehrmeister inzwischen übertroffen.

Für angehende Journalisten in Österreich bedeutet das, dass sie sich intensiv mit amerikanischen Medien auseinandersetzen müssen. Dafür benötigen sie gute Englischkenntnisse, Wissen und die Bereitschaft, etwaige Skepsis gegenüber der amerikanischen Kultur zu überwinden. Die *New York Times* und alle anderen Zeitungen sind im Internet verfügbar. Man muss nicht alles übernehmen, was die USA vorgeben, aber eine Auseinandersetzung mit dem amerikanischen Printjournalismus ist heute für eine Journalistenausbildung unverzichtbar. Mit meinen Vorlesungen am FH-Studiengang Journalismus, in denen ich auf Englisch internationale Politik und Wirtschaft lehre und dabei besonderes Augenmerk auf amerikanische Perspektiven lege, versuche ich dazu einen Beitrag zu leisten.

IX

BEIM DEUTSCHEN WELTBLATT

Wie Deutschlands wichtigste Wochenzeitung funktioniert
und wie man dorthin kommt

Florian KLENK

(stv. Chefredakteur *Falter*; ehemals *Die ZEIT*)

Das ist also die Redaktion der *ZEIT*: Ein unauffälliger Backsteinbau am Rande der Hamburger Innenstadt. Kein Chrom, kein Glas blitzt hier, wie man es bei einer wohlhabenden Weltzeitung erwarten würde. Auf den Fluren braune, etwas abgetretene Teppichböden. Vor den Zimmern Stapel ausgelesener Weltblätter. Keine Hektik zu spüren, nur gelassene Höflichkeit. Die Redakteure sprechen einander mit dem „hanseatischen Du" („Helmut, darf ich Ihre Meinung ergänzen?") an. Manche tragen Hut.

Zwei Porträts hängen neben der Rezeption. Das eine zeigt eine ältere Dame: die Gräfin. Auf dem anderen ist ein schelmisch grinsender älterer Herr zu sehen – sie nennen ihn Buc. „Buc" und die „Gräfin" sind schon lange tot. Sie prägten dieses Haus und sie prägten die Bundesrepublik Deutschland. Noch immer spricht man hier von Buc und der Gräfin mit andächtiger Bewunderung. Marion Gräfin Dönhoff war über viele Jahrzehnte die Herausgeberin der *ZEIT*, eine liberale Weltbürgerin, die Porsche fuhr, im Zug jedoch nur zweite Klasse reiste, wie ihre Sekretärinnen erzählen und manchmal osteuropäische Dissidenten aber auch einmal Punks zu sich ins Büro lud. Gerd Bucerius war ihr Verleger:

ein streitbarer Hanseat, der sich nach außen bescheiden gab, die Redakteure herausforderte, sie aber auch immer wieder auf ein „Glas Wein und ein Butterbrot" einlud, wie er das nannte. Mit *Stern* und *ZEIT* häufte Buc ein Vermögen an. In Hamburg sind soziale und wissenschaftliche Stiftungen und Museen nach ihm benannt, und eine Gasse gleich neben dem Pressehaus trägt seinen Namen.

Ginge es nach den Behauptungen des modernen Medienmarktes, dürfte ein Blatt wie die *ZEIT* überhaupt nicht mehr existieren. Zu dick, zu schwer, zu lang die Texte. Qualitätsjournalismus, beteuern viele, habe ausgedient – nicht mehr die Spezialisten seien gefragt, sondern Generalisten, „Trommeläffchen", wie das Heribert Prantl von der *Süddeutschen Zeitung* einmal nannte. Damit meint er Journalisten, die alles können müssen: recherchieren, online-schreiben, kommentieren, layouten und filmen – und dabei die Hand aufhalten, weil es für sie keine Kollektivverträge mehr gibt. Dazu kommt eine zweite Behauptung: Vor allem junge Leser, so heißt es, würden vermehrt das Internet nützen, kein „Holz" mehr in die Hand nehmen. Holz – so nennt man in Deutschen Medienkreisen mittlerweile Zeitungen.

Und dann gibt es dennoch eine Zeitung, die soviel Papier braucht und so dick ist, dass für jede Ausgabe offenbar ein schwedischer Wald umfallen muss. Wer eine Ausgabe der *ZEIT* komplett liest, braucht dafür etwa acht Stunden. In der *ZEIT*, so hat man einmal errechnet, verbirgt sich jede Woche eine Textmasse, wie sie Thomas Mann für seine Buddenbrooks verarbeitet hat. Ein altmodisches Blatt möchte man meinen – und doch feiert die *ZEIT* Auflagen- und Gewinnrekorde, sie beschäftigt mehr Mitarbeiter denn je, sie experimentiert erfolgreich im Internet (da wurde sie gleich für drei Grimme-Awards, höchst angesehene Medienpreise, nominiert), sie gründet ständig neue Magazine – für Studenten, Wissenschafter und Historiker – sie gibt Lexika heraus und Kinderbücher, sie organisiert für ihre Leser sogar Reisen, die von *ZEIT*-Redakteuren begleitet werden.

Was ist der Grund für den Erfolg des Blattes, das momentan etwa 500.000 Stück verkauft? Man kann die Antwort etwa in diesem kleinen Sitzungssaal im sechsten Stock des Speersort finden. Jeden Freitag findet dort die sogenannte „politische Konferenz" statt. Der Saal ist braun getäfelt, man blickt auf die Giebel der Hamburger Speicherstadt und auf die Kräne des Hafens. Am Tisch, so erzählen es die Alten, stand früher Whiskey und alle hätten geraucht – in den Sechzigern angeblich sogar einmal eine „Tröte mit Haschisch". Heute verdrückt man hier nur noch süße Kekse, dazu dünner Filterkaffee, manchmal auch Pistazien, die ein Reporter aus dem Iran mitgebracht hat.

Um punkt zwölf Uhr, wenn die Politikredakteure bereits Platz genommen haben, tritt hier Helmut Schmidt herein, der 88-jährige Altkanzler und Herausgeber der ZEIT. Unterm Arm hält er ausgeschnittene ZEIT-Artikel, in denen die für ihn wichtigsten oder umstrittensten Passagen gelb angestrichen sind. Er ist ein weiser Mann und wahrscheinlich der interessanteste Herausgeber Deutschlands. In den nächsten zwei Stunden wird Schmidt hier den Verstand der Politikredakteure schärfen. Schmidt wird ihnen geduldig lauschen, dabei etwa 12 Mentholzigaretten rauchen und sich dann mit den Worten „Ich habe euch jetzt lange zugehört" in die Debatte einschalten und widersprechen. Aus dem Stegreif kann er dann Referate zu fast jedem Thema halten: dem dänischen Sozialsystem, den Tücken der chinesischen Währung, dem Dilemma der SPD in Hamburg, dem letzten Treffen mit Breschnjew, der Geschichte Afghanistans oder der arabischen Literatur. Manchmal sagt Schmidt auch, dass er ein paar Zeilen über die Gefahren von Hedgefonds für die Weltwirtschaft oder über den Atomwaffensperrvertrag geschrieben habe. In Wahrheit sind es verblüffende Dossiers, die man sonst nirgendwo zu lesen bekommt.

Die „politische Konferenz" ist das Herzstück der ZEIT – vor allem auch wegen Schmidt, der den besten Schreibern auch gern mal schlechte Sprache oder „Herdenjournalismus" vorwirft – etwa wenn alle wieder den Untergang der Erde beschwören. Hier wird mit Niveau, Witz und einer verblüffenden Sachkenntnis debattiert und an Argumenten gefeilt. Man sagt hier nicht: „Sie irren!", sondern „Ich möchte Ihre Meinung ergänzen!". Und so diskutieren sie: Brauchen wir einen neuen Feminismus? Was ist gerecht? Was ist männlich? Wie hart müssen Gefängnisse sein? Wie denken Manager? Was ist sozial? Und was ist heute noch links? Es sind grundsätzliche Fragen, denen sich die Redaktion in langen, gut vorbereiteten Diskussionszirkeln widmet. Sie schärfen ihren Verstand, ohne zuzuspitzen. Oft schreibt einer der Redakteure auch alle Argumente mit. Am Ende der Sitzung fragt dann der Chefredakteur: „Und wer schreibt all das nun auf der Seite eins für uns auf?"

Auf „der Eins", wie man die Titelseite nennt, steht der berühmteste Leitartikel, der „erste Leiter". Hier wird nicht nur einfach kommentiert, hier werden Debatten angestoßen, die von anderen Medien häufig aufgegriffen werden. So entsteht, was man hier „Debattenhoheit" und „Flughöhe" nennt. Nicht die investigative Recherche ist die starke Tradition dieses Blattes, – das überlässt man gerne dem *Spiegel* – sondern das „Denkstück", das „Meinungsstück", das „Thesenstück".

Es gibt noch etwas, worauf die *ZEIT* Wert legt: die Sprache. Redakteure verbringen Stunden damit, die Stücke der Kollegen zu redigieren, sie bisweilen auch mal umzuschreiben, sie solange zu polieren, bis sie richtig glänzen. Es gibt eine erfahrene Redakteurin, die stundenlang an Titeln und Vorspännen feilen kann, man nennt sie „die Schleife". Und anders als Journalisten anderer Blätter müssen nicht alle Redakteure hier jede Woche einen Text abliefern, sondern aus den Artikeln der anderen das Beste herausschälen.

Morgens wird hier viel Zeit mit Lesen verbracht. Kaum ein Redakteur betrit eine Konferenz, ohne nicht mindestens vier Weltblätter samt Feuilleton studiert zu haben. Immer wieder lädt die *ZEIT* auch Politiker, Schriftsteller, Diplomaten, Generäle und Künstler aus aller Welt zu Hintergrundgesprächen ein. Sonntags gibt es Matineen im Thalia-Theater, bei denen die Herausgeber vor ausverkauftem Haus mit Politikern diskutieren. Mal schaut

Henry Kissinger vorbei, dann Joschka Fischer oder Jan Philipp Reemtsma. Man ist hier stolz darauf, verwoben zu sein mit Wissenschaft und Politik, aber man ist nicht verfilzt. Man sucht Nähe zu Politikern, biedert sich aber nicht an. Man sucht das Gespräch, die Auseinandersetzung, aber nicht den untergriffigen oder vordergründigen Streit.

Man ist sich sehr wohl bewusst, dass manche Texte auch bissiger und frecher sein könnten – doch zu weit treibt es der ZEIT-Redakteur dann doch nicht. Der „Zahnarzt aus Gummersbach", so erzählt man sich hier, müsse sich angesprochen fühlen. Ein Akademiker, politisch interessiert, gehobener Mittelstand, ein Deutscher, ein wenig ängstlich vielleicht, seinen Status zu verlieren – aber durchaus interessiert am modernen Leben, an Wolfram Siebecks kulinarischer Kritik und seinem Spott auf die Nahrungsmittelindustrie. Natürlich kommt das oft auch ein wenig spießig daher, aber das gehört dazu. Ein Bonmot der ZEIT lautet: „Wir schreiben hier nicht über Sex, sondern über Sexualität."

Noch etwas verblüfft: Untersuchungen ergaben, dass ZEIT-Leser vor allem die langen Dossiers und die politischen Kommentare schätzen. Sie suchen offenbar in all der Bilder- und Textflut, die via Internet und TV auf sie einströmt, nach Orientierung – und die ZEIT vermittelt den Eindruck, diese bieten zu können. Der Grund dafür? Einerseits die verblüffende Sachkenntnis der Redakteure. Hier arbeiten nicht einfach „Politikjournalisten", die ein paar Pressesprecher abklappern, sondern richtige Experten, die ihre Meinungen über Jahre geschärft haben und die auch mal nach Harvard geschickt werden.

Ob es hier junge Menschen gibt? Ja, jede Woche werden sie in der großen Konferenz vorgestellt. Oft sind es Journalistenschüler der prominenten Henri-Nannen Schule, die hier für ein paar Monate andocken, aber auch erstaunlich viele ausländische Kollegen. Sie sind perfekt ausgebildet, manchmal zu perfekt. Die Hospitanz, für die etwa 500 Euro bezahlt werden, ist ihre Chance. Grundsätzlich erwartet hier niemand etwas von den Hospitanten. Die meisten kommen, lauschen und verschwinden wieder. Doch die wenigen, die sich einbringen, die neugierig hinausziehen in die Welt und mit spannenden Reportagen zurückkehren, bekommen oft längerfristige Jobangebote – wenn sie dazu bereit sind, ihre Meinungen ständig zu hinterfragen, ihre Klischees aufzubrechen und ständig dazuzulernen. Die Ressourcen dafür bietet die *ZEIT* – und das ist längst nicht mehr selbstverständlich.

X

ZURÜCK ZUR QUELLE

Agenturjournalismus als Leuchtfeuer in der
Informationsflut

Michael LANG

(Chefredakteur *APA – Austria Presse Agentur*)

„Das meiste, was auf der Welt passiert, berichten die Agenturen nicht.
Das meiste, was die Agenturen berichten,
wird nicht gedruckt und nicht gesendet.
Das meiste was gedruckt oder gesendet wird,
wird nicht gehört und nicht gelesen."

Wolf Schneider, deutscher Sprachpurist, ehemaliger Leiter der
Henri-Nannen-Schule und Gottseibeiuns unzähliger junger Journalisten, die für ganz kurze Zeit die irrige Meinung vertraten,
sie könnten tatsächlich schreiben, hat es mit Nachrichtenagenturen offensichtlich nie wirklich gut gemeint. Viel zu diffus und
unverständlich ist für ehemalige Edelfedern oft das Aufgabenge-
biet von Nachrichtengroßhändlern; viel zu verwerflich scheint die
Idee, dass Journalisten ihre Arbeit nicht nur auf die eigene Recherche abstützen; viel zu abstrus könnte der Gedanke sein, dass
in Wahrheit nicht sie selbst, sondern weitgehend anonyme Autoren in weitgehend anonymen Medienunternehmen die eigentliche
Quelle für die meisten relevanten Themen weltweit sind.

Und doch ist es so: Zwar könnte Wolf Schneider mit der Annahme, dass Agenturen tatsächlich das meiste, was auf der Welt passiert, nicht berichten, gar nicht so falsch liegen. Was in dieser hübsch pointierten Aussage allerdings fehlt, ist die Einsicht, dass genau dies die Aufgabe von Nachrichtenagenturen ist: Nicht alles zu berichten, was auf der Welt passiert, sondern ihren Kunden, ihren Partnern all das zu übermitteln, was sich in der Welt an Berichtenswertem, an Relevantem, eben an Nachrichten – und nicht an völlig beliebigen Informationen – tagtäglich ergibt.

Sicherlich falsch ist die Annahme, dass das meiste, was Agenturen berichten, nicht gedruckt und nicht gesendet wird. Tatsächlich beruhen Untersuchungen zufolge rund 50 Prozent aller Nachrichtenstücke in Print, TV und Radio in der einen oder anderen Form auf einem Beitrag einer Nachrichtenagentur. Das muss einerseits nicht zwingend ausschließlich die Agentur des jeweiligen Landes sein, verfügt diese doch in den meisten Fällen über Verträge mit mehreren Dutzend anderen Agenturen, um deren Dienste für ihre Kunden nutzen zu können; und das müssen gerade seit dem Paradigmenwechsel hin zu neuen Medien- und multimedialen Darstellungsformen auch nicht ausschließlich Wortbeiträge sein, sind doch die Nachrichtenagenturen moderner Prägung Großhändler für alle Medientypen, von mobilen Kurznachrichten wie SMS oder MMS über Bild und Grafik, Audio und Video bis zu Animationen, Podcasts oder Public TV in Bussen, Bahnstationen oder in der Auslage eines Schuhgeschäftes.

So sehr sich die Darstellungs- und Nutzungsformen von Nachrichtenagenturen aber auch stetig ändern, die Grundaufgabe bzw. der Nutzen dieser Mediengattung ist seit 150 Jahren unverändert – allerdings werden ihre Anforderungen gerade in der Hochblüte des Informations- und Kommunikationszeitalters durch das Auftauchen von – bildlich gesprochen – unendlich vielen beliebigen, irrelevanten und objektiv falschen Inhalten laufend ergänzt.

Vereinfacht dargestellt schreiben und produzieren Nachrichtenagenturen grundsätzlich für alle Medien und werden auch von allen Medien genutzt. Ihre großen Vorteile sind dabei zunächst die Aktualität, Universalität und die schnelle Lieferung von Berichten über aktuelle Ereignisse, wie von einem Nachrichtengroßhändler auch nicht anders zu erwarten. Außer Tageszeitungen, Fernsehen und Rundfunkanstalten, die – vor allem bei unabhängigen Agenturen – gleichzeitig etwa in Form einer Genossenschaft den Kreis der Eigentümer einer Nachrichtenagentur bilden, nutzen auch sehr viele andere Medien sowie Verbände, politische Akteure, Banken oder Wirtschaftstreibende die Nachrichtenagenturen zur Informationsbeschaffung.

Der Nutzen für die Kunden liegt auf der Hand: Nachrichtenagenturen sparen Zeit und Geld. Die aufwändige Erstellung eines Nachrichtendatenstroms, durch den zur Grundversorgung eines Mediums die relevanten Ereignisse national wie international abgedeckt werden, besorgt nicht jedes Medium für sich, sondern wird an einen zentralen Träger – eben die Agentur – ausgelagert. Da die Entgelte für solche Dienste einen Bruchteil jener Kosten ausmachen, die in den Häusern für eine individuelle Fertigung anfallen würden, entlastet dieses Modell einerseits die Budgets von Verlagen und Sendestationen, ermöglicht aber auf der anderen Seite erst die Ausprägung von eigenen Formaten in den Medien.

Der Vorbehalt, die Verwendung von Agenturmaterial würde bis zu einem gewissen Grad eine „Gleichschaltung" mehrerer Medien in Form von Inhaltsgleichheit mit sich bringen, ist daher ein Trugschluss. Vielmehr ermöglicht das Auslagern der Grundabdeckung bestimmter Nachrichtensparten – vor allem auch in der äußerst kostenintensiven Bildberichterstattung – den angeschlossenen Medien erst, ihre Ressourcen zur Abdeckung eigener Themen einzusetzen, zur Bildung von Schwerpunkten, zur Besetzung von Nischen und zur derzeit besonders gefragten Betonung regionaler, lokaler und serviceorientierter Elemente.

Noch deutlicher ist die Rolle der Agenturberichterstattung in der Auslandscoverage zu beobachten. Der Unterhalt eigener Korrespondenten gilt zwar nach wie vor als Aushängeschild vor allem von Qualitätsmedien, ist im Zuge der Globalisierung aber redaktionell wie betriebswirtschaftlich nur noch in Schwerpunktländern und nur noch dann sinnvoll, wenn von dieser Stelle aus mehrere Medien oder Medientypen überschlagend bedient werden können. Den – prozentuell viel höheren – Rest der internationalen Berichterstattung übernehmen Nachrichtenagenturen, die durch ihr internationales Netzwerk und bi- bzw. multilaterale Verträge an jeder Stelle des Erdballs vertreten sind, von dort rasch, umfassend und letztlich durch gegenseitige Übernahme des Materials auch vielsprachig berichten können. Da es sich bei den bedeutendsten Teilnehmern an diesem Netzwerk um freie, also unabhängige Nachrichtenagenturen handelt, wird so der weltweite „free flow of information" tatsächlich erst ermöglicht.

Die Erweiterung des „free flow of information" rückt einige der Kernkompetenzen von Nachrichtenagenturen in jüngerer Vergangenheit noch viel stärker in den Vordergrund, als dies im auslaufenden zweiten Jahrtausend noch der Fall war: Relevanz, Verlässlichkeit, Liefertreue sowie Daten-, Rechts- und Quellensicherheit. Es ist der „free flow of content", der die Bedeutung der Agenturen als Gatekeeper, als erste Entscheidungsinstanz darüber, welche Ereignisse als mitteilenswert erscheinen und welche nicht, hervorstreicht. Es ist in Wahrheit das Internet, das insbesondere den Agenturjournalismus auf der einen Seite gefährdet, ihm andererseits zu neuer Hochblüte verhilft.

Das Phänomen ist nicht ganz neu, gewinnt aber nun, da die zweite Blase von e-commerce und e-business offenbar etwas stabiler auszufallen scheint als die erste, gravierend an Bedeutung. Das Web ermöglicht es – oder zwingt sogar – Menschen, Gruppierungen, Organisationen, Parteien, Firmen, selbst als Medium tätig zu werden, die bisher mit dem Berufsbild des Journalisten nichts zu tun hatten. Und es ruft dadurch „Medien" im weiteren Sinn auf den Plan, die auch künftig eigentlich nichts mit Journalismus zu tun haben.

Dies bringt sowohl klassische Medien als auch das klassische Journalistenbild in Bedrängnis. Tele- und Mobilkommunikationsunternehmen werden plötzlich zu Verlagshäusern im Web, Kabelnetzbetreiber, Softwarehäuser, Suchmaschinen-Rechteinhaber machen aus ihren Kernkompetenzen eine Tugend, verwerten Inhalte Dritter oder halten eigene Inhalte Dritten bewusst vor, um durch Neuverpackung, Veredelung und Individualisierung der Wertschöpfungskette ein neues, eigenes Glied anschließen zu können; und alles unter einer völlig anderen Voraussetzung als bisher: Es ist gratis.

Den Nachrichtenagenturen wurde durch diese Entwicklungen zunächst ein jäher Tod prophezeit. Ihre eigene Handelsware, von den eigenen Kunden und Eigentümern in Echtzeit auf frei zugänglichen Nachrichtenportalen publiziert und breitgetreten, von Google und Yahoo abgegriffen, neu verpackt und verlinkt, leicht zu suchen und ebenso leicht wieder zu finden, war plötzlich frei und ungeschützt gratis erhältlich. Die Gefahr war immanent zu sehen: Nachrichten würden plötzlich ein beliebiges Gut.

Das soziale Netz Web 2.0 würde ein Übriges tun, so die Prämisse. Lücken im freien Nachrichtenangebot, deren es vor allem im Echtzeit-Bereich nach wie vor unzählige gibt, würden durch partizipativen Journalismus, durch „Grassroot- and Citizen-Journalism", gefüllt. Besonders seit den Erfolgen, die einige Blätter mit eindrucksvollen und gleichzeitig bedrückenden Bildern der Londoner Terroranschläge und der Tsunami-Katastrophe erringen konnten, war der Bürger als Mitarbeiter, der seine Kraft und vor allem seine Omnipräsenz den Medien in den meisten Fällen auch noch kostenfrei zur Verfügung stellt, aus jüngeren Publikationskonzepten nicht mehr wegzudenken ... vermutlich auch deshalb, weil er sich seine Leistung in Form einer Gratiszeitung quasi auch gleich wieder zurückschenken lassen konnte.

Tatsächlich mussten einige Kernkompetenzen der Journalisten neu definiert werden. Dan Gillmor, Gründer des Center of Citizen Media in Harvard, stellte fest: „Der Journalist ist gewohnt, dem Bürger eine Vorlesung zu halten. Diese Vorlesung ist nun eine Konversation geworden." Und Konversation gibt es wahrlich in steigendem Maße: Blogs als derzeit ultimativer Treff der Informationsgenerierung schießen täglich zu Tausenden aus dem Boden, schaffen neue Öffentlichkeit und werden letztlich zu neuen Quellen für alte und neue Medien.

Der Umgang von Zeitungen, Zeitschriften, Sendestationen und Portalbetreibern mit diesen Trends war bisher höchst unterschiedlich. Von Konzepten, die den Online-Bereich samt Interaktivität mit dem User völlig in den Vordergrund stellten und die Printausgabe nur noch als Newsletter für unverbesserliche Traditionalisten sahen, bis zu liebevoll dem Phänomen Youtube nachgebildeten Sonderseiten für Bürgerjournalisten und deren fotografische Talentproben, von bloggenden Chefredakteuren bis wöchentlichen Votings zur Gewinnung neuer Inhalte wurde und wird experimentiert, erschaffen, geprüft und verworfen, getreu der Forderung von Roy Greenslade, *Daily Telegraph*-Redakteur und Professor an der City University in London: „Wenn die Zeitungsindustrie (… im Wettbewerb mit digitalen Medien, Anm. …) erfolgreich sein will, so wird sie ihren Anteil an Fehlschlägen und Irrtümern drastisch erhöhen müssen."

Erfolgreich oder nicht, abgeschlossen oder noch in den Kinderschuhen, einige Erkenntnisse lassen sich aus den bisherigen Konzepten im Umgang mit oder für die neuen Medientrends fast lückenlos ablesen: Sie machen eventuell ein Medium besser, schneller, unmittelbarer, näher … aber sie reduzieren in keinem Fall den journalistischen Aufwand, fügen Komplexität hinzu anstatt sie zu verringern, sie bergen enorme Risiken in sich … und sie kosten mehr Geld anstatt weniger. Die Möglichkeit von Nachrichtenagenturen, hier – exakt wie im Fall der bisher so „simplen" Nachrichtenaufbringung und -selektion – als gemeinsamer Partner für komplexere Mechanismen zur Verfügung zu stehen, drängt sich auf … und wird gerne angenommen.

Schon bisher war es zentrale Aufgabe der Agentur, einen schier unüberschaubaren Strom an professioneller Information aus aller Welt zu sichten, zu ordnen und zu bewerten, um den nachgelagerten Redaktionen die Möglichkeit zu geben, mit einem bewältigbaren Umfang an Grundmaterial zu arbeiten. Die Beobachtung von Themenentwicklungen im Web, das Monitoring wichtiger Blogosphären, die Bildung von professionellen Plattformen zur Erkennung und Gewinnung – aber auch Gewichtung – neuer Themen sind hier die logische Weiterentwicklung.

Schon bisher war es zentrale Aufgabe freilich jedes Journalisten, insbesondere aber der Agentur, Quellen auf ihre Verlässlichkeit zu überprüfen und die Rechtssicherheit von Inhalten sicherzustellen; der nachgelagerten Redaktion also zu gewährleisten, dass Nachrichten nicht nur relevant und richtig sind, sondern dass sie auch tatsächlich verwendet werden dürfen. Die Ausweitung der dazu nötigen Recherchen auf vermeintlich „frei" im Web verfügbare Inhalte – vom simplen Fotocredit über den ungefragt eingesandten Beitrag eines Bürgerjournalisten bis zum Rechtemanagement bei Video-Aufnahmen von großen Sportereignissen – sowie besondere Schwerpunktsetzung auf das Medienrecht im Anforderungsprofil für Agenturmitarbeiter, sind hier weitere Pluspunkte auf der „Scorecard" der Nachrichtenagentur.

Schon bisher war es zentrale Aufgabe der Agentur, den „free flow of information" niemals abreißen zu lassen, also dafür zu sorgen, dass nachgelagerten Redaktionen rund um die Uhr, 365 Tage im Jahr ohne Unterlass der Rohstoff für ihre Tätigkeit pünktlich und zuverlässig geliefert wird. Für neuere Medientypen wie Portale oder mobile Anwendungen, die keine Hauptsendezeit, keinen Manusschluss und keine Drucklegung kennen, erfährt diese „Liefersicherheit" einen massiven Bedeutungsschub, da sie nicht nur schnelle Erstinformation, plötzliche Highlights und punktuelle Abdeckung, sondern langfristige Coverage bis zum Ende garantiert – und, noch viel bedeutsamer, die Möglichkeit und die Verpflichtung beinhaltet, neue Entwicklungen zu jedem Zeitpunkt zu berücksichtigen, Fehlangaben zu korrigieren und so neben der Quellen- und Rechtssicherheit auch die Datensicherheit zu jedem Zeitpunkt sicherzustellen.

Und schon bisher war es zentrale Aufgabe der Agentur, objektiv und unabhängig, also frei von Einseitigkeit und Parteinahme, zu berichten. Diese oberste Prämisse der Arbeit einer unabhängigen Nachrichtenagentur bezog sich bisher vor allem auf die Verpflichtung, keinem Versuch der Einflussnahme auf die Berichterstattung vor allem von politischer oder wirtschaftlicher Seite nachzugeben.

Neue Medienkonzepte, die einen eventuellen Anspruch der Journalisten auf ein tatsächliches oder eingebildetes „Nachrichtenmonopol" beseitigen und das Medium zu einer interaktiven, partizipativen Plattform werden lassen, sehen sich einerseits mit viel größerer Offenheit und Meinungsvielfalt, aber auch mit viel größerer Quellen- und Interessensvielfalt konfrontiert. Die in diesem neuen Spiel der Kräfte stärker werdende Möglichkeit der Irreführung, der Fälschung und der Manipulation bringt auch neue Möglichkeiten der Beeinflussung der Nachrichtengebung, was wiederum die Bedeutung einer professionellen Nachrichtenagentur als unabhängige Informationsinstanz unterstreicht. Denn, um noch einmal auf Roy Greenslade zurückzukommen: „Journalismus ist letztlich doch etwas völlig Anderes und Komplexeres, als nur Augenzeuge zu sein."

AGENTURJOURNALISMUS UND FH

Das Anforderungsprofil eines Agenturjournalisten ist wohl eines der unbekanntesten, gleichzeitig aber vermutlich eines der komplexesten der Branche. „Guter Sprachstil" findet sich zwar nicht an erster Stelle der geforderten Fähigkeiten, da von Agenturjournalisten zunächst Sicherheit im Umgang mit der Materie, Allgemeinbildung, Sprachenkenntnisse, Recherchegewandtheit, Gewissenhaftigkeit, vor allem aber auch die immer wieder angesprochene absolute Zuverlässigkeit und Objektivität gefordert werden. Allerdings ist die Sprache das wichtigste Handwerkszeug, das zur Erfüllung dieser Prämissen dient, und erfährt besondere Bedeutung bei der Forderung, schneller als alle anderen Medien zu sein.

Die Lehrveranstaltung „Schreibwerkstatt" am Fachhochschulstudiengang Journalismus vermittelt genau diese Fähigkeiten, Sachverhalte prägnant, richtig, vor allem aber auch schnell und umfassend darzustellen. Bei allen Übungen, die von der richtigen Reihung nach Themenrelevanz über die Gestaltung von Titel und Lead bis zum Abfassen umfangreicher Meldungen reichen, wird neben Wortschatz, Ausdruck, Satzbau, Interpunktion und Grammatik stets besonderes Augenmerk auf das Arbeiten unter Zeitdruck gelegt. Dies schafft die besten Voraussetzungen, sich bei der Arbeit stets auf das einzig Wesentliche konzentrieren zu können ... und das ist der Inhalt.

XI

BREAKING NEWS

Ausnahmezustand in der Nachrichtenfabrik

Georg RANSMAYR
(Redakteur Wirtschaft *Zeit im Bild*, ORF)

20. März 2003. Zwei Uhr früh in Österreich. Das US-Ultimatum
an den Irak ist gerade abgelaufen. Die vielen Journalisten, die
an diesem Tag vorsorglich eine Nachtschicht schieben, wissen
zu diesem Zeitpunkt, dass auch ein harter Tag auf sie zukommt.
Denn der alliierte Krieg gegen Saddam Hussein steht unmittelbar bevor. Die ersten Luftangriffe scheinen nur mehr eine Frage
der Zeit zu sein, vermutlich sind die Kampfjets von den Flug-
zeugträgern längst gestartet. Knapp nach halb vier in der Früh
gehen die ersten Alarm-Meldungen der großen Nachrichtenagenturen um die Welt. In wenigen Sätzen ist von „Luftalarm in Bagdad", „Lichtblitzen", „Explosionen" und „Flugzeuglärm" die Rede. Kurz darauf liefert das Weiße Haus die Bestätigung: Der
Irak-Krieg hat begonnen. Das globale Nachrichtenpublikum erlebt Breaking News im Minuten-Takt.

Viele TV-Sender sind zu diesem Zeitpunkt längst auf Sendung, darunter der ORF, der seit 3 Uhr 45 live berichtet. Nicht
nur die westliche Kriegsmaschinerie ist voll angelaufen. Auch die
Fernsehsender werfen ihre gesamten Kapazitäten in die Schlacht,
um informationshungrige Zuschauer mit dramatischen Bildern
und Analysen zu versorgen. Auch wenn der Stresspegel in den

Studios und Redaktionsräumen sprunghaft ansteigt, haben die
Medien an diesem Tag im Gegensatz zu anderen Krisensitua-
tionen einen Vorteil. Sie konnten sich durch das vorhergehen-
de wochenlange Säbelrasseln und das schlussendliche Ultima-
tum gründlich vorbereiten. Viele Redaktionen haben sich Hin-
tergrundberichte zurechtgelegt, potenzielle Studiogäste und Gesprächspartner aufgelistet, Grafiken angefertigt und Reportagen
über die Waffenvorräte und früheren Konflikte der Kriegsgegner
zusammengestellt.

Oft haben Redaktionen aber zu generalstabsmäßigen Planun-
gen dieser Art keine Zeit. Szenenwechsel ins Jahr 2004. Der
26. Dezember verspricht als Feiertag normalerweise eine eher
dürre Nachrichtenlage. In den frühen Morgenstunden treffen jedoch die ersten Meldungen über ein Erdbeben in Indonesien und
Flutwellen in Südostasien ein. Mehrere Stunden lang ist die Tragweite der Katastrophe noch nicht wirklich erkennbar. Dann aber
klettern die Opferzahlen laufend in die Höhe, der „Tsunami"
schockiert mit seinen schrecklichen Folgen die Welt. Am Ende
fordert die Jahrhundert-Katastrophe in ganz Asien rund 230.000
Menschenleben, in den betroffenen Küstengebieten haben die
Flutwellen Milliardenschäden angerichtet.

Bei solchen Katastrophen hat seit Jahren eine besondere
Form der Berichterstattung Hochkonjunktur: die Spezialdiszi-
plin der „Breaking News". Streng genommen handelt es sich
beim englischen Begriff *breaking news* nur um eine Eilmeldung zu einem Ereignis. Im modernen TV-Nachrichtengeschäft
gelten Breaking News aber längst als Synonym für die Praxis, dass bei einem plötzlichen Ereignis ein laufendes Fernsehprogramm mit ereignisbezogenen Schwerpunkt-Berichten, kurzen Nachrichten-Bulletins oder Einstiegen unterbrochen wird.
Und zwar dann, wenn Sendungsmacher einem Ereignis oder einer Nachricht einen bestimmten Stellenwert geben wollen. Zumindest im angelsächsisch-geprägten TV-Journalismus geschieht
die mediale Inszenierung von Eilmeldungen oder unerwarteten
Live-Ereignissen freilich mittlerweile mit einer derart schablo-

nenhaften Dramatik und Häufung, dass sich der Begriff Breaking News in der Zuschauerwirkung etwas abgenutzt hat. Für deutschsprachige Sender ist das ein schwacher Trost. Sie spüren bei großen Ereignissen eine gewisse sprachliche Begriffslücke, weil das deutsche Gegenstück zum allseits eingeführten Schlagwort Breaking News fehlt. Einzelne Sender wie *n-tv* sind wohl daher dazu übergegangen, den englischen Begriff in deutschsprachige Text-Zeilen auf dem Bildschirm einzubauen.

Auf jeden Fall haben Nachrichtensender wie CNN, Sky News, BBC World oder Al Jazeera aus der Weitergabe von Eilmeldungen mit immer wiederkehrenden Einblendungen eine eigene journalistische Kategorie geformt, deren stilbildende Gestaltungselemente aus dem internationalen Nachrichtengeschäft nicht mehr wegzudenken sind: Laufbänder mit Text am unteren Bildschirm-Rand, Hinweise auf bevorstehende Sondersendungen, spezielle Kennmelodien, die eine Eilmeldung bzw. einen Nachrichten-Einstieg ankündigen – oder das klassische und nach wie vor wirkungsvolle Hineinreichen eines Zettels ins Nachrichten-Studio, damit die Moderatoren dem Publikum die soeben eingetroffene Meldung in leicht improvisierter Form vortragen.

Bei Rund-um-die-Uhr-Ereignissen wie dem Golfkrieg oder dem Tsunami ist für jede Nachrichtenredaktion die Stunde der Wahrheit gekommen – und nicht selten werden aus Stunden journalistische Großkampf-Tage. Für TV-Reporter, Korrespondenten und Journalisten bedeutet das: Sie müssen in hektischen Momenten Nerven bewahren und oft in wenigen Minuten Texte schreiben und Beiträge fertigstellen, die in Live-Sendungen zu bestimmten Zeitpunkten einfach auf Sendung gehen müssen, um eine durchgehende Berichterstattung zu gewährleisten. Sendungsproducer müssen sich ganz einfach darauf verlassen können, dass Beitragsgestalter eine Deadline schaffen oder rechtzeitig Alarm schreien, wenn sich das nicht ausgeht – damit im Regieraum andere Beiträge vorgezogen oder Reserve-Beiträge als Zeitpuffer eingeschoben werden können, bis die ursprüngliche vorgesehene Zuspielung einsatzbereit ist.

Reine Nachrichtenkanäle haben es bei Breaking News leichter, von ihrem normalen Sendeschema abzugehen. Sie müssen keinerlei Rücksicht nehmen auf laufende Filme, festgelegte Sendelängen oder wichtige Programme, die mitunter Hunderttausende Zuschauer bis zum Ende verfolgen wollen. Sie können sich mit relativ geringer Vorlaufzeit auf ein aktuelles Ereignis konzentrieren. Vollprogramm-Sender hingegen müssen aufgrund des Nachrichtenwerts eines Ereignisses entscheiden, ob sie ein Programm knallhart unterbrechen oder erst die nächstbeste „Programmnaht" zwischen zwei Sendungen nützen wollen, um sich mit einer Sonderberichterstattung zu melden.

Naturgemäß besteht durch das rasante Tempo der Krisenberichterstattung die Gefahr, dass sich inhaltliche Fehler einschleichen oder die journalistische Sorgfalt unter dem Ereignis-Hype leidet. Vor allem bei militärischen Konflikten ist doppelte Vorsicht geboten und professionelle Skepsis nötig. Denn immer dann, wenn Redaktionen unter großem Zeitdruck um exklusive Informationen und Nachrichten rittern, fallen falsche oder gezielt gefärbte Informationen leichter auf fruchtbaren Boden.

Typisch für eine Alarm-Meldung bzw. eine „Breaking News Story", die sich zu einem Großereignis auswächst, ist die oft unsichere Quellenlage und das Problem, dass die Informationen anfänglich sehr spärlich vorhanden sind. Dann aber bricht eine Informationsflut über eine Redaktion herein, die zu Extrembelastungen führt. Denn die einzelnen Medien müssen nicht nur unter einem massiven Zeit-, sondern auch unter einem großen Konkurrenzdruck arbeiten.

Gerade der letzte Punkt spielt eine immer größere Rolle. Viele Medien werben mit einer 24-Stunden-Newspräsenz oder damit, bei Großereignissen an vorderster Front zu stehen. Das heißt, wenn ein Sender mit einem Mega-Ereignis gut fertig wird, dann gibt das einen Image-Bonus als Info-Anker in einer turbulenten

Welt. So zu einem medialen Markenzeichen zu werden, wird entsprechend ausgeschlachtet.

Bekannt ist der CNN-Slogan „Be the First to Know" oder jener des britischen Nachrichtensenders Sky News im Konkurrenzkampf mit BBC News 24 und anderen Sendern: „First For Breaking News". Sky News zum Beispiel kann sich dabei auf den „International Emmy Award for Breaking News 2006" berufen. Diesen Preis bekam der Sender für die Berichterstattung über die Londoner U-Bahn-Bombenanschläge im Juli 2005 verliehen.

Während erfolgreiche Breaking-News-Auftritte den Ruf eines Senders prägen, wissen Sendungsmacher, dass sich die unglückliche „Tagesform" einer Redaktion mitunter auf lange Sicht negativ auswirken kann. Eine Mannschaft mag das ganze Jahr über noch so gut sein – wenn sie eine Sonderberichterstattung verpatzt, kann der Image-Schaden groß sein. Die Häme der Medienkritiker ist garantiert, und „News-Junkies" – sprich Leute, die gern und oft Nachrichten konsumieren – können dauerhaft zu anderen Medien abwandern.

Dazu kommt gerade bei jungen Zuschauern ein internationaler Trend zum News-Event, wie die Medienforschung weiß. Sprich, an 0815-Tagen konsumieren junge TV-Zuseher die Nachrichten relativ unregelmäßig, was etwa Untersuchungen des amerikanischen Pew Research Center gezeigt haben. Bei einer Krise oder Katastrophe aber wollen viele am Fernsehschirm mit dabei sein, am besten live. Ein professioneller Schnellstart der Berichterstattung prägt hier das Image und liefert einen bleibenden Eindruck auch bei jenen, die nicht zum ständigen Publikum gehören, was letztlich für die angepeilten Zuschauer-Quoten entscheidend ist.

Nichts hat die Diskussion über die Rolle von Breaking News so geprägt wie der 11. September 2001. Die Anschläge auf das New Yorker World Trade Center waren ein Medienereignis von historischer Tragweite. Der Live-Charakter des Terrors und der Einsturz der Twin Towers vor laufenden Kameras sorgten für eine völlig neue Dimension der Breaking News. Die Fülle der Literatur über das mitunter gefährliche Wechselspiel zwischen Terror und Medien ist seither enorm.

Vor allem der Hamburger Medienwissenschaftler Stephan Alexander Weichert hat sich in zahlreichen Arbeiten mit der Funktionslogik journalistischer Krisenberichterstattung auseinandergesetzt. [1] Weichert schreibt, dass es dabei um viel mehr geht als nur um Tempo und Exklusivität: Das Fernsehen habe als Leitmedium die wichtige Rolle, „als Informant, Ratgeber und Trostspender zur Orientierung und zur Bewältigung dramatischer Ereignisse beizutragen". [2]

Bei der Berichterstattung über die Londoner U-Bahn-Anschläge hat sich auch ein neues Phänomen bemerkbar gemacht: Medienmacher versuchen zusehends, die eigenen Zuschauer oder Leser – zumindest jene mit Internet- bzw. Home-Video-Erfahrung – in die Berichterstattung einzubinden. Möglich wurde der Trend zum „Mitmach-Journalismus" deshalb, weil das Internet und videoclipfähige Handys aus Zuschauern sogenannte „Bürgerjournalisten" machen können. Und gerade als Augenzeugen von nachrichtenrelevanten Vorfällen können Privatleute Gold wert sein, wenn sie selbst aufgenommene Handyvideos zum Teil sogar ohne Honorar einschicken. CNN hat 2006 begonnen, mit dem Service CNN-Exchange den eigenen Zuschauern sogenannte „I-Reports" anzubieten. Internet-Nutzer können mithilfe eigener „Breaking-News-Formulare" ihre Beiträge hochladen. Ein besonders spektakuläres Ergebnis dieser Zuschauer-Plattform waren Aufnahmen während des Massakers an der Technischen Universität von Blacksburg in Virginia im April 2007. Ein palästinensischer Student filmte während der Campus-Schießerei mit seinem Handy und lieferte damit ein Tondokument der Schüsse, das er an CNN weitergab.

---

[1]   Weichert, Stephan Alexander: Die Selbstüberbietungsspirale. Krisenberichterstattung im Angesicht des Terrors; in: Medienheft, 14.12.04, Zürich.

[2]   Weichert, Stephan Alexander: Medien im Ausnahmezustand, Was das Fernsehen in Krisenzeiten alles (nicht) leisten kann; in: Medienheft, 19.12.05, 4ff., Zürich.

In der Vergangenheit haben Journalisten mit dem völlig unwissenschaftlichen, aber nicht minder reizvollen Gedanken gespielt, ein Sensorium für bevorstehende Breaking-News-Momente zu entwickeln. Bestimmt wird die Gefühlslage von mehreren Faktoren: Hintergrundinformationen, Erfahrung, News-Instinkt, Aberglauben und Stimmungslagen, die sich medial bemerkbar machen können, vor allem, wenn es so wie beim alliierten Angriff auf den Irak 2003 um die Chronik eines angekündigten Krieges geht. Erfahrene Reporter etwa erzählen, dass TV-Bilder aus Bagdad den Anschein der Ruhe vor dem Sturm vermittelten und manche Kollegen versuchten, dadurch Rückschlüsse auf den Angriffszeitpunkt zu ziehen.

Damit angehende Journalisten jedenfalls schon in der Ausbildung ein Gefühl dafür bekommen, wie es bei der Berichterstattung über ein plötzliches Großereignis zugeht, enthält der Lehrplan des FH-Studiengangs Journalismus schon im ersten Semester eine Spezial-Lehrveranstaltung mit Breaking-News-Elementen. Die Erfahrungswerte der beiden letzten Kursjahre haben auch eines gezeigt: Manche Studienanfänger haben relativ unklare Vorstellungen davon, was sie als Journalist erwartet. Das beginnt damit, dass Schulabgänger und Studenten, die den Berufswunsch „Journalist" haben, häufig deshalb Journalisten werden wollen, weil sie gerne schreiben.

Das ist zwar ein wichtiger Erfolgsfaktor, gefragt sind aber in erster Linie interessante Storys und publikumsgerechte Themen. Erst mit einer Geschichte vor Augen kommt das Schreiben bzw. immer häufiger die multimediale Präsentationstechnik des Journalisten ins Spiel. Um der Einfachheit halber beim Schreiben zu bleiben: Von einem Journalisten wird weniger „Schönschreiben" verlangt, sondern vielmehr schnörkelloses „Vielschreiben" oder „Schnellschreiben" oder prägnant-pointiertes „Wenigschreiben".

Dieser Grundgedanke schwingt bei der Konzeption der Breaking-News-Lehrveranstaltung mit: Die Übungsteilnehmer sollen ein Gefühl dafür bekommen, was es heißt, unter Zeitdruck wenige Sätze klar und sachlich richtig zu formulieren. Sie sollen verstehen, dass sie journalistische Gebrauchstexte ohne literarische Verzierung abliefern müssen. In der Lehrveranstaltung wird auch deutlich, dass abseits vom berühmten Riecher für eine Geschichte das Schreiben von Meldungen eine handwerkliche Fertigkeit ist, die mit der wachsenden Routine auch weniger Stress hervorruft.

Das Trockentraining im Rahmen der Lehrveranstaltung bietet den Studenten auch eine Orientierungshilfe, ob sie für das schnelle Nachrichten-Geschäft geboren sind – oder ob sie ihre journalistische Zukunft eher in anderen Bereichen sehen, etwa im Zeitungsfeuilleton, im Magazin-Bereich oder bei langen Dokumentationen. Die Studenten lernen, wie sie Agentur-Meldungen bewältigen können, die auf sie in unterschiedlichen Zeitabständen hereinprasseln. Wie im echten Berufsalltag sind redaktionelle Texte zu verfassen, Pressekonferenzen zu besuchen und wiederkehrende Deadlines einzuhalten.

Dabei gilt es, Ereignisse selbstständig zu gewichten, Spuren zu verfolgen und die Informationsfülle übersichtlich zu strukturieren. Vorbereitet werden die Studenten auf die Übung durch einen Theorieteil. Am Programm stehen naturgemäß die Grundlagen für das Schreiben von Meldungen sowie Grundrezepte, um sich in einer Krisensituation erfolgreich in eine Redaktion einzufügen. Zusätzlichen Praxisbezug liefern die Einblicke eines Gastvortragenden aus dem Agentur-Journalismus und die persönlichen Erfahrungen des Kursleiters im TV-Nachrichten-Geschäft.

Ziel der Übung ist auch, dass die Studenten durch improvisierte Arbeitsteilung möglichst gut mit den plötzlichen Anforderungen fertigwerden. Denn auch im echten Berufsleben muss sich eine Redaktion – sollte sie keinen fixen Alarmplan samt Krisenstruktur haben – entsprechend organisieren, wenn eine folgenschwere Breaking News Story auf sie hereinbricht. In solchen Momenten herrscht in einer Redaktion manchmal Chaos, weil Unglücke häufig dann passieren, wenn man sie am wenigsten braucht. Wichtig sind klare Kommando-Strukturen, damit nicht doppelt gemoppelt wird und bei dringenden Recherchen nicht mehrere Leute aus derselben Redaktion gleichzeitig irgendwo anrufen. Denn auch bei einer Krise gilt das Sprichwort, dass zu viele Köche den Brei verderben. Umso wichtiger ist es, für eine eindeutige Rollenverteilung zu sorgen.

Aus diesem Grund muss es zentrale Ansprechpartner geben und eindeutige Zuständigkeiten: Zum Beispiel sollte ein Redaktionsmitarbeiter für Grafiken oder Landkarten abgestellt sein. Immer wieder kommt es vor, dass zur Erklärung eines Unglücks der genaue Hergang grafikgerecht recherchiert werden muss – eine Aufgabe, die nicht selten jungen Redaktionsmitarbeitern übertragen wird. Es muss klar sein, wer welche Bereiche abdeckt und dafür verantwortlich ist. Dazu gehören beispielsweise die Behörden zwecks genauer Opferbilanz, eventuelle Sicherheits-Hinweise für die Bevölkerung, Hotline-Nummern für Angehörige oder auch etwaige Betreuungsangebote von Hilfsorganisationen. Außerdem: Wer behandelt die Folgen eines Unglücks oder einer Katastrophe? Das können Straßensperren oder gestrichene Flüge sein – derartige Informationen haben Service-Charakter.

Entscheidend für eine letztlich erfolgreiche Berichterstattung ist auch die Zeit nach dem unmittelbaren Großereignis. Routinierte Sendungsmacher ziehen sich deshalb phasenweise aus der Hektik zurück, um grob die Berichterstattung für den folgenden Tag zu planen. Denn es wäre ein schwerer Fehler, wenn eine Redaktion ihr ganzes Pulver sofort verschießt und den Standard nicht halten kann. Wichtig ist daher, dass sich Sendungsmacher um frische Mannschaften kümmern, notfalls Kollegen aus der Freizeit oder aus dem Urlaub einberufen und ausgebrannten Teams Ruhepausen gönnen, vor allem dann, wenn Reporter Leid und Tod miterleben und emotional mitgenommener sind, als sie sich vielleicht selbst eingestehen wollen.

In Ausnahme-Situationen müssen junge Journalisten auch damit rechnen, dass sich heikle ethische Fragen auftun. Für solche Fälle haben Medienorganisationen mittlerweile Richtlinien entwickelt, wie sich Reporter zum Beispiel gegenüber verletzten Opfern oder Angehörigen verhalten sollen, wo die Grenzen der Darstellung liegen – etwa bei Gewalt oder Kriminalität – und welche Aufnahmen nicht mehr dem nötigen Informationstransport dienen, sondern als Voyeurismus abzulehnen sind. Gerade bei der Berichterstattung über sogenannte Breaking News besteht die Gefahr, dass es im medialen Konkurrenzkampf zu fragwürdigen oder geschmacklosen Schnellschüssen kommt.

Generell gilt gerade für junge Journalisten bei einem medialen Großereignis: Disziplin, Flexibilität und Einsatzwille sind gefragt – im Zweifelsfall wird Entscheidungsfreude honoriert. Breaking News heißt nicht selten Ausnahmezustand in einer Redaktion, junge Reporter erleben gerade dann Journalismus in besonderer Dynamik und Intensität.

LITERATUR

Weichert, Stephan Alexander: Die Selbstüberbietungsspirale. Krisenberichterstattung im Angesicht des Terrors; in: Medienheft, 14.12.04, Zürich.

Weichert, Stephan Alexander: Medien im Ausnahmezustand, Was das Fernsehen in Krisenzeiten alles (nicht) leisten kann; in: Medienheft, 19.12.05, 4ff., Zürich.

XII

Warum Grösse zählt

Medienjournalismus in Österreich

Harald Fidler

(Redakteur Medien *Der Standard*)

Wolfgang Fellner hat mich gerade angerufen, um mir mitzuteilen, was er von meinen „Hassorgien" hält. Immerhin: Er wurde nicht übermäßig laut und mied Kraftausdrücke, wie sie er laut *Der Österreichische Journalist* in seiner Redaktion gerne einflicht (kolportiert etwa die anmutig formulierte Wissensfrage: „Seid ihr alle hirngefickt?").

Dabei habe ich nur anhand der Österreichischen Auflagenkontrolle in unserem Onlinedienst *derStandard.at/Etat*, per Mailnewsletter und über SMS vorgerechnet: Fellners *Österreich* verlor augenscheinlich von Anfang Oktober 2006 bis zum Zeitraum Oktober/November/Dezember 2006 35.221 Abonnements. Denn für die erste Oktoberwoche 2006 warb *Österreich* – laut Eigendefinition nach ÖAK-Kriterien und geprüft von einem Tullner Wirtschaftstreuhänder – mit 84.343 Abonnements. Die ÖAK wies der Zeitung für das vierte Quartal von Oktober bis Dezember aber 48.122 solcher Dauerkunden aus. Die hauptamtlichen Auflagenkontrollore hätten 30.000 Abos nicht als solche akzeptiert, erklärte mir Fellner aufgebracht.

Da unterschied sich – wieder einmal – unsere Wahrnehmung der Realität. Ich stehe auf dem Standpunkt: Dann sind es eben auch keine Abonnements nach ÖAK-Kriterien.

Wolfgang Fellner fühlt sich von mir offenbar ein bisschen verfolgt. Womöglich hat er noch nicht registriert, dass ich seine Tageszeitung für wichtig halte. Auch Kurt Falks *Täglich Alles* und das etwas kurzlebige Projekt mit dem freundlichen Titel *Guten Tag Niederösterreich* waren wichtig: Wer auch immer in den hochkonzentrierten Zeitungs- und Magazinmarkt dieses Landes welche Zeitung, welches Magazin auch immer setzt, das dieses Superkonzentrat ein wenig verdünnt, verdient Dank. Wie groß oder klein die Begeisterung über Inhalte, Ausrichtung und Methoden des jeweiligen Heftes ausfällt. Und solange der jeweilige Verlag nicht an das Superkonzentrat aus Mediaprint (*Krone* und *Kurier*) plus Verlagsgruppe News verscherbelt wird und damit dessen höchst ungesunde Marktmacht weiter mehrt – wie es Wolfgang Fellner schon das eine oder andere Mal vorgehüpft ist. Warten wir ab, ob wir aus der Vergangenheit auf die Zukunft schließen können.

Womit wir nach nur vier Absätzen beidbeinig im von den Herausgebern bestellten Thema stehen: „Warum Medienjournalismus in Österreich so schwierig ist." Vermutlich wollen sie auf die Medienkonzentration hinaus. An ein paar anderen Hürden werden wir noch vorbeikommen. Aber alles der Reihe nach:

1. WAS IST EIGENTLICH MEDIENJOURNALISMUS?

Berichten und kommentieren über Zeitungen, Magazine, Radio, Fernsehen, vielleicht auch Internet oder gar Telekommunikation, klar. Wenn man die für Medien bestimmten Seiten in den österreichischen Blättern durchforstet, dann vor allem Fernsehen. Das hat gute Gründe.

Dieses Medium zieht Millionen von Menschen in seinen Bann – zumindest historisch (manche erinnern sich noch an den Begriff „Straßenfeger" für besonders populäre Sendungen) und vor „ORF neu". Was liegt also näher, als Tag für Tag über dieses Massenfaszinosum zu schreiben, als das wir nicht mehr ganz blutjunge Journalisten und Verleger Fernsehen noch kennen. Und zwar über dessen Programm. So kann man Medienjournalismus begreifen, und so tun es Massenblätter und solche, die es noch werden wollen, aber auch kleinere Organe meist. Und meist fokussiert auf den ORF. Der zieht, trotz nicht durchschlagender Reform, eben die meisten Menschen an.

Reine Programmberichterstattung greift meinem Begriff von Medienjournalismus freilich ein gutes Stück zu kurz. Dieser Aufgabe gerecht zu werden, gilt es, Leserin und Leser, Zuschauerin und Zuschauer, Hörerin und Hörer, Userin und User einen Blick hinter die Kulissen zu bieten: Welche wirtschaftlichen, welche politischen, welche persönlichen Interessen und Zwänge führen zu diesem oder jenem Programm? Medienjournalisten sollten zumindest versuchen, all das zu erklären.

Und es gilt, den Fokus zu erweitern: Nicht allein der bunte Schein des Bildschirms bestimmt das Bewusstsein mit. Zeitungen, auch Magazine, Onlinedienste und Werbung tragen dazu bei, welchen Themen und Menschen unsere Aufmerksamkeit gilt und wie.

Bleiben wir in unserem medialen Schrebergarten und fragen zum Beispiel: Warum räumt die *Kronen Zeitung* ihre Fernsehdoppelseite frei für Leserproteste gegen die Programmreform des ORF? Ihre auch unter älteren Menschen überdimensionierte Kundschaft schäumt a) über alles Ungewohnte und b) naturgemäß über die schwarzen Balken in allen Nachrichtensendungen, weil die Anstalt sie nunmehr im zeitgemäßen Format 16:9 statt des gewohnten 4:3 ausstrahlt.

Aber das alleine lässt den *Krone*-Herausgeber nicht so ausholen zur Genickwatsche in Richtung Küniglberg. Er weiß: ORF-General Alexander Wrabetz und mancher seiner Direktoren pflegt ein ziemlich freundliches Verhältnis zu Erzfeind Fellner. Warum tut das der Generalissimus? *Österreich*, so überschaubar seine Publikumswirkung auch (noch?) sein mag, hätschelt die Medienorgel und sein Management aus Wien-Hietzing wie kein anderes Blatt im Land. Auch Generaldirektoren brauchen Anerkennung. Bei einem Quoteneinbruch wie bei der Programmreform im Frühjahr 2007 gelang das freilich auch *Österreich* nicht mehr.

Warum der grundsätzlich positive ORF-Kurs? Wolfgang Fellner hat schon mit *News* und *tv-media* gezeigt, welchen Stellenwert Fernsehwerbung für einen Magazinstart hat – für eine Zeitung muss also Gleiches gelten. Fernsehwerbung bedeutet hier nicht alleine klassische Spots. Die beschränkt das ORF-Gesetz seit 2001 recht streng. Fernsehwerbung ist auch, möglichst häufig zitiert zu werden, etwa in Nachrichtensendungen. *Österreich* hatte nicht soviele Scoops, Exklusivmeldungen oder Aufrisse also, wie es in den ersten Monaten des Wrabetz-ORF vorkam.

Und nicht zu vergessen: Der ORF hat ein beachtliches Inseratenbudget zu vergeben. Die Anstalt zählt zu den eifrigsten Buchern im sonst anfangs eher anzeigenarmen Blatt – neben der Gemeinde Wien und anderen öffentlichen und halböffentlichen Institutionen und Firmen, die mit ebenso öffentlichem und halböffentlichem Geld möglicherweise ein leichteres Händchen haben. Vor allem, wenn sie darauf hoffen, dass mit Buchungen auch positive Publicity einhergeht. Ausschnitten der Medienbeobachtungsdienste sieht man ja nicht an, wieviele Menschen nettes Medienecho des Herrn oder der Frau Minister oder Generaldirektor tatsächlich wahrgenommen haben.

Vermutlich ertappt mich Wolfgang Fellner da gerade wieder bei einer „Hassorgie". Ich bevorzuge den Begriff Medienjournalismus für solche Erklärungsansätze.

2. Wozu Medienjournalismus?

Die simple Frage beschert eine Vielzahl von Antworten – in eher zufälliger Reihenfolge. Einen – eher ökonomischen – Ansatz habe ich gerade geschildert.

Ein weiterer geht in eine verwandte Richtung: Zum regelmäßig Brot von Medienjournalistinnen und Medienjournalisten zählen Media-Analyse, kurz MA, Österreichische Auflagenkontrolle (ÖAK), Österreichische Web-Analyse (ÖWA), Image-Analyse Tageszeitungen und dergleichen Messgrößen für die heimische Zeitungs- und Magazinszene, dazu noch der Radiotest (Zeitungs- und Magazinverlage halten sich gerne Filialen im Äther).

Wer sich am Tag nach der Veröffentlichung einer dieser Erhebungen den Spaß macht, die Berichte möglichst vieler Blätter zum Thema zu vergleichen, kann ermessen, wie vielfältig Menschen ein und dieselbe Realität wahrnehmen können. Logisch kaum fassbare Phänomene nehmen da gedruckte Gestalt an: ein Feld ausnahmslos voller Gewinner. Und wenn bei manchem nur die Reichweite in der eher überschaubaren Zielgruppe der blonden Akademikerinnen mit Holzbein in die Höhe geschnellt ist. Medienjournalismus ist eben an manchen Tagen auch redaktionelles Marketing. Bei manchen mehr, bei manchen weniger. Bei manchen gewagter, bei manchen durchaus nachvollziehbar.

Wir machen aber auch Marketing für andere Medien: Berichten wir – auch noch so kritisch – über neue Zeitung A oder gerade gestartetes Magazin B oder Sender C und Onlinedienst D, wecken wir möglicherweise Interesse bei unseren Leserinnen und Lesern.

Eine andere Zielsetzung, die mir sympathischste, haben wir weiter oben gestreift: Aufklärung über einen bestimmenden Faktor in der sogenannten Mediengesellschaft.

Fünfte Antwort, und dabei bestimmt nicht alle Varianten ausgeschöpft: Wenn das Fernsehprogramm die Menschen interessiert, dann wohl auch meine Leser. Reicht das auch als Erklärung auf die Frage

Harald FIDLER

3. WARUM DAUERND ORF?

Wenn wir Medienjournalismus schon weiter fassen wollen als Programmberichterstattung über ein bildschirmfüllendes Massenmedium: Warum berichten wir dennoch ständig über den ORF – und da auch noch so oft über sein Programm?

Als öffentlich-rechtliche Anstalt sollte er alle Österreicher interessieren: 97 Prozent der österreichischen Fernsehhaushalte, die nicht in den Genuss einer Befreiung kommen, finanzieren den ORF mit ihren Gebühren. Deshalb müssten sie auch vermeintliche Insiderthemen beschäftigen wie die Frage: Soll er sein baufälliges, in die Jahre gekommenes ORF-Zentrum von Roland Rainer aufwändig renovieren oder sich anderswo eine neue Bleibe bauen (lassen und dann zu vernünftigen Konditionen leasen), die auf die Notwendigkeiten eines modernen Multimediaunternehmens zugeschnitten ist? Man hält nicht für möglich, wie passende Räumlichkeiten Arbeitsabläufe erleichtern können. Erleichtern bedeutet zugleich: das Produkt verbessern und womöglich auch effizienter, also kostengünstiger gestalten. Es geht immerhin um unser Gebührengeld. Das gilt auch für den nicht ganz ausgeschlossenen Fall, dass sich bei der Gelegenheit der eine oder andere Unternehmensteil abseits des Kerngeschäfts kostensparend auslagern lässt. Es geht auch um unser Gebührengeld, wenn der alte Konzernkollektivvertrag, ein im Aufsichtsrat gewichtig mitbestimmender Betriebsrat und die traditionell rücksichtsvolle Personalpolitik ganze Abteilungen von weißen Elefanten bescheren. Weiße Elefanten nennen die Küniglberger ehemalige Direktoren und leitende Angestellte, die – meist nach Führungswechseln – abgesetzt, aber mit überschaubaren Tätigkeitsfeldern auf gleichem Niveau weiterbezahlt werden.

Als öffentlich-rechtliche Anstalt ist der ORF zugleich wichtigste Promotionplattform für die Politik, jedenfalls aus deren Sicht. Von politischen Institutionen bestimmte Stiftungsräte kontrollieren das Unternehmen, entscheiden über seine Führung, seine Budgets, seine Programmschemata und nicht zuletzt die Höhe seiner Gebühren. Die Reichweite der *Kronen Zeitung* (43,8 Prozent aller Österreicher ab 14 Jahren greifen regelmäßig zu ihr) mag ähnlich beeindrucken – doch dort stellt die (Regierungs-)Politik halt keine Mehrheit im Aufsichtsrat ...

Bei aller öffentlich-rechtlichen Sonderstellung ist der ORF auch ein ganz normales Wirtschaftsunternehmen von abnormalen Dimensionen: Der auf einem Hügel im 13. Wiener Bezirk gestrandete Dampfer ist größtes Medienunternehmen des Landes mit satten 927 Umsatzmillionen im Jahr 2006 – selbst die Mediaprint kommt „nur" auf 500 Millionen und holt die öffentlich-rechtliche Anstalt selbst dann nicht ein, wenn man die 150 Millionen der ihr nahe verwandten Verlagsgruppe News dazuzählt.

Der Küniglberg beherrscht den Markt im Fernsehen (mehr als 40 Prozent Zuschauermarktanteil und mehr als 60 in der Werbung), Radio (rund 80 Prozent Zuschauermarktanteil und an die 70 in der Werbung) und Internet – die ÖWA weist ORF.at 3,5 Millionen Unique Clients aus, weit mehr als das Doppelte der Nummer zwei, *derStandard.at* mit 1,28 Millionen (Daten aus der beim viel zu frühen Redaktionsschluss für diesen Beitrag aktuellsten ÖWA von Jänner 2007).

4. WARUM IMMER AUF DIE GROSSEN?

Mit so beeindruckenden Kennzahlen des ORF lässt sich Medienmacht beziffern. Nicht nur auf den Wahlplakaten eines Bundespräsidenten, der sich übrigens bald nach seinem Amtsantritt auf dem allerersten *News*-Cover abfeiern ließ und gern bei der Bewerbung des Magazins half, gilt: Macht braucht Kontrolle. Und wenn sich diese Kontrolle darauf beschränken muss, Medienmacht zu beschreiben, ihre Gefahren, ihre Mechanismen und Tricks, ihre politische Schlagseite oder ideologischen Auswüchse – oder zumindest ihre Dimensionen.

Deshalb gilt den Großen der Branche der Generalverdacht. Nicht etwa, weil nach *Krone*-Chef Hans Dichand der größte Erfolg den größten Neid erweckt. Sie können auch den größten Schaden anrichten.

Der Zusammenschluss von *Krone* und *Kurier* zur Mediaprint Ende der Achtzigerjahre war der Super-GAU der österreichischen Medienlandschaft: Die weitaus größte Tageszeitung verband sich mit dem damals zweitgrößten Rivalen zu einem den Zeitungsmarkt beherrschenden Konzern. Das bedeutet keineswegs, dass die beiden Blätter dasselbe vertreten. Es wäre schon wirtschaftlich schwachsinnig, um dasselbe Lesersegment gegen den Konzernbruder zu raufen. Aber wenn es um gemeinsame Interessen geht – etwa gegen ein vernünftigerweise verschärftes Medienrecht – schlagzeilen sie plötzlich im unschönen Gleichklang gegen den verantwortlichen Justizminister.

Um gefährlich zu sein, braucht es auch keinen redaktionellen Parallelschwung: Dafür genügt zum Beispiel gemeinsames Anzeigendumping bei Stellenanzeigen, die das wirtschaftliche Rückgrat eines deutlich kleineren Konkurrenten ausmachen.

Bis 2001 hielt ich die Mediaprint für den größten anzunehmenden Unfall der Medienpolitik und des Kartellrechts. Damals gelang es den Brüdern Fellner, ihren marktbeherrschenden Magazinkonzern um *News* & Co mit den im Markt zweitplatzierten Zeitschriften des *Kurier* zusammenzulegen – und den kleineren Gesellschafter der ohnehin schon den Zeitungsmarkt beherrschenden Mediaprint am nun noch größeren Magazinriesen zu beteiligen. Frei nach Doderer: die totale (Print-)Familie. Bin gespannt, ob es den Fellners und *Kurier*-Haupteigentümer Raiffeisen gelingt, diesen Mega-GAU (wir borgen uns einfach diesen Fellnerschen Super-Superlativ) dereinst mit *Österreich* zu übertreffen.

Riesen wie diese sind zugleich die natürlichen Feinde des Medienjournalismus: Wann haben Sie in *Krone*, *Kurier*, *News* oder *tv-media* kritische Berichte über die Konzernbrüder und -schwestern, -schwager und -schwägerinnen gelesen, die über kleines Hickhack hinausgingen und über Ausritte von in die Jahre gekommenen Herausgebern? Eben.

5. MEDIENJOURNALISMUS WIDER DIE VERNUNFT

Womit wir bei der Mannigfalt von Gründen angelangt sind, warum man den Medienjournalismus besser meidet, jedenfalls konzernkritischen. Die Größe der Marktbeherrscher schränkt die freien Betätigungsfelder deutlich ein. Das gilt nicht nur für die Mediaprint. Zur Styria zum Beispiel, der Nummer zwei im Printmarkt, gehören die herausragende *Kleine Zeitung*, *Die Presse*, das *Wirtschaftsblatt* und eine erkleckliche Anzahl meist aber nicht weiter bedeutender Magazine nebst ein paar Privatradios und TV-Beteiligungen. Aber auch Bundesländergrößen wie die *Tiroler Tageszeitung* breiten sich munter aus, das Vorarlberger Medienhaus beherrscht sein Ländle multimedial wie kein anderer Medienkonzern, zu *Österreich* gehören immerhin ein paar Radios, und so weiter. Das Gros der übrigen Blätter zeigt wenig Interesse, seine Kundschaft einigermaßen schonungslos hinter die Kulissen der Medienszene blicken zu lassen. Der ORF wiederum hat kritische Medienmagazine in Fernsehen und Radio längst abgedreht, um Zeitungen und Zeitschriften nicht zu vergrämen.

Vergrämen kann kritischer Medienjournalismus auch den eigenen Chef. Kurz aus dem Nähkästchen geplaudert: Ich habe den *Standard* zahlreiche ORF-Inserate gekostet, viele Auftritte von Kollegen in der „Pressestunde" oder anderen Sendungen in der Anstalt, zudem einige Zitierungen („eine Zeitung" berichtet, aber der *Kurier* meldet, *News* deckt auf) in „ZiB", „Mittagsjournal" und ORF.at. Ich haben ihm den einen oder anderen Bericht beschert, der den Wert einer (inzwischen aufgegebenen) Radiobeteiligung des Herausgebers nicht gerade steigerte. Und ihm so manchen Totengesang in Titeln der News-Gruppe eingehandelt – in *Österreich* hält sich Wolfgang Fellner bisher (Stand Anfang Mai 2007) bemerkenswert zurück mit sogenanntem Retorsionsjournalismus.

Nicht zu vergessen ein paar Klagen und Gerichtsverfahren. Bisheriger Höhepunkt: Anfang Oktober 2006. Binnen 24 Stunden landen zwei originelle Juristereien auf meinem Schreibtisch: Das Straflandesgericht Wien teilt mir mit, dass die damalige ORF-Generalin Monika Lindner mich – persönlich, nach einem mit Haftstrafe bedrohten Paragraphen und auf ansehnliches Schmerzensgeld (!) – geklagt hat. Ich hätte ihr Urheberrecht verletzt, indem ich ihre (offenkundig nicht alleine auf ihrem Mist gewachsene) Bewerbung um die Wiederwahl unter *derStandard.at/Etat* veröffentlichte. *Österreich*-Chefredakteurin Uschi Fellner forderte von mir unter Klagsdrohung 10.000 Euro plus eindrucksvolles Anwaltshonorar, damit sie mich nicht ebenfalls nach dem Urheberrecht verklagt, weil ich Passagen aus einem eher kleinauflagigen Jubelbuch für ihren Mann Wolfgang veröffentlichte, das sie herausgegeben hat. Da überschlägt man im Hinterkopf rasch die bescheidenen Ersparnisse.

Ungesund macht den Medienjournalismus auch der Umstand, dass er zum Fernsehen zwingt. Eine Beschäftigung, von der die meisten Menschen verfetten und dennoch mit einem schalen, unbefriedigten Nachgeschmack ins Bett gehen. Dann lieber Gastrojournalismus – meine Ablenkung: *derStandard.at/Leichtsinn* (wie war das doch gleich mit dem Marketing im Medienjournalismus?).

Regelmäßig dürfen sich Medienjournalistin und Medienjournalist wie erwähnt durch Zahlenfriedhöfe wie Media-Analyse, Auflagenkontrolle und Webanalyse exceln, manchmal auch auf der Suche nach Erfreulichem für das eigene Blatt. Es gibt erspießlichere Beschäftigungen.

Und wer glaubt, dass eine Branche, die mit Öffentlichkeit ihre Geschäfte macht, auch mit Journalismus umzugehen weiß, der sie betrifft, kommt bisweilen aus dem Staunen kaum heraus.

Vielleicht muss man wirklich ein bisschen „hirngefickt" sein, um Medienjournalismus zu betreiben.

XIII

PUSHING AN ELEPHANT UP THE STAIRS

Vom Versuch, ein Magazin von internationalem Standard
in einem provinziellen Markt zu platzieren

Klaus STIMEDER
(Herausgeber *DATUM – Seiten der Zeit*)

„Jedes Land hat die Zeitungen, die es verdient.
Ab 3. März 2004 beweisen wir Ihnen das Gegenteil."

Erster Werbeslogan des Monatsmagazins *DATUM – Seiten der
Zeit* anlässlich der Präsentation der Nullnummer.

Die Anforderung an diesen Text lautete: Stellen Sie dar, wie
es gelingt, innerhalb kurzer Zeit und praktisch ohne Geld bundes-
weit ein Magazin auf einem Markt zu etablieren, dessen Grad an
Konzentration jeglichen demokratischen Standards Hohn spricht.
Nun denn, der Bringschuld in Sachen Mythologisierung muss
Genüge getan werden: Ja, wir waren jung und stolz und hatten
nichts zu verlieren; ja, wir haben das erste halbe Dutzend Ausgaben in einer Gemeindebauwohnung auf einem alten Macintosh
und ohne Drucker produziert; ja, wir haben gearbeitet wie die

Tiere, ohne Rücksicht auf unsere seelische und körperliche Gesundheit; ja, wir hatten kein Geld und keinen Businessplan. Die Geschäftsphilosophie von *DATUM* erschöpfte – und erschöpft – sich bis heute in einem Satz: Keine Schulden, niemals. Heute sind wir abgebrühter, weil erfahrener, zynischer, weil zu oft verwundet, kaputter, weil der ausdauernde Konsum von Zigaretten, Kaffee und „Energydrinks" beginnt anzuschlagen. Eigenartig: Während diese Zeilen geschrieben werden, geht *DATUM* ins vierte Jahr, und wir halten es trotzdem für zu früh, einzuordnen, was bisher geschafft und abgeschafft, verraten und verweigert wurde. Es wäre einfach, die Zahlen sprechen zu lassen (siehe Post Scriptum). Aber was sagen die schon über die inhaltlichen Kämpfe und Krämpfe? Was erzählen sie über das angesichts der Rahmenbedingungen im Anspruch inbegriffene ständige Scheitern, ein Qualitätsmagazin von internationalem Rang zu produzieren, das sich vorwiegend österreichischer Themen annimmt? Hat es etwas gebracht, dass uns die *Financial Times* ein Jahr nach dem Start zum „best news magazine worldwide" erkoren hat? Hat jemand in Klagenfurt mitbekommen, dass die *Washington Post* Design wie Inhalt von *DATUM* schlicht „exzellent" findet? Wieviele Abos hat die *Neue Zürcher Zeitung* gebracht, nachdem sie *DATUM* einen „österreichischen Geistesblitz" genannt und mit einer großen Geschichte gewürdigt hatte?

Wie aussagekräftig ist all dies in einem Land, in dem 80 Prozent der potenziellen Leserinnen und Leser aufgrund eines nicht vorhandenen Werbebudgets nachweislich noch nie von *DATUM* gehört haben? In dem sich die politischen und wirtschaftlichen Eliten seit Jahrzehnten in der Klage ergehen, es gebe nun wirklich nichts Gescheites zu lesen in Österreich und wie bedauernswert dies nicht sei?

„Bildungsbürger sind Pharisäer." So sagte ORF-Generaldirektor Alexander Wrabetz kurz nach Amtsantritt und wir wären geneigt, ihm zuzustimmen. Aber so einfach ist es eben nicht. Die Antwort auf die Klage des mächtigsten Medienmanagers des Landes fällt freilich komplizierter aus, weil die Gleichung „Die schalten bei unserer Live-Opern-Übertragung aus, das sind mir ja schöne Bildungsbürger" erstens eine Haltung widerspiegelt, die einem Kulturbegriff aus dem 19. Jahrhundert entspricht. Und zweitens über die Probleme von Qualitätsberichterstattung, egal ob im Fernsehen oder in der Zeitung, soviel Gehalt hat wie das Bekenntnis der Republik zur immerwährenden Neutralität.

Die wahren Probleme von Qualitätsmedien in Österreich liegen heute namentlich daran, dass diese Medien ihren Leserinnen und Lesern in Wahrheit ebenso nach dem Mund reden wie der Boulevard. Hier lautet das Motto: Gebt den Gscheiten das Gefühl, gscheit zu sein und sie werden es euch mit Auflage danken. Jene Österreicherinnen und Österreicher, die heute zu einem Qualitätsblatt greifen, tun dies mit ebenso großer Selbstverständlichkeit wie die Käufer der *Krone*, denn auch sie wollen vor allem eins: Heimat. Der Unterschied erschöpft sich einzig und allein darin, dass man sich nicht vom „lieben Gott Dichand" (Copyright: Franz Schuh) die Welt erklären lässt, sondern von Armin Thurnher; dass man die Verfasstheit der EU nicht von Hans-Peter Martin, sondern lieber von Michael Fleischhacker beklagt sieht; dass man sich den Zustand des österreichischen Fußballs nicht von Peter Linden, sondern von Johann Skocek auseinandersetzen lässt. Anders gesagt: Das ungeschriebene Gesetz, nach dem sich in diesem Land ausnahmslos alle gedruckten Medien richten, beschränkt sich auf ein Wort: Affirmation.

Besonders krass offenbart sich dieser Mechanismus der Anpassung an die österreichischen Wirklichkeiten in der Kulturberichterstattung. Das intellektuelle Establishment spielt freudig mit, hält sich seine Haus- und Hofjournalisten; Texte überlassen die Jelineks und Menasses dem *Falter* oder dem *profil* (wenn zuvor *Süddeutsche* oder *FAZ* daran kein Interesse bezeugt haben oder eindeutiger Lokalbezug besteht). Die freuen sich dann und kriegen sich vor hündischer Ergebenheit kaum ein – vollkommen ungeachtet der Qualität der Texte. Mit jenen Eitelkeiten aber, die man für wert befindet, einer breiteren Öffentlichkeit mitzuteilen, geht man zu *News*. Dem Burgtheaterdirektor gefällt mein Text nicht? Das sag ich dem Heinzi. Der Nobelpreis überfordert mich ganz ehrlich also wirklich ganz arg total? Der Heinzi Sichrovsky sorgt dafür, dass nächste Woche halb Österreich darüber redet und die Leute es vor allem richtig, also in meinem Sinn, verstehen. Als ob all der Gestank, den der *Live-*, *Heute-* und *Österreich-*Müll heute von Feldkirch bis Parndorf verbreitet, nicht genug wäre, bedient sich das Gros der österreichischen Intellektuellen des Boulevards nach Lust und Laune – und schafft damit genau jene Atmosphäre, die es bei jeder Gelegenheit vorgeblich beklagt. Und wenn eine oder einer diese Praxis anprangert? Der Neid, der Neid; man sei ja nur sauer, dass man so ein kleines Licht sei. Solange jegliche Diskussion über den Status quo auf diesem Niveau geführt wird und ein gescheiterter Journalist und Weissager wie Matthias Horx in diesem Land als Intellektueller durchgeht, wird nie etwas weitergehen. Aber wozu auch? Die Intellektuellen haben daran trotz gegenteiliger Bekundungen in Wirklichkeit überhaupt kein Interesse. Motto: Solange der Heinzi über mich schreibt – kein Problem. Es ist kein Wunder, dass bedruckte Klopapierln vom Schlage der *Krone* oder *Österreichs* von nicht einmal einer Handvoll Leute beziehungsweise Familien herausgegeben werden, die die hiesige Medienlandschaft seit Jahrzehnten prägen. Eine Figur wie Wolfgang Fellner müsste ein Schriftsteller erfinden, wenn es sie nicht gäbe: dreist, paranoid und populistisch; jederzeit bereit, seine Großmutter für eine hirnrissige Überschrift zu verkaufen – und darauf auch noch stolz. Solche Leute gelten in diesem Land nicht als asozial, sondern als die großen Machatscheks. Eine ehemalige Nationalratsabgeordnete der Grünen, heute als Volksanwältin tätig, meinte dazu in einem Gespräch mit dem Autor dieser Zeilen betont augenzwinkernd: „Ich habe in Sachen *Österreich* nur eine offizielle Version und die lautet: Eine Bereicherung der österreichischen Presselandschaft." Nachdem sie den Satz beendet hatte, musste sie lauthals auflachen. Solange die Zustände so sind, ist Kampf angesagt. Und es ist kein Kampf ums Geltungsbedürfnis, keiner ums eigene Geldbörsel. Es ist ein Kampf um die Herzen und Hirne der Menschen in diesem Land.

P.S. Druckauflage wie verkaufte Auflage von *DATUM* haben sich seit der Gründung Ende 2004 mehr als verdreifacht (von 3.000 auf 10.000); abonniert haben das Blatt heute über 2.000 Leute, davon 90 Prozent aus Österreich und zehn Prozent aus dem Ausland. *DATUM*-Abonnenten finden sich heute in Los Angeles, Buenos Aires, Teheran, Tokio. Die Umsätze des das Blatt herausgebenden Vereins zur Förderung des Qualitätsjournalismus haben sich seit der Gründung im Jahr 2004 in jedem Geschäftsjahr verdoppelt.

Wie werde ich Journalist?

XIV

SOLL ICH WIRKLICH JOURNALIST WERDEN?

Konrad MITSCHKA
(Verantwortlicher Training & Förderung ORF)

Zuerst die grundlegende Regel für diesen Artikel. Hier wird ausschließlich die weibliche Form verwendet. Das nicht nur als Anerkennung der Wichtigkeit von Gender Mainstreaming. Vielmehr, weil die durchschnittliche Journalistin tatsächlich Journalistin ist. Oder zumindest, bei gleichmäßiger Weiterentwicklung, sein wird, wie die empirische Untersuchung „Österreichs Journalistinnen und Journalisten" des Medienhauses Wien aus 2007 aufzeigt. [1] Damit steht auch die erste Bedingung fest, die Sie durchschnittlich erfüllen müssen, wenn Sie Journalistin sein wollen. Kommen Sie als Frau auf die Welt, denn fast 60 % aller Journalistinnen unter 30 sind weiblich.

Ihre nächste Entwicklungschance fachlicher Voraussetzungen kommt im Alter von knapp ein, zwei Jahren, glaubt man der Berufsdatenbank des AMS, laut der Journalistinnen unter anderem „Informationen sammeln und verwalten". Die Wurzel für Sammelleidenschaft wird nach Sigmund Freud in der in diesem Alter anstehenden „analen Phase" gelegt. Ihre Eltern sollten Sie schon da dazu anregen, viel behalten zu wollen – wovon?: Nomina sunt

---

[1] Studie „Österreichs Journalistinnen und Journalisten" von Medienhaus Wien/FH-Studiengang Journalismus, Wien 2007.

odiosa. Dass sich in der analen Phase nebenher auch Eigensinn und Rechthaberei formen, mag zusätzlich die eine oder andere für die Position der Chefredakteurin prägen.

Unter „Informationen aufbereiten und verbreiten", einer weiteren journalistischen Tätigkeit gemäß AMS-Beschreibung, dürfte man vor allem Schreiberisches zu verstehen haben. Nicht nur, dass zwei Drittel aller Journalistinnen in Printmedien werken, „der Beruf fordert eine eigene stilistische Kraft und Ausdrucksfähigkeit von charaktervoller und stilistischer Wirkung", wie Emil Dovifat wortwiederholend stilisierte. Der Mann war nicht nur von zweifelhafter Weltkriegsvergangenheit, sondern auch Mitbegründer der deutschen Publizistik. Vermengt mit den Erkenntnissen des Entwicklungspsychologen Grimm, sollten Sie folgerichtig im Alter von 24 Monaten bereits mehr als 50 Wörter kennen, andernfalls bestünde eine Wahrscheinlichkeit von ebensoviel Prozent, dass Sie sprachlich minder ausdrucksfähig bleiben.

Doch mit vielen Wörtern allein ist's nicht getan. Journalistinnen schreiben, was die Medien wollen, dass sie schreiben, schreibt Enzensberger sinngemäß, wobei die spannende Frage offen bleibt, warum das diesen Gedanken veröffentlichende Medium wollte, dass er das schreibt. Für die angehende Journalistin bedeutet das jedenfalls ein gewisses Maß an personaler Flexibilität. Begünstigt wird das zweifellos, wenn man in seiner kindlich-jugendlichen Entwicklung die postkonventionelle Phase der Moralentwicklung nach Kohlberg erreicht. Gut ist nicht mehr, was nützt oder andere gut finden, auch nicht, was Regeln vorschreiben, sondern „was dem Sinn von Regeln entspricht". Diese postkonventionelle Phase erreichen längst nicht alle Menschen. Wer mit diffusen sozialen Strukturen konfrontiert ist, wem gegenüber Widersprüche geleugnet werden oder wer ungerechtfertigte Gehorsamsforderungen erlebt, die bleibt gehemmt. Wer Erfahrung mit Selbstständigkeit, Verantwortung oder einander widersprechenden Rollen und Normen macht, wird zu hoher Moral angeregt und erfüllt nahezu zwangsläufig zusätzlich eine Journalismusbedingung von Hermann Boventer, dem ehemaligen Vorsitzenden der Gesellschaft katholischer Publizisten, der meinte: „In einem guten Journalisten sollte immer etwas von einem Philosophen stecken".

Bevor Sie nun zu Kant greifen oder willentlich Schopenhauer lesen, überprüfen Sie noch rasch Ihre schulischen Leistungen. Die bergen weitere Hinweise zur Eignung für den Beruf der Journalistin. Schlechte Mathematiknoten dürften laut Sloterdijk qualifizieren („Ein Journalist ist jemand, der von Berufs wegen gezwungen wird zu vergessen, wie die Zahl heißt, die nach eins und zwei kommt."), nach Karlheinz Ingenkamp allerdings zu ignorieren sein. Der hatte schon 1972 „Die Fragwürdigkeit der Zensurengebung" festgestellt. Welche Noten Sie haben, dürfte daher weniger entscheidend sein, als dass sie sie haben: Denn laut Kuratorium für Journalistenausbildung haben über 80 % aller Journalistinnen den amtlichen Nachweis der Reife in Form der Matura. Danach sollte Ihre Lust auf Noten und Ausbildung radikal erkalten (den dieses Buch publizierenden Fachhochschul-Studiengang selbstredend ausgenommen): Nur ein Drittel der Berufsangehörigen hat ein Studium abgeschlossen.

Was man sein soll, bildet allerdings nur ein Drittel der nötigen W's auf dem Weg zum Beruf der fünf ebensolchen. Was man wollen und was man tun soll, das macht den Rest. Beispiel „wollen sollen": Oben zitierte empirische Journalismusstudie arbeitet deutliche Mehrheiten heraus. Sie sollten folglich in Wien (55 %) als Angestellte (70 %) Vollzeit arbeiten (76 %) wollen. Und nicht nur das.

Sie sollten auch das Ziel haben, Burnout nicht nur an anderen bemerken zu dürfen. Nach einer Studie von Michael Bodin (Dortmund, 1996) leidet ein Fünftel aller Journalistinnen am Gefühl, ausgebrannt zu sein. Auch ein früher Todeswunsch ist hilfreich. Diesbezügliche Extremistinnen arbeiten am besten kritisch in Russland, Durchschnittstypen ärgern sich in Österreich nur über Gastwirtinnen, die noch früher das Zeitliche segnen. Außerdem sollten Sie sich wohlfühlen, wenn Sie Ihre Umwelt beargwöhnt. Nach dem GfK-Vertrauensindex sagt nur knapp jede Dritte, dass sie Journalistinnen sehr oder etwas vertraut. Schlechter schneiden nur Politikerinnen oder Managerinnen ab. Gutgläubig begegnet man Journalistinnen dafür in Rumänien. Aber wollen Sie wirklich dort arbeiten?

Ihr Lebenstraum sollte auch etwas beinhalten, was „stetes Ertragen geschlechtsspezifischer Unterschiede" heißt. Da Sie zwecks optimaler Eignung (s.o.) als Frau auf die Welt gekommen sind, werden Sie weit weniger als männliche Journalistinnen verdienen – und nur halb so wahrscheinlich Karriere machen.

Persönliche Beobachtungen des Autors schließen außerdem den durchschnittlichen journalistischen Wunsch nach überdurchschnittlichem Kaffee-, Nikotin- und Alkoholkonsum ein. Gelegentlicher Berauschung durch verbotene Substanzen sollten Sie ebenso wenig abhold sein wie einer Zukunft im Singlehaushalt. Nach zerbrochener Ehe, versteht sich.

Daneben stehen einige Ableitungen aus den einschlägigen Veröffentlichungen von Walther von LaRoche und anderen Branchengrößen zur Eingrenzung des „Wollen Sollens" zur Verfügung.

Journalistinnen

– stellen die Entdeckung von Problemen in den Vordergrund ihres Mühens,
– wollen innerhalb enger Beziehungen in Redaktionen arbeiten
– und sie wollen veröffentlichen.

Wunsch eins versteht sich dabei als Gegensatz zur angewandten Lösungskompetenz. Folglich gilt: Sollten Sie gerne Probleme lösen, werden Sie Wissenschaftlerin, Managerin oder professionelle Kreuzworträtslerin. Außerdem können Sie sich die Popularität von jemandem, der immer nur Probleme anspricht ohne sie lösen zu wollen, sicherlich vorstellen.

Wunsch zwei steht der Idee der „einsamen Wölfin" entgegen. Journalistinnen arbeiten im Redaktionskollektiv, sie lernen dort, was die Kapitalgeberin zu veröffentlichen wünscht, sie benötigen Unterstützung von irgendjemandem, der gemäß Ulrich Saxer in „komplexen institutionalisierten Systemen um organisierte Kommunikationskanäle von spezifischem Leistungsvermögen" werkt. Da wär's doch wirklich einfacher, auf die Frage nach dem Arbeitsplatz „in einer Bäckerei" zu antworten.

Wunsch drei, die Sache mit dem veröffentlichen-Wollen, bedeutet für Sie gleich in mehrererlei Hinsicht einiges an Schwierigkeiten.

Zum einen verlangt die gleichzeitige Wahrung von Redaktionsgeheimnis und Quellenschutz ein gewisses Maß an innerem Widerspruch. Zum zweiten könnte die Zahl Ihrer Freunde rasch kleiner werden, wenn sich herumspricht, dass Sie, während man sich Ihnen gegenüber ausweint, schon längst überlegen, wie Sie daraus einen Artikel formen. Kurz und klar, vielleicht nicht sehr komplex, denn „die Journalistin reduziert Wahrheit auf das, was sich in dreißig Zeilen darstellen lässt" (Manfred Rühl).

Zum Dritten nehmen Sie je nach Theoriegebäude in Kauf, dass

– Sie niemanden ausschließen dürfen (partizipatorisch-liberal)
– Sie am Verständnis für Ihren Kommunikationspartner arbeiten müssen (diskursiv)
– Sie das Volk mit Mitteilungen der Elite versorgen sollten (repräsentativ-liberal)
– Oder dass Sie selbst Teil kritisch zu beäugender Elite sind (konstruktivistisch).

Ergänzt man das um die Gewissheit von Stuart Hall, dass es jedenfalls „oppositionelle" Leser Ihrer Ergüsse geben muss, steht fest: Beliebt sein, das dürfen Sie nicht wollen.

Der Verantwortliche einer Jugendsendung fasste das in eigenen Worten zusammen. „Wer Journalistin werden will, will entweder die Welt retten oder ist beziehungsgestört und sucht Freundinnen."

Sollten Sie all diese Zeilen nicht von Ihrem Wunsch, Journalistin zu sein, abgehalten haben, dann wäre jetzt die Ebene des „Was Sie tun sollten" angebracht. Aus Journalistengesetz § 1 kann man ableiten, dass Journalistinnen „Mitarbeiter einer Nachrichtenagentur, einer Rundfunkunternehmung (Ton- oder Bildfunk) oder einer Filmunternehmung, die mit der Gestaltung des Textes oder mit der Herstellung von Bildern (Laufbildern) über aktuelles Tagesgeschehen betraut und mit festen Bezügen angestellt sind und diese Tätigkeit nicht bloß als Nebenbeschäftigung ausüben." Stellt sich also die Frage: Wie wird man Mitarbeiterin?

Das komplexe Gefüge zum Themenkreis „Personalmanagement und Arbeitsrecht" ist übrigens auch Gegenstand einer einschlägigen Vorlesung am Fachhochschul-Studiengang Journalismus in Wien.

Vorausgesetzt, Sie wollen kein eigenes Medium gründen, Ihre Mama oder Ihre Tante besitzt leider auch keines, und die statistische Tatsache, dass Sie um sechs Ecken sogar Rupert Murdoch kennen, hilft Ihnen im Moment auch nicht weiter, werden Sie in Phase eins der potenziellen Mitarbeiterinnenschaft selten um ein Bewerbungsschreiben herumkommen. Informieren Sie sich davor, an wen Sie es richten sollten. Die Anrede „Sehr geehrte Herren" an einen Generaldirektor empfiehlt die Verfasserin solcher Zeilen kaum.

Orthografiefehler könnten Berufslaufbahnen in schreibenden Zünften beenden, ehe sie so richtig begonnen haben.

Beliebige Texte sparen vielleicht anfangs Zeit, weil sie sowohl an eine bestimmte Zeitung wie auch an den Supermarkt ums Eck gerichtet werden können, laden aber niemanden ein, die Absenderin einzuladen. Da bringt eine Bewerbung im Layout des Magazins Ihrer Wahl weit mehr.

Am schlimmsten aber sind die Unbestimmten, die sinngemäß „Ich bin eine Verstärkung für Ihr Unternehmen, sagen Sie mir, wo" texten. Denn weder professionelle Recruiterinnen noch einsam entscheidende Ressortleiterinnen haben Zeit oder Lust, den hunderten Bewerbungen im Schnitt mehr als eine Minute pro Stück zu widmen. Menschen, die über Personal entscheiden, brauchen Klarheit – und die sollten Sie ihnen in Ihrer Bewerbung vermitteln. Klarheit bedeutet auch Mut zur Reduktion von Wirklichkeit („Nur das Wesentliche schreiben"), und der ist so oder so Voraussetzung fürs Journalistinnendasein. Wer nicht mal sein eigenes Leben knapp und überzeugend schildern kann, stattdessen (Bewerbungs)leserinnen mit anhaltender Unentschlossenheit langweilt, wird auch Schwierigkeiten haben, komplexere Ereignisse in gebotener Kürze zu schildern.

Viele Entscheiderinnen über Ihre journalistische Zukunft bevorzugen konkrete Vorschläge. Statt von eigener Kreativität zu faseln, warum nicht gleich konkrete Storys vorschlagen? Vielfach rutscht man so in die Branche hinein, da auch die meisten Auswahlverfahren in Massenmedien mehr auf Zufall denn auf geordnetem Personalwesen beruhen.

Eine weitere Idee, den unverzichtbaren persönlichen Erstkontakt herzustellen, wäre, sich in einschlägigen Bars, Fachhochschulen oder bei mediatisierten Ereignissen in der Hoffnung herumzutreiben, eine mediale Entscheiderin kennenzulernen. Die Unverfrorenheit, die Sie sich dabei zweifellos früher oder später aneignen werden („Sind Sie nicht diese berühmte Zeitungsherausgeberin? Ich hätte morgen Zeit für Sie!"), können Sie auch als Übungsfeld für ein Diktum eines ORF-Chefreporters betrachten: „Die gute Journalistin lernt jeden Tag sechs neue Leute kennen."

Falls Sie es mit Frechheit, Ihren Vorschlägen für Geschichten, Ihrem layoutierten Bewerbungsschreiben und/oder Ihrem kurz gehaltenen Motivationsschreiben inklusive Curriculum Vitae zu einem Vorstellungstermin geschafft haben, gäbe es da einiges zu beachten.

Zum Beispiel Mehrabian, der in den 70ern herausfand, dass der Inhalt nur unwesentlich zum Erfolg beiträgt. Zu 55 % sind's die nonverbalen Signale. Das führt zu Motto eins: „Ähnlichkeit erzeugt Sympathie" – übrigens auch der Grund, warum viele Menschen Kartoffeln, aber keine Schimpansen essen. Sie sollten folglich im Dresscode Ihrem Gesprächspartner ähneln, und Journalistinnen tragen nur vereinzelt zerrissene Netzstrümpfe zum Minirock oder Blaustrümpfe unterm Bankerinnenkostüm. Im Zweifelsfall könnten Sie vor dem Gespräch einer vom Aussterben bedrohten journalistischen Tätigkeit frönen und recherchieren, was Ihre Gesprächspartnerin anzieht. Google ist zum Glück schon erfunden.

Faustregel zwei ist die von der Handschlagqualität. Die wenigsten von uns wissen, wie der eigene Händedruck wirkt. Vielleicht ist er zu fest, zu wässrig oder zu zart. Überprüfen Sie das mit einer guten Freundin, die Ihre Handschlagqualität ehrlich beurteilen soll. Der österreichische Verkaufsprofi Stefan Verra – und immerhin tragen Sie Ihre Ich-AG zu Markte, und die potenzielle Shareholderin Ihnen gegenüber soll kaufen! – empfiehlt eine „Druckstärke, die der der anderen entspricht".

Leitgedanke Nummer drei ist einer, der aus gutem Interviewstil folgert. Profis wie Haller, Schwinges oder Friedrichs beklagen in ihren Standardwerken für Journalismus, dass Journalistinnen im Interview mehr reden als zuhören. Nutzen Sie den beruflichen Erfahrungsvorsprung Ihres Gegenübers und lassen Sie sie reden. Vor allem Männer werden Sie gleich viel intelligenter finden. Außerdem spart es Ihren Atem. Und während sich bewerbende Quasselstrippen bloß nerven, bezeugen Menschen, denen etwas auf die Frage „Haben Sie noch Fragen?" einfällt, Neugier, die als unverzichtbare journalistische Eigenschaft zum Beispiel im Assessment Center des ORF abgetestet wird.

Als letzten Punkt zum Thema „Was Sie tun sollten, wenn Sie Journalistin werden wollen", sei auf die Fähigkeit des Geschichten Erzählens eingegangen. Die führenden Medientrainer Österreichs, Stefan Wagner von *intomedia* und Christian Moser von *mc mediaconsult*, füllen zahlreiche Seminare, indem sie Menschen beibringen, wie man „gut im Fernsehen 'rüberkommt." Indem man nachvollziehbare, kurze, plausible und wahre Geschichten erzählt, nämlich. Und was für Politikerinnen, Journalistinnen und Wirtschaftskapitäninnen nicht billig (aber viel wert!) ist, sollte Ihnen zumindest recht sein. Falls Sie eher zu jenen gehören, die am Stammtisch „Sag lieber du!" raunen, wenn es um Ihre Urlaubshighlights geht, falls Sie nicht imstande sind, in fünf knackigen Sätzen von den rührenden Szenen bei Ihrem letzten Familienfest zu berichten, falls es Sie nicht dazu drängt, Ihre Erfahrungen hin und wieder anekdotisch aufzubereiten, dann schwänzen Sie als Journalistin genauso Ihren wahren Beruf wie eine Dachdeckerin mit Höhenangst.

Insgesamt haben Sie mindestens drei Möglichkeiten, den Weg zum Journalistinnendasein zu beschreiten:

Sie beherzigen diese oder andere Ratschläge zu den Themen „Was Sie sein, wollen und tun sollten". Oder, weil zwar Zynismus Berufskrankheit, eine gesunde Portion Skeptizismus aber Jobvoraussetzung ist, Sie glauben sie nicht und sammeln eigene Erfahrungen. Und wenn Ihnen auch das zu mühsam sein sollte, bleibt Ihnen immer noch eines. Nutzen Sie die Tatsache, dass der Beruf frei ist, also nicht durch irgendwelche Zugangsbedingungen eingeschränkt werden darf. Konkret: Schreiben Sie einfach „Journalistin" auf Ihre Visitenkarte und verteilen Sie sie großzügig.

XV

WIE WERDE ICH
TAGESZEITUNGS-JOURNALIST?

Barbara TÓTH
(Redakteurin Politik *Falter*; ehemals *Der Standard* *)

1. JOURNALISMUS IST NICHT GLEICH
JOURNALISMUS

Manche Karrieren verlaufen den umgekehrten Weg. Bei mir war
das so. Ich begann beim Magazin, ohne je zuvor einen klassischen
Bericht, eine Kurzmeldung oder eine Nachricht geschrieben zu
haben – also jene journalistischen Grundformen, die normalerweise ein jeder angehende Schreibende als erste Fingerübungen
verfassen darf. Ich stieg sozusagen ganz oben ein, mit der, wie
manche – vor allem jene, die ihn ausüben – glauben, „Königsform" des Journalismus: dem Magazinjournalismus.

Der Türöffner dorthin war im Jahr 1996 der „*profil*-Lehrgang
für Magazinjournalismus", wenn man so will, die Urmutter aller Fachhochschullehrgänge für Journalismus, die heute in Österreich existieren. Das Nachrichtenmagazin *profil* suchte damals
Nachwuchs. Institutionalisierte Ausbildungen für Redakteure gab

---

* Die ehemalige *Format*-Redakteurin wechselte kurz vor Drucklegung dieses
Buches vom *Standard* zum *Falter*.

es noch nicht, die Publizistikinstitute der Universitäten produzierten lieber theoretisch beschlagene Kommunikationswissenschafter als Schreibtalente zu fördern (daran hat sich bis heute nichts geändert). Also dachten sich die Verantwortlichen beim *profil*, züchten wir uns unsere Jungjournalisten doch selber. Kritisch sollten sie sein, genaue Beobachter, neugierig, ein Gespür für gesellschaftspolitische Fragen haben und obendrein natürlich brillante Formulierer, mit Lust am Geschichtenerzählen. Der Lehrgang war ein voller Erfolg. Viele Namen, die heute das *profil* und andere Medien in Österreich prägen, begannen damals ihre schreiberische Karriere.

Magazinjournalismus heißt, zumindest lehrte man uns das damals: In Geschichten denken. Neue, andere Zugänge erfinden. Themen, die aufkommen, erahnen und mit den Mitteln des Journalismus aufgreifen. Sich eine Meinung bilden, sie dem Leser aber nicht aufdrängen. Einen roten Faden durch jene Haufen an Recherchestoff ziehen lernen, der sich im Laufe einer oder zweier Wochen ansammelt. Wir studierten die Geschichten von *Spiegel* und *Time* und analysierten, wie es den Kollegen bei den großen Vorbildern gelang, ihr Publikum für das, was sie zusammengetragen hatten, zu interessieren. Wir lernten, dass eine gute Magazingeschichte einen fesselnden Einstieg haben soll und spätestens im zweiten Absatz eine These.

Das mit der These gehörte zu den mitunter schwierigsten Übungen. Heißt eine These entwickeln nicht auch, sich für eine Lesart zu entscheiden? Einen Kommentar abzugeben? Wo bleibt da die journalistische Grundtugend der Ausgewogenheit? Sowohl-als-auch-Geschichten sind fad, war eine der Antworten der Praktiker aus dem *profil*, die wir bekamen. Nicht alle wollten das hören. Ich schon.

Magazinjournalismus ist bis zu einem gewissen Grad Überzeugungsjournalismus. Oder besser: Meinungsjournalismus. Die Grenzen zwischen in Tageszeitungen gemeinhin fein säuberlich getrennten Formen des Berichts und des Kommentars verschwimmen. Wer einen guten Magazintext schreiben will, muss sich ein

Urteil gebildet haben über das, was er schildern möchte. Er sollte Stellung beziehen.

Nach dem „*profil*-Lehrgang für Magazinjournalismus" blieb ich nicht, wie viele meiner damaligen Lehrgangskollegen, beim *profil* hängen, sondern studierte weiter und wechselte dann in die Gründungsmannschaft des *Format*, jenes Magazins, das damals vom *News*-Verlag auf den Markt gebracht wurde, um das etablierte *profil* unter Druck zu bringen. Eine Mischung aus *Wirtschaftswoche*, *Economist* und *Spiegel* sollte das *Format* sein – leider hielt dieser Anspruch nicht lange, im Grunde genommen nur während der Nullnummernphase.

Aber auch hier wurde spannender Magazinjournalismus gemacht. Die Innenpolitikredaktion, geleitet von Andreas Weber, der damals vom *profil*, wo er Politik-Ressortleiter gewesen war, zum Konkurrenten „desertierte", funktionierte eine Zeitlang als perfektes Team.

Ich lernte: Guter Magazinjournalismus ist auch eine Frage der Kollegialität und der Gruppendynamik. Es ist nicht selbstverständlich, dass man Kontakte und Informationen, die beiden Waren, mit denen wir in dieser Branche handeln, untereinander teilt – selbstverständlich unter Wahrung des Redaktionsgeheimnisses und des Informantenschutzes. Es ist auch nicht selbstverständlich, dass man Ideen gemeinsam entwickelt, im Rahmen einer mitunter durchaus kontroversiellen Diskussion – und nicht eifersüchtig und alleine in seinem Kämmerchen. Bei einem wöchentlich erscheinenden Blatt entstehen die Geschichten in einem Prozess, der im Idealfall sechs, im Normalfall drei oder manchmal nur einen Tag lang dauert. Ideen werden entwickelt und müssen verworfen werden – entweder, weil die Konkurrenz sie vor einem hatte oder die Geschichte aus Platzgründen „gestorben" ist. Nicht einmal schrieb ich für den Papierkorb.

Aus all diesen Gründen lebt ein gutes Ressort, eine gute Redaktion von den unterschiedlichen Neigungen, Interessen und Charakteren, die sie bilden. Sie braucht diese innere Differenzierung, die Debatten erst möglich macht. Wenn in einer Redaktionssitzung alle die gleiche Meinung haben, wird auch das Produkt eintönig.

Wer ein guter Magazinjournalist sein will, muss viel in seine Kontaktpflege investieren. Er braucht intakte Gesprächsbasen zu einer Vielzahl von Persönlichkeiten in seiner Sparte. Im Idealfall ist das berufliche Netzwerk breit gefächert, sodass man selber immer rasch den Wert einer Geschichte „gegenchecken" kann. Wer einseitig kontaktet ist, hat es auf Dauer schwerer. Von Vorteil ist es natürlich, wenn die Summe der persönlichen Netzwerke in einer Redaktion alle gesellschaftlich relevanten Bereiche abdeckt. Die Gefahr, dass eine wichtige Information an einem vorbeigeht, ist dann minimal. Und die Chance, dass das eigene Blatt die zündende Information, den „Aufriss" bekommt, mit dem man Schlagzeilen macht, umso größer.

Investigativer Journalismus ist nach wie vor eine Domäne der Wochenblätter, weil er Zeit braucht – zum Recherchieren und zum Kontaktpflegen. Kaum eine Tageszeitung leistet sich einen Redakteur oder eine Redakteurin, die in Ruhe all jene Spuren verfolgen kann, die am Ende zu einer heißen führen, zwischendurch aber oft tagelang ohne konkretes Ergebnis bleiben – leider.

Guter Magazinjournalismus, das zeigte sich damals auch in direkter Konkurrenz zum *profil* und zu den immer „magazinöser" werdenden Tageszeitungen (dazu später), ist vor allem auch eine Frage der Ideenfindung. Wenn alle Tageszeitungen tagtäglich über die große anstehende Schulreform schreiben, macht es wenig Sinn, in einem zu Wochenbeginn oder Wochenende erscheinenden Magazin auch über die große anstehende Schulreform zu schreiben – nur eben ein bisschen ausführlicher. Der Leser erwartet sich mehr. Und dieses „Mehr" ist manchmal gar nicht so einfach zu finden. Es kann eine gelungene Reportage sein, ein Lokalaugenschein, es kann die umfassende Was-Sie-immer-schon-über-die-Gesamtschule-wissen-wollten-Geschichte sein oder man kann einen eigenen Zugang finden. Beispielsweise die handelnden Politiker auf ihre Schulerfahrung abklopfen. Kann es sein, dass gerade jene Politiker, die sich gegen eine Gesamtschule wehren, selber nie eine von innen gesehen haben?

Magazinjournalismus heißt auch, in Bildern und Illustrationen denken. Natürlich gibt es Fotoredakteure, Layouter und Art-Direktoren, die dafür zuständig sind, das Drumherum um die Buchstaben zu gestalten. All das ist aber Teamwork, und hauptverantwortlich ist letztlich der Autor. Er muss wissen, wie seine Geschichte ausschauen könnte. Ob es einen guten Aufmacher gibt. Oder eine Grafik, die auf einen Blick erklärt, was man ansonsten mühsam in zwei Absätzen, vollgespickt mit Zahlen und Prozentsätzen, erklären müsste.

Auch für mich war die Erfahrung mitunter befremdend, Stunden vor Fotokisten und Bilddatenbanken und Layoutskizzen zu verbringen anstatt recherchierend am Telefon. Gleichzeitig machte es große Freude, eine Geschichte nicht nur zu schreiben, sondern sie auch zu gestalten. Auch das macht guten Magazinjournalismus aus, lernte ich.

Und das Schreiben im Magazin? Jeder, den es zum Journalismus zieht, stellt sich zuerst einmal die Frage: Habe ich überhaupt Talent zum Schreiben? Kann ich formulieren? Gerne Worte zu Papier zu bringen ist sicher eine der wichtigsten Voraussetzungen, aber lange nicht die einzige. Kollegen, die für Magazine schreiben, blicken manchmal ein wenig herab auf die Berufsgenossen, die für Nachrichtenagenturen oder Tageszeitungen schreiben. Sie sehen sie als Fließbandarbeiter, während sie selber an den großen, wöchentlichen Kunstwerken feilen. Deshalb auch die eingangs erwähnte Attitüde, die eigene journalistische Gattung als „Königsform" anzupreisen.

Letztlich ist die Magazinschreibe ein Handwerk wie jedes andere auch, das man erlernen kann, wenn man nicht gänzlich frei von Talent in diese Richtung ist. Möglich, dass man es dann etwas schwerer zur vielgefragten „Autorenzeile" bringt, also jenem Vorspann, der mit „xy über den unaufhaltsamen Aufstieg von Kanzler Alfred Gusenbauer" beginnt. Wessen Name wie dick über einer Magazingeschichte steht oder nicht, ist aber meist eher eine Fra-

ge des innerredaktionellen Status denn der persönlichen Schreib-
kunst – Ausnahmen bestätigen wie immer die Regel.

Der größte Unterschied eines Magazintextes zu anderen Texten, die in Tageszeitungen erscheinen, ist die Länge. Während die
durchschnittliche Magazingeschichte erst nach 2.500 Zeichen so
richtig in die Gänge kommt, ist der durchschnittliche österreichische Tageszeitungstext nach 80 Zeilen schon längst beendet
(Tageszeitungen bemessen ihre Längen in Zeilen à Anschlägen,
meistens sind es rund 30 Zeichen pro Zeile). Rechnet man die
wöchentliche Schreibleistung eines Redakteurs einer Qualitätstageszeitung mit jener eines Magazinjournalisten gegen, schreibt
ersterer mit Sicherheit mehr – letzterer hat für seinen Text im
Regelfall aber mindestens genauso viel recherchiert. Zumindest
wäre das der Wunschfall.

2. WARUM ES SINN MACHT, VIELE REDAKTIONEN KENNENZULERNEN, BEVOR MAN SICH ENTSCHEIDET, OB MAN LIEBER IN EINER TAGESZEITUNG ODER EINEM WOCHENMAGAZIN ARBEITET

Warum ich das behaupten kann? Weil ich beide Schreibsituatio-
nen kenne – was mich zum Anfang meines Textes zurückbringt.
Ich habe ihn damit begonnen, dass ich schrieb, dass meine Karriere den umgekehrten Weg ging. Im Jahr 2004 wechselte ich vom
Format in die Innenpolitikredaktion des *Standard* – zum damaligen Zeitpunkt war ich in diesem Ressort die einzige Journalistin,
die über Magazinerfahrung verfügte.

Im Regelfall (zumindest ist das meine persönliche Beobachtung der letzten Jahre) bleiben Journalisten ihrem einmal erlern-
ten Metier treu – oder sie gehen den anderen Weg: Sie beginnen
bei einer Tageszeitung und landen später einmal bei einem Maga-

zin. Oder: Sie beginnen bei einer Nachrichtenagentur und wechseln später dann zu einer Tageszeitung. Sie lernen also das Handwerk, wenn man so will, von klein auf (und nicht wie ich, von gar nicht und dann von oben herab). Sie beschäftigen sich beispielsweise lange Zeit mit der Nachricht und dem Bericht, den beiden journalistischen Standardformen im Tagesgeschäft. Bei einer Tageszeitung kommen, im Unterschied zur Agenturarbeit, dann noch die Reportage, das Interview und, sofern vorgesehen, der Kommentar und vielleicht die Glosse dazu. Beim Magazinjournalismus verschwimmen die Grenzen. Eine große Geschichte im *Spiegel* oder im *profil* kann alles beinhalten: Eine Mini-Reportage als lebensnahen Einstieg, eine These, die sehr stark Kommentar-Elemente enthalten kann, Absätze, die Berichtcharakter haben oder ein „gefeaturetes" Interview wiedergeben, dann wieder thetische Passagen, und letztlich den Schlussabsatz, der oft einen komischen Beigeschmack haben kann (im Fachjargon Schmunzelausstieg genannt), also durchaus glossarisch geschrieben wird.

Ich muss zugeben, es ist mir nicht leicht gefallen, aus dem mir angewöhnten Magazin-Misch-Masch wieder jene journalistischen Darstellungsformen herauszudestillieren, nach denen eine Qualitätstageszeitung verlangt. Jahrelang hatte ich meinen Lesern die großen Wochenmenüs serviert, jetzt musste ich lernen, sie mehrgängig und in kleinen Häppchen zu unterhalten: Die Nachricht im vorderen Teil der Zeitung, meine Meinung dazu auf der letzten Seite, der Kommentarseite. Oder: Der faktische Bericht als Aufmacher, der komische Aspekt als „Melange" (so heißt die für Glossars vorgesehene Marke im *Standard*) darunter oder daneben. Für jene politischen Off-the-record-Geschichten, die ich im *Format* in der Kolumne „Am Ballhausplatz" thematisieren konnte, bot sich im *Standard* das Format „Kolportiert" an: Eine Kolumne, die den Blick hinter die politischen Kulissen liefern soll. Dort, wo Geschichten „hinter vorgehaltener Hand" oder nur unter Zusicherung der absoluten Anonymität gehandelt werden.

Tageszeitungsjournalismus kann, muss aber nicht oberflächlicher sein als Magazinjournalismus. Der Aktualitätsdruck bedingt natürlich eine andere Arbeitsweise. Als Tageszeitungsjournalist schwimmt man im täglichen Nachrichtenstrom, man kann, um beim Bild zu bleiben, ein Stück zurückrudern, ab und zu in die Tiefe tauchen oder versuchen, ein wenig voranzuschwimmen. Ganz ans Ufer setzen, dort, wo die Kollegen der Wochenzeitung darüber nachdenken, in welche Richtung der Fluss nun fließt und ob das auch gut so ist, kann man sich normalerweise aber nicht – außer man schreibt den Leitartikel zum Tag.

Das hat Vor- und Nachteile, je nachdem, welche Art von Journalismus einem nähersteht. Ich kenne Kollegen, die sich richtig wohlfühlen, wenn die Ereignisse sich überschlagen und eine Meldung der *Austria Presse Agentur* die andere jagt. Meistens sind sie dann sogenannte Chefs vom Dienst, also verantwortlich für die Nachrichtenauslese und -zuteilung. Aus der Aktualität heraus werten zu können, was für die Leser am Tag danach Relevanz hat und was nicht, ist eine große Aufgabe, die viel Erfahrung voraussetzt. Genauso, die richtige Mischung an Nachrichten zu finden. Wer eine Tageszeitung abonniert hat, will ja nicht nur informiert werden, sondern auch unterhalten und im Zweifelsfall gebildet werden.

Es schadet sicher nicht, ein „Nachrichten-Junkie" zu sein, wenn man täglichen Journalismus machen will. Tageszeitungsjournalisten hängen den ganzen Tag an der *Austria Presse Agentur* – sprich: Sie haben den Nachrichtenticker auf ihrem Bildschirm laufen. Magazinjournalisten nutzen die Datenbank der *APA* meistens nur für Basisrecherchen der Art: Wer hat was wann wo und wie gesagt? Und während Magazinjournalisten sich den Kopf darüber zerbrechen müssen, was in drei oder vier Tagen ihre Geschichte sein könnte, denken Tageszeitungsjournalisten normalerweise: Was ist morgen? Nichts ist so alt wie das Blatt von gestern, lautet die dazugehörige gängige Redensart.

3. UND WARUM DIE GRENZEN DENNOCH VERSCHWIMMEN SOLLTEN

Ich habe die Erfahrung gemacht, das eine Tageszeitung und ein Magazin zwei völlig anders tickende journalistische Systeme sind, aber dass es für Tageszeitungen immer wichtiger wird, ihren Lesern „magazinöse" Elemente zu bieten – sowohl schreiberisch, als auch gestalterisch. Meine Überzeugung ist deshalb: Erfolgreiche Qualitätsblätter funktionieren immer stärker als tägliche Magazine. Sie bieten nicht nur die Meldung, sondern auch die dazugehörigen Hintergründe, Analysen und Meinungen. Und sie bereiten sie entsprechend auf. Das heißt: Sie erzählen Geschichten auch mit Bildern, Grafiken und Illustrationen. Sie setzen Schwerpunkte – und haben Mut zur Lücke.

Eine Tageszeitung, die bloß die wichtigsten Nachrichten des Vortages brav gewichtet zusammenfasst, wird auf Dauer ihre Leser, die über Radio, Internet und Fernsehen diese Basisinformationen bereits erhalten haben, nicht befriedigen können. Wenn sie ihrem Nutzer aber Informationen liefern kann, die für ihn neu sind, Zusammenhänge, die er noch nicht kannte, Argumente, die ihn beim Tagesgespräch mitreden lassen, und sei es auch nur eine gute Grafik, die er sich ausschneidet und aufhebt, dann hat sie schon gewonnen. Für den klassischen, auf Nachrichtenauswahl und deren Bewertung getrimmten Tageszeitungsredakteur bedeutet das: Umdenken. Und: Vom Magazin lernen.

Gleichzeitig gilt: Je „magazinöser" Tageszeitungen werden, desto schwieriger wird es für Magazine, dieses „bisschen-Mehr" am Ende oder Anfang einer Woche für ihre Leser zu liefern. Wenn Qualitätsblätter mit mehrseitigen Schwerpunkten, Thema-des-Tages-Strecken und Gastkommentar-Seiten die wichtigen Debatten der Woche begleiten, braucht es in den Magazin-Redaktionen noch mehr Investition in Ideen und Kontaktpflege – denn vor allem letztere liefern jene Geschichten mit Exklusivcharakter, die überraschen können.

Unterm Strich heißt das also wenig überraschend: Der Wettbewerb zwischen Tageszeitungen und Wochenblättern wird härter, gleichzeitig verschwimmen die Grenzen zwischen den journalistischen Genres, die beide prägen. Für alle angehenden Journalisten, an die sich dieser Text ja wendet, bedeutet das: In Zukunft könnte es vielleicht weniger Unterschied machen, ob man bei *Kurier*, *Presse* oder *Standard*, oder bei *News* oder *profil* arbeitet. Aber: In all diesen Redaktionen reicht es nicht mehr aus, nur ein guter Berichterstatter zu sein. Man muss auch Ideen und neue Zugänge einbringen, Geschichten erzählen wollen und können und bereit sein, sich über die inhaltliche Arbeit hinaus mit der optischen Gestaltung seines Textes auseinanderzusetzen. Wie Magazinarbeit funktioniert, lernt man am besten beim Magazin. Wie Tageszeitung funktioniert, bei der Tageszeitung. Beides kennenzulernen macht in jedem Fall Sinn – egal, wofür man sich später entscheidet.

XVI

WIE WERDE ICH MAGAZIN-JOURNALIST?

Armin THURNHER

(Herausgeber und Chefredakteur *Falter*)

Diese Frage kann man, nein, kann ich nur in der ersten Person beantworten. Wie wurde *ich* Journalist, das geht leicht. Ganz einfach, ich wurde Journalist, indem ich eine Zeitung gründete. Ich gründete sie nicht selber, sondern ließ mich zum Mitgründen von deren eigentlichem Gründer, Walter M. Kienreich, überreden, auch überredete ich einen Kollegen zum Mitgründen, Christian Martin Fuchs. Wir waren zu dritt, hatten wenig Ahnung von Journalismus und keine Ahnung vom Zeitungsmachen, aber wir gründeten 1976 den *Falter*. Es ist also vielleicht besser, dass mir nicht die Frage gestellt wurde, wie man eine Zeitung gründet. Dafür gibt es qualifizierte Spezialisten, die haben den Kapitalmarkt, das internationale Pressewesen und die Unternehmerweisheit mit Löffeln gefressen und wissen, wie das alles geht.

Ich habe, ehrlich gesagt, nicht einmal eine Ahnung davon, wie man Magazinjournalist wird. Zwar habe ich das eine oder andere Mal auf Einladung für ein Magazin geschrieben, aber nie für eines gearbeitet (obwohl ich, Unmagazineur wie sonst nur einer) einmal sogar das Angebot hatte, in einem Magazin stellvertretender Chefredakteur zu werden. Nein, ich habe zu viele verschiedene Weisen beobachtet, wie Leute Magazinjournalisten wurden, als dass ich imstande wäre, saubere Karrierelinien aufzuzeichnen oder gar bereit, todsichere Patentrezepte abzugeben. Um nur zwei unserer besten Aufdecker als Beispiele zu nennen: Der eine war Bauingenieur beim Magistrat der Gemeinde Wien, der andere studierte Jus und machte sein Gerichtsjahr.

Der, von dem ich annehme, dass ich ihn am besten kenne, ich selber, wusste nichts von Journalismus, als er damit anfing. Er wusste nur, was er nicht wollte, welche Art von Journalismus er nicht wollte, das war der institutionalisierte, der Journalismus der Interessensvertretungen und Anstalten, der Parteien und der Gremien, wo man nicht den Gipfel der Wahrheit, sondern jenen der Hierarchie erreichen will und Erfolg auf manche Weise definiert wird, am wenigsten aber als publizistischer Erfolg. Wo Journalismus im Medienunternehmen längst als Schmiermittel des Geschäfts verstanden wird, und wenn er publizistisch erfolgreich ist, als Geschäftsstörung. Was ja noch angehen mag, solange man das Geschäft der Konkurrenz stört, aber dem Geschäft des eigenen Verlags kommt man besser nicht in die Quere. Als Medienunternehmer darf ich so was ja sagen. Und vielleicht ist deswegen soviel von dem, was man einst für Magazinjournalismus hielt, mittlerweile Susi-Sorglos-Journalismus geworden, soll heißen, ein Journalismus, der den leitenden redaktionellen Angestellten ein sorgloses Auskommen mit den Eigentümern ihrer Publikation garantiert.

Aber was weiß ich deswegen vom Journalismus, schon gar von einer Unterabteilung desselben, sagen wir, Wohlfühl-, PR-, Web- oder meinetwegen Magazinjournalismus? Und woher nehme ich das Recht, Menschen zu sagen, was sie für den Journalismus zuallererst qualifiziere, sei ein kräftiges Misstrauen gegenüber jenen Apparaten, die ihn in die Welt setzen? Ein Misstrauen gegenüber seinen Konventionen, Sitten und Gebräuchen, seinem Personal, gegenüber denen, die ihn fern jedes Selbstzweifels produzieren und damit zuallererst ein Misstrauen sich selbst gegenüber? Das frage ich mich manchmal, wenn ich vor einer Klasse voll studentischem Publikum stehe, dessen Augen sich autobusartig weiten, wenn ich versuche, in Sachen Journalismus grundsätzlich zu werden.

Ich weiß nur, dass ich mein Leben lang umgeben war von Leuten, die es journalistisch besser wussten. Das Besserwissen ist ein schöner Ansatz, wenn man versucht, die Dinge gut zu machen. Mit der Zeit, so meine These, erkennt man die, welche es wirklich besser wissen, daran, dass sie nicht mehr meinen, alles zu wissen. Sie, geneigte Leserin, geneigter Leser, durchschauen das als postsokratische Pose und raten mir, davon abzulassen und in medias res einzudringen. Aber ich bin schon mittendrin. Journalist zu werden ist wie Vater zu werden. Es zu werden ist bekanntlich nicht schwer, es zu sein dagegen sehr. Ich kann die Frage, wie man Journalist werde, also auch nicht als die Frage nach der richtigen Ausbildung zum Journalisten verstehen, schon gar nicht, wenn diese Frage in einem von einer Fachhochschule herausgegebenen Sammelband gestellt wird.

Die FH tut ihr Bestes, ich selbst versuche, dazu das meine beizutragen. Auch alle anderen Berufsausbildungen und einschlägigen Studien tun das; ausgezeichnete junge Leute haben sich dort schon qualifiziert, sie werden die Misere des österreichischen Journalismus vielleicht verbessern, zumindest entziehen sie der Ausrede, es gebe eben nicht genügend qualifizierte Leute, um gute Medien zu machen, jedes sachliche Substrat. Von meiner anfänglichen Skepsis einem journalistischen Berufsstudium gegenüber bin ich abgekommen; beinahe völlig abgekommen, möchte ich sagen. Ein Rest Skepsis bleibt. Mir bleibt der Verdacht, mit einer Fachausbildung in Geschichte, Biologie, Jus oder Geschichte und einem schnellen Lehrgang von zwei Semestern oder auch einer Ausbildung in der Praxis eines Mediums wäre man besser dran.

Ich bin und bleibe auf den schreibenden Journalismus konzentriert; ebenso bleibt das, zu meiner großen Überraschung, die große Mehrzahl aller Journalismus Studierenden, mit, zu meiner noch größeren Überraschung, steigender Tendenz. Sie alle wollen schreiben, und schreiben heißt, sie wollen gut schreiben. Die

Frage, wie man Journalist wird, enge ich mit einem gewissen empirischen Recht auf die Frage ein, wie man lernt, möglichst gut zu schreiben. Der Rest ist Sozialtechnik. Wer so schreiben kann, dass man ihn lesen will, den wird man nicht davon abhalten können, Journalist zu werden.

Es stehen ihm zwar jede Menge Hindernisse im Weg. Verleger, die nicht glauben, dass es darauf ankomme, schreiben zu können, sondern darauf, sich Schreibende so herzurichten, dass sie in ihrem Sinn funktionieren. Ein sich kommerzialisierender Medienbetrieb, der mit individuellen Fähigkeiten wenig im Sinn hat, der eher Schmiegsamkeit und Opportunismus begünstigt. Eine Gesellschaft, die den Erfolg eines Mediums an der Größe seines Umsatzes und am Kapital seines Eigentümers misst und nicht an der Qualität seiner Darbietungen. All die bekannten Gründe der zeitgenössischen, nicht nur lokal bedingten Misere stehen guten Journalisten im Weg.

Wer schreiben will, wird sich davon nicht abhalten lassen. Wie aber wird man Schreibender, wie lernt man, zu schreiben? Eine Frage, die ich als derart allgemein gestellte wieder nicht beantworten kann. Schon gar sehe ich mich imstande, eine sachliche Anleitung zum Schreiben guter Texte zu verfassen. Ich kann nur versuchen, die Frage für mich zu beantworten. Wie lernte ich, zu schreiben, besser noch, wie lerne ich täglich aufs Neue das schwierige Handwerk des Schreibens?

Schreiben ist nämlich ein Handwerk ebenso sehr wie eine Kunst. Wenn man sich den Sicherheiten seines Handwerks überlässt, hat man schon verloren. Überall lernt man, wie Artikel zu bauen seien, es gibt einschlägige Handbücher, Techniken, Tricks, Creative-Writing-Seminare (längst auch bei uns, nicht nur in den USA). Aber in diese geht man als Journalist nicht, und die von Handbüchern angebotenen Tricks verschaffen einem zwar eine gewisse Routine, deren falsche Selbstsicherheit jedoch ebenso sicher in echte Langeweile mündet. Dieses Problem kann man an allen journalistischen Äußerungen studieren: Schreiben als bloße journalistische Technik betrachtet, ist nicht Schreiben. Schreiben taugt überhaupt nicht als Mittel zum Zweck. Dieser Satz wird durch jene 99,9 Prozent alles Geschriebenen bestätigt, die nichts sind als Mittel zum Zweck und deswegen so unsäglich öde auf uns wirken.

Schreiben, das wird jeder verstehen, der sich selbst noch an seinen Impuls dazu erinnert, ist ein Akt des Ausdrucks, um nicht zu sagen, ein schöpferischer Akt. Zeigen Sie mir den Menschen, der zuerst den Wunsch verspürte, Journalist zu werden und nicht zuerst den Wunsch, zu schreiben. Gewiss gibt es Ausnahmen wie jenen Verleger unsäglicher Produkte, der angeblich schon als Kind nichts anderes im Sinn hatte, als Zeitungen zu machen. Aber das ist dann kein Ausdruckswunsch, eher ein infantiler Wille zur Macht, wie er sich in kindischen Berufswünschen wie Baggerfahrer, Lokomotivführer oder Polizist spiegelt. Entsprechend kindisch sehen die journalistischen Produkte des Mannes übrigens heute noch aus; allerdings ist er mit ihrer Hilfe reich und mächtig geworden, sozusagen ein Baggerfahrer unserer Infantildemokratie.

Davon rede ich nicht. Ich rede von jenem sentimentalischen Augenblick, als man zuerst spürte, so etwas will ich machen. Ich kann meinen vagen ersten Ausdruckswunsch an einem Gegenstand festmachen, es war kein schriftlicher Impuls, es war ein Aquarell, das ich in der Villa eines reichen Spielkameraden hängen sah. Ich weiß nicht mehr, ob es ein besonders gutes Aquarell war, es zeigte eine Landschaft im impressionistischen Stil, aber es berührte den betrachtenden Knaben so stark, dass es gleichzeitig den Wunsch weckte, selbst etwas zu machen, was ihn und andere auf eine Weise berühren könnte, wie er selbst von diesem Bild berührt war.

Oft sind es Gedichte, die solche Impulse auslösen, mit der unglückseligen Folge, dass man sie selber leicht reproduzieren zu können glaubt. Wenig überraschend, war das später auch in meinem Fall so. Auch gewisse Musikstücke können einen mit solchem Impuls ausstatten, und alle anderen Kunstformen taugen dazu gewiss ebenso. Der englische Dichter Ted Hughes erzählt, er habe in seiner Kindheit und Jugend Tieren nachgestellt und diese gefangen; als diese Leidenschaft nachgelassen habe, sei sie durch das Schreiben von Gedichten ersetzt worden, eine Art der Jagd durch die andere. Schreiben war ihm nur eine Form, Wesen nachzustellen, die ein Eigenleben haben, „ganz und gar losgelöst von irgendwelchen Personen, selbst von ihrem Autor, und nichts kann ihnen hinzugefügt oder weggenommen werden, ohne sie zu verstümmeln oder möglicherweise sogar umzubringen. Und: sie verfügen über eine bestimmte Weisheit. Sie wissen etwas Besonderes – vielleicht etwas, auf das wir sehr neugierig sind." (Ted Hughes, Wie Dichtung entsteht, FaM 2001, S. 27)

Wie kommen wir vom Impressionismus zurück zum Journalismus? Journalismus ist keine Kunst, wenngleich, sehr zu deren berechtigtem Missfallen, seine Grenzen zur Literatur fließend sind. Journalismus unterscheidet sich von der Kunst insofern, als er sich tatsächlich in den Dienst der Vermittlung von Sachverhalten stellt. Aber das tut zum Beispiel ein Opernlibretto auch; das Schreiben eines Drehbuchs für einen Film oder ein Fernsehspiel unterliegt dramaturgischen Gesetzen, mindestens so streng wie jene einer Reportage. Andererseits muss sich Journalismus seiner Grenzen zur Kunst bewusst sein: Er bleibt Vermittlung von Sachverhalten, der Rhetorik und ihren Gesetzen nahe verwandt. Auch deren Geschichte beginnt übrigens mit Anleitungen, wie in dieser Kunst zu verfahren sei. Sie fielen immer detaillierter aus und führten schließlich zu einer jahrhundertelangen Lähmung in der Geschichte der Redekunst.

Journalismus ist keine Kunst. Schon eher ist Journalismus berufsmäßig ausgeübte Neugierde. Und gewiss ist Journalismus eine Art Jagd, deren Gesetze er freilich häufig missversteht. Er ist die Jagd nach Sachverhalten, was er gern mit der Jagd nach Personen verwechselt. Er ist die Jagd nach Wissen, was er gern mit der Jagd nach Aufmerksamkeit verwechselt. Und er ist die Jagd nach sprachlichem, dem Objekt seiner Berichterstattung angemessenem Ausdruck, was er gern mit der Jagd nach Stil verwechselt.

Wie also wird man ein guter Journalist? Indem man sich ein Instrumentarium zulegt und pflegt, das einen zu dieser Jagd befähigt. Indem man seine Sinne und Fähigkeiten, wahrzunehmen, zu forschen, zu finden, zu sehen und sich auszudrücken, unaufhörlich schärft. Das geht nur mit Lesen von gut Geschriebenem, das heißt vor allem von Literatur (von Journalismus nur, wenn er gut geschrieben ist. Die Lektüre hiesiger Zeitungen ist auch eine Erklärung für den fortbestehenden Zustand dieser Zeitungen). Nur durch Lesen und regelmäßiges Schreiben kann man das wichtigste Sensorium eines Autors entwickeln, das Sprachsensorium.

Man wird ein guter Journalist, indem man sich für alle Gefahren rüstet, die einen bei der journalistischen Jagd bedrohen und vor allem, indem man sich für jene Gefahr sensibilisiert, die man selber für den Rest der Menschheit darstellt. Man muss den Jagdtrieb in sich fördern, damit man das Objekt seines Berichts lebendig fangen kann. Die Kunst besteht darin, es nicht zu fangen, sondern es bloß zu finden, ihm nicht Gewalt anzutun, ihm nicht eigenes Leben einhauchen zu wollen, sondern seinem spezifischen Leben gerecht zu werden. Es bloß zu finden ist leicht gesagt, denn darin liegt schon die halbe Kunst. Die andere, von der Findekunst nicht zu trennende liegt darin, der gefundenen Gestalt die ihr angemessene Sprachgestalt abzulauschen.

Ins Innere der Objekte zu lauschen, das klingt ein bisschen anstrengend, und die meisten Journalisten ziehen es denn auch vor, ihre Objekte – piffpaff – zu erlegen, fachgerecht abzuhäuten und mundgerecht vorzulegen. So kann man zwar den Journalistenberuf ergreifen, aber man wird von nichts ergriffen, und ungegriffen wird man aber weder Journalist noch Magazinjournalist. Wie das nicht geht, habe ich versucht, anzudeuten. Wie es geht, muss jeder selber herausfinden. Eine Jagdausbildung in Theorie und am Schießstand hilft; eine bestandene Jagdprüfung aber hat noch keinen zu einem guten Jäger gemacht.

XVII

WIE WERDE ICH FERNSEH-JOURNALIST?

Fritz DITTLBACHER

(Chefreporter *Zeit im Bild* ORF)

Journalismus ist schon ein ungewöhnlicher Beruf: Von der formalen Qualifikation her ist er eine angelernte Hilfsarbeit. Jeder, der die nötigen medienspezifisch-speziellen Fertigkeiten beherrscht – also in unserem Fall Lesen, Schreiben und Computer einschalten – und dazu noch genügend Selbstvertrauen hat, kann sich als Journalist bewerben. Es gibt keine Lehre, keine Prüfung, keinen Universitäts- oder Fachhochschulabschluss als Voraussetzung, nicht einmal ein Leumundszeugnis ist vonnöten, so man mit einem Dasein als „Freier" zufrieden ist. Führerschein? Schön, wenn man ihn hat, aber wenn nicht, dann nicht. Dazu kommt ein Berufsimage, das beim Kennenlernen neuer Bekannter immer noch mehr hermacht als Hilfskoch oder Totenwäscher, um nur einige andere ähnlich qualifizierte Berufe zu nennen.

So gesehen ist es kein Wunder, dass dieser Beruf in Österreich boomt: Es gibt bei uns jedes Jahr deutlich mehr Journalisten – der letzte „Journalistenindex" aus dem Jahr 2007 zählt 13.200 Berufskollegen, jedes einzelne Jahr der letzten Jahre sind es rund 1.000 mehr geworden. Eine Wachstumsrate wie sie sonst nur die chinesische Textilindustrie aufweisen kann. Das Seltsame daran ist aber: In den klassischen Medien, also in denen, in die man Einblick hat, weil die Kollegen dieser Zeitungen oder TV- und Radiostationen auf dieselben Pressekonferenzen gehen wie man selbst, arbeiten diese alle ganz eindeutig nicht: Es gibt also jedes Jahr viele, viele neue Journalisten – nur sie verstecken sich offenbar gut.

Denn fast alle etablierten Medien haben in den letzten Jahren zum Teil massiv Personal abgebaut, die Losung der Betriebswirte lautet auch in diesem Bereich wie in jedem anderen: 10 Prozent Einsparung gehen immer.

Das gilt auch fürs Fernsehen, egal ob es private oder öffentlich-rechtliche Programmanbieter betrifft. Der aktuelle Dienst des ORF-Fernsehens, also die tagesaktuelle Berichterstattung im Rahmen aller *Zeit im Bild*-Sendungen, findet seit 2002 im neuen Newsroom im ORF-Zentrum statt. Als das neue Gebäude vor fünf Jahren eingeweiht wurde, waren die Schreibtische alle voll besetzt, mittlerweile wird aber fast ein Viertel der Bürofläche im Großraumbüro von anderen Abteilungen genutzt. Der Personalabbau etwa im Bereich Inland/EU/Chronik betrug in diesen fünf Jahren rund 30 Prozent.

Immer weniger Journalisten arbeiten immer mehr – und das ist keine Ausnahme, sondern eine Regel in der Branche.

RUHM, EHRE UND ESSENSEINLADUNGEN

Dennoch – oder vielleicht auch gerade deswegen – ist es ein ungemein begehrter Job, vor allem bei Berufseinsteigern: Fernsehjournalismus, das klingt nach Ruhm und Ehre, nach gutem Verdienst, nach der Nähe zu Macht und Prominenz, nach Mittagessenseinladungen und vom Unternehmen bezahlten Friseur- und Garderobe-Rechnungen. Stimmt schon alles. Auch. Ist aber eben nur eine Seite der Medaille.

Es gibt in Österreich, vorsichtig gerechnet, rund 500 Fernsehjournalisten. Fast alle davon arbeiten beim ORF. ATV, Puls

TV/PRO 7 oder auch einige Regionalsender machen zwar auch mittlerweile heimischen Fernseh-Journalismus, mehr als ein paar Dutzend Kollegen stehen dort nicht in Brot und Lohn. Wer ins Fernsehen will, kommt hierzulande also kaum am ORF vorbei. Und das ist auch schon einer der großen Nachteile dieses Berufs: Ein arbeitsmarktbeherrschender Quasimonopolist kann die Bedingungen diktieren – und wer im Zorn geht, für den gibt's kaum ein Leben danach. Zwischen Mediaprint und Styria herrscht Konkurrenz – auch um begabte Journalisten. Zwischen ORF 1 und ORF 2 nicht.

Was sind nun die Vorteile – und warum wollen dennoch so viele auf den Schirm? Auch das ist verständlich. Man arbeitet schlicht und einfach fürs gesellschaftliche Leitmedium, wer im Fernsehen ist, ist wer – und das lässt einen die Umgebung auch merken.

Das fängt schon bei den ganz banalen Dingen an: Man hat einen ordentlichen Auftritt, weil man immer mit Kamerateam daherkommt, die Menschen sind freundlich bis verschreckt, aber auf alle Fälle: aufmerksam. Wenn man im Studio arbeitet und auftritt, wird man ordentlich geschminkt und einigermaßen gut eingekleidet. Der Satz „ich arbeite beim Fernsehen" klingt auch nicht schlecht, denn man könnte ja auch in einer Vorabendserie den sympathischen Arzt spielen. Und jene entfernten Bekannten und Verwandten, die einen jahraus jahrein kaum noch im wirklichen Leben treffen, sehen einen doch immer wieder im TV, klopfen einem beim Familien- oder Klassentreffen erfreut auf die Schulter und halten einen fälschlicherweise für einen Prominenten, weil sie natürlich den halb ins Bild ragenden Haarschopf ebenso erkennen wie das aus der Siebenergruppe Journalisten herausstrahlende Gesicht. „Immer seh ich dich im Fernsehen ... !" seufzt die Tante stolz.

Fritz DITTLBACHER

DER IRRTUM VON DER PROMINENZ

Alle anderen Menschen allerdings nicht, da darf man sich nicht täuschen, die halten einen auch nach jahrelanger regelmäßiger Bildschirmpräsenz bloß für ein irgendwie entfernt bekanntes Gesicht – am ehesten noch den früheren Filialleiter vom Hofermarkt, der jetzt offensichtlich nicht mehr grüßen kann, dieser Schnösel. Der typische Gruß des Fernsehjournalisten lautet daher „Hallo", weil das so schön neutral ist, nicht per-Du oder per-Sie – und alle Möglichkeiten offen hält.

Dennoch, ganz ehrlich: Wer beim Fernsehen ist, der ist auch fürs Geschmeicheltsein anfällig. Und es hat schon was, wenn einem die Freundinnen der eigenen Großmutter schöne Grüße ausrichten lassen, weil man eben doch eine Art erweitertes Familienmitglied geworden ist. Und während die Tätigkeit im Printbereich dann halt doch immer auch etwas vom „Zeitungsschmierer" an sich hat, ist der öffentlich-rechtliche Rundfunkbeamte schon fast eine Respektsperson, das Mikrofon adelt einen zur Autorität. Man denke bloß an den Ö3-Mikromann, der ohne ORF-Windschutz am Mikro wohl öfter am Rande der Ohrfeige wandeln würde. Journalismus ist eine oft gut bezahlte Art, die eigene Extravertiertheit zu therapieren. Und Fernsehjournalismus ist die eitelste Variante davon.

Ganz ohne Eitelkeit geht es also nicht beim Fernsehen. Aber es gibt noch viele andere Fähigkeiten, ohne die es nicht geht, wenn etwas weitergehen soll.

ALLEIN GEHT GAR NICHTS ...

Zunächst: Im Fernsehen geht nichts ohne Bilder. Das heißt aber auch, dass der TV-Journalist ein gerüttelt Maß Teamfähigkeit braucht – auch um die Kollegen zu motivieren, ohne die man eben keinen Beitrag fertigstellen kann: Kamera, Ton, Schnitt. Dem

Zeitungskollegen reicht oft der Kugelschreiber und er ist einsatzfähig. Der Fernsehjournalist braucht eine riesige Infrastruktur, er braucht die Technik, er braucht Archivmaterial, Drehgenehmigungen, oft eine Abklärung der Bildrechte usw., usf. Viele arbeiten zusammen, der Journalist steht zwar an vorderster Front, aber die Servicemannschaft dahinter, die „Etappe" wie es militärisch heißt, ist riesengroß.

Neben den Teamfähigkeiten braucht der Fernsehmensch natürlich selbst den Blick fürs Bild – und zugleich die Fähigkeit zu texten. Das wird oft unterschätzt: Der Text spielt im Fernsehen eine ebenso große Rolle wie in den anderen Medien – und er muss das Bild tragen und ergänzen.

Dazu gelten für den nur durchs Gehörtwerden vermittelten Text strikte Auflagen: So erfordert er besondere logische Stringenz – der Hörer, der Seher kann nicht „zurückblättern". Man zwingt dem Zuseher als Reporter seine eigene Lese-Geschwindigkeit auf. Der durchs Hören vermittelte Text erfordert einfache, kurze Strukturen, Gedankenbögen von über sieben Sekunden können nicht verstanden werden. Hier kommt man in Konflikt mit der sogenannten „Gegenwartsspanne" – alles was länger als sieben Sekunden zurückliegt, muss erinnert werden. Man verliert daher im Moment des Erinnerns die Aufmerksamkeit fürs soeben Gesagte, der Reporter verliert seinen Zuseher, im schlimmsten Fall greift der zum unerbittlichen Strafinstrument, zur Fernbedienung. Und schaltet um.

Dazu kommt ein Wandel des Berufsbildes. Der Fernsehjournalist der Zukunft ist in vielen Bereichen der VJ, der Videojournalist, zumindest am Anfang der Berufslaufbahn. Die Bilder selbst drehen, im Endeffekt auch selbst schneiden, so geht es heute meistens in den Job hinein. Vor allem zu Berufsbeginn ist der Universalist gefragt, der Druck zur Kostenminimierung geht Hand in Hand mit der Bereitschaft zur Selbstausbeutung.

Das muss kein prinzipieller Nachteil sein: Ein gewisser Einblick in die Möglichkeiten von Kameraführung und Schnitt bringt später auch mehr Verständnis für die Beschränktheiten des Gestaltens.

Die handwerkliche Komponente ist bei Fernsehjournalisten nämlich wesentlich wichtiger als in fast allen anderen journalistischen Bereichen. Wer das Handwerk nicht kann, wird nicht verstanden. Wenn die Bild-Text-Schere auseinandergeht, wenn also das Bild eine andere Botschaft vermittelt als der Ton, dann ist man in großen Schwierigkeiten. Und gibt's keine Bilder, dann hilft gar nix mehr.

... UND OHNE BILDER SCHON ÜBERHAUPT NICHTS

Denn das ist, wie schon oben erwähnt, das wichtigste Gesetz des Fernsehjournalismus: Ohne Bilder gibt es keine Geschichte. Ist das Drama noch so groß – es geht nicht auf Sendung, wenn es keine aktuellen Bilder dazu gibt. So gab es etwa in Indien in Gujarat Ende Jänner 2001 ein Erdbeben mit rund 100.000 Toten, 200.000 Verletzten, 500.000 Obdachlosen. Sie erinnern sich nicht? Kein Wunder. Es blieb trotz der riesigen Zerstörungen fast unbekannt. Und es blieb vor allem deswegen so unbeachtet, weil das Beben auch die TV-Infrastruktur zerstört hatte: Die ersten Bilder nach vier, fünf Tagen waren „no news", weil Radio und Zeitungen eben schon berichtet hatten. Die Folge: Es gab kaum Berichterstattung im TV, es gab daher aber auch kaum Betroffenheit in der Zuseherschaft, und: kaum Spenden. Pech für die Opfer.

Fernsehen ist manchmal ziemlich zynisch, zugegeben. Die wirklich guten Menschen mit hohem sozialen Engagement sind bei uns nicht selten enttäuscht. Der Berufszynismus in TV-Redaktionen lässt sich wohl durchaus mit dem von Chirurgen vergleichen. Hat man ihn nicht, ist die Gefahr, emotional unterzugehen, durchaus gegeben.

Wichtig ist auch eine breite, nicht aber notwendigerweise tiefgreifende Bildung. Fernsehmenschen leben mit dem Vorurteil, eher oberflächlich gestrickt zu sein. Sie leben ganz gut damit – und es stimmt ja durchaus, wie fast jedes gute Vorurteil. Wer im TV-Journalismus arbeitet, ist noch mehr Generalist als in vielen anderen Medien. Da, wie schon erwähnt, die handwerkliche Komponente so wichtig ist, wird der gute Fernsehreporter, die gute Redakteurin, stets in einer Vielzahl von Themenbereichen eingesetzt. Der ultimative Experte in Fragen der österreichischen Verteidigungspolitik findet sich viel eher im Ö1-Journal oder in der Tageszeitung als in der *Zeit im Bild.*

VEREINFACHUNG STATT VERTIEFUNG

Den TV-Redakteur zeichnet nämlich mehr die Vereinfachung als die Vertiefung aus. Die Durchschnittsdauer eines aktuellen Fernsehnachrichtenbeitrags variiert, je nach Sendung, zwischen vierzig und neunzig Sekunden. Ins geschriebene Wort übersetzt: Ein Thema bekommt zwischen acht und fünfzehn Manuskriptzeilen – und in dieser Zeit muss dann alles erklärt sein, von der Pensionsreform bis zum Irak-Konflikt. Verknappung und Zuspitzung zeichnet den Fernsehjournalismus aus – und Geschwindigkeit. Für eine Minute Beitrag in der Mittags-*Zeit im Bild* ist manchmal nur eine halbe Stunde Zeit, mit Drehen, Texten, Schneiden – und auch eine Moderation muss noch verfasst werden.

Live-Schaltungen geschehen oft auf Zuruf, die Stimme des Regisseurs im Ohr gebietet dann entweder das zu einem Ende Kommen binnen Sekunden – oder aber das „Wassern", das Reden, Reden, Reden, weil der nächste Beitrag noch nicht abrufbereit ist.

Nervenstärke? Ja, ist absolut notwendig. Auch deswegen, weil Fernsehredaktionen keine feinen Pensionate sondern tendenziell Haifischgewässer sind. Wer zum Fernsehen will, will es oft, wie erwähnt, aus Eitelkeit. Es gibt natürlich auch die Kollegen, die es aus reinem Zufall oder aus einer Schicksalslaune heraus vor die Kamera verschlagen hat. Dennoch: Das Diventum ist weitverbreitet und die Nettigkeit mancher Kollegen hat oft eher ornamentale Funktion.

DIE DREI BERUFSBEREICHE

„Diva" ist natürlich kein hinreichendes Berufsbild, das wird man vielleicht, aber als das wird man nicht angestellt. Die Berufsbilder heißen anders. Der Fernsehjournalismus unterteilt sich grob gesagt in drei Bereiche: Wer anfängt und Geschichten macht, ist Redakteur/Reporter. Das sind die, die immer wieder an die frische Luft kommen, die drehen gehen, die Leute treffen und Storys nachspüren – und schließlich mit möglichst viel eigener Kreativität Geschichten daraus machen. Ein schöner Beruf, auch weil er das Abschalten erlaubt, sobald die Geschichte im Kasten und auf Sendung ist.

Doch auch Reporter werden älter – und irgendwann einmal ist das werktägliche Besuchen von Parteigeneralsekretärspressekonferenzen keine attraktive Alternative mehr. Dann geht's in die Hierarchie, und hier bietet das Fernsehen meist eine zusätzliche Ebene zu anderen Medien. Denn neben den Ressorts und ihren Leitungsfunktionen gibt es – bedingt durch die hohen technischen Anforderungen des elektronischen Mediums – auch Sendungs- und Abwicklungshierarchien. Keine Sendung ohne Chef vom Dienst, dem oder der Redakteurin, die vor und während der Sendung gemeinsam mit Regie und Technik das ganze „abwickelt" – ein wichtiger, angesehener, meist gut bezahlter und nicht ganz unstressiger Job. Wer einmal einen Chef vom Dienst, dem gerade eine Live-Schaltung und zwei Beiträge weggebrochen sind, im Regieraum erlebt hat, weiß, was Hochspannung heißt.

Noch mehr Spannung herrscht in solchen Situationen aber hinter der Glaswand, im Studio selbst. Dort ist dann wirklich

Stressresistenz gefragt – schließlich ist es das eigene Gesicht, die eigene Persönlichkeit, die man dort zur Schau trägt – und die Fehler der vielen anderen muss der eine vor der Kamera ausbügeln, denn ihm werden sie sonst zugerechnet.

Moderator oder Moderatorin zu sein, ist für viele die Krönung des Fernsehjournalismus. Und es hat ja auch wirklich einiges. Langjährige Moderatoren sind wirkliche Stars, mit allen Vor- und Nachteilen. Bekommen immer gute Tische im Szenelokal – und treffen immer auf freundliche und hilfsbereite Verkäufer und Beamte. Dafür stehen sie aber auch immer im Licht – auch wenn sie es nicht wollen. Kein Versprecher, der nicht sofort auf youtube verlacht wird. In den *Standard*-Foren sammeln sich unter anonymen Decknamen Beschimpfer und Besserwisser, man braucht oft wirklich eine dicke Haut. Dazu kommen laufende interne Sympathie- und Kompetenz-Evaluierungen durch die Senderchefs. Der letzten Focus-Group, die ein Meinungsforschungsinstitut auf der Mariahilferstraße unter den dortigen Passanten und Herumtreibern aufgestellt hat, hat die Nase der Moderatorin nicht gefallen? Pech gehabt, und viel Glück am weiteren Lebensweg! So ist es zwar nicht immer, aber so kann es sein. Man hat de facto Dauer-Prüfungsstress. Und verschwindet man vom Schirm, ist man für die meisten Schulterklopfer sofort gestorben, auch kein schönes Erlebnis.

Dennoch: Wer einmal dabei war, will meist nicht wieder weg. Das gilt für die Arbeit am Schirm genauso, wie für die ganze Arbeit beim Fernsehen.

WIE KOMMT MAN NUN INS FERNSEHEN?

Wie kommt man nun am besten rein ins Fernsehen, oder auf österreichisch: In den ORF?

Beim ORF sind es die sogenannten Assessmentcenter, die die wichtigste Hürde am Weg in den Beruf darstellen. Hier werden einen Tag lang Allgemeinwissen, Stimme und Präsenz auf den Prüfstand gestellt – und am Ende des Tages erhalten von allmonatlich 120 Bewerbern gezählte sechs ein Praktikum. Genommen werden dabei in erster Linie die, die schon Praxis vorweisen können. Und hier gilt: Zwei Jahre beim *Murtalboten* oder bei der *Lilienfelder Rundschau* gelten mehr als vier Jahre Publizistikstudium. Wobei der Job mittlerweile deutlich stärker akademisch geprägt ist, als noch vor zwanzig Jahren. War damals das abgebrochene Studium gang und gäbe, so schmückt heute doch zumeist zumindest ein Magistertitel die Visitenkarte der Redakteurin oder des Redakteurs. Häufig mittlerweile auch ein „Magister FH". Die höhere Praxisorientierung der Fachhochschulstudiengänge ist bei der Jobsuche ein deutlicher Vorteil – auch weil man an der FH dann halt doch auch so manchen Chefredakteur kennenlernt.

Liegt die Akademikerquote im österreichischen Journalismus derzeit laut einer Untersuchung aus dem Jahr 2007 bei 34 Prozent, so beträgt sie etwa im aktuellen Dienst des Fernsehens, in der *Zeit im Bild*-Redaktion, zum selben Zeitpunkt an die 70 Prozent, liegt also gut doppelt so hoch. Ein Studium schadet also nicht. Es muss nicht unbedingt Journalismus, Politikwissenschaft oder Publizistik sein: Einer der besten Korrespondenten des ORF trägt seinen Magistertitel als akademisch diplomierter Musiklehrer für Akkordeon und Ziehharmonika. Was mögliche künftige Chefs aber beeindruckt, ist die Konsequenz, etwas erfolgreich zu Ende gebracht zu haben.

Am allermeisten aber überzeugen Talent, Einsatzfreude, eine rasche Auffassungsgabe und zumindest rudimentär vorhandene Manieren. Kommt dann auch noch Opferbereitschaft und das unbedingte Wollen dazu, dann steht einer Fernsehkarriere nicht mehr viel im Weg. Und wenn nicht: Hilfsköche und Totenwäscher braucht man schließlich auch immer wieder ...

XVIII

WIE WERDE ICH RADIO-JOURNALIST?

Ulrich KÖRING
(Chefredakteur *RADIOSZENE*)

Rüdiger LANDGRAF
(Chefredakteur *KRONEHIT*)

Am Anfang war das Wort. Genauer gesagt: zwei Worte. „Heinrich Hertz" war die erste Übertragung des russischen Radiopioniers Alexander Popov 1896. Über 100 Jahre später ist aus dem Wort Musik geworden – zumindest auf fast allen Sendern im deutschen Sprachraum. Wortprogramme sind die Ausnahme – und wenn es sie gibt, werden sie meistens nicht durch Werbeeinnahmen, sondern durch Gebühren finanziert. Zur Ehrenrettung des Radios sei hinzugefügt, dass seit Popov noch eine zweite Erfindung namens Fernsehen gemacht wurde, die das Radio als Primärmedium abgelöst hat.

Trostlose Lage für den Hörfunkjournalismus? Im Gegenteil, 85 % der Bevölkerung hören nach wie vor Radio – kein anderes Medium kommt auf diese Reichweite. Goldene Zeiten? Sicher nicht, aber jede Menge neue Chancen durch Digitalisierung und Konvergenz. Die Mitarbeiter im Hörfunk aber nur dann nutzen können, wenn sie sich rechtzeitig mit neuen Trends auseinandersetzen.

Dieser Abschnitt von „Wie werde ich Journalist/in? – Wege in den Traumberuf" gibt einen Einblick in die journalistische Arbeit beim Radio. Welche Jobs gibt es? Wie beginnt man eine Karriere beim Radio? Und was sind die Perspektiven der Branche? Wie könnte Radio in zwanzig Jahren aussehen?

1. DER STATUS QUO IN DER RADIOLANDSCHAFT

In fast allen Ländern Europas gibt es duale Rundfunksysteme. Das bedeutet, dass gebührenfinanzierte öffentlich-rechtliche und werbefinanzierte Privatradios am Hörermarkt miteinander in Konkurrenz stehen. In vielen Ländern darf der öffentlich-rechtliche Hörfunk ebenfalls Hörfunkwerbung senden, was den Quotendruck erhöht: Mehr Reichweite, mehr Werbeeinnahmen, diese Logik hat zu einer Verbesserung der Kundennähe geführt. Die Hörer können mit ihrer Programmwahl – oder zumindest in ihren Angaben bei Umfragen – über die Einnahmen eines Senders entscheiden – und damit auch über sein Überleben.

Das hat bei der Programmgestaltung zu massiven Veränderungen geführt: Gab es bis in die achtziger Jahre hinein einzelne Sendungen, die sich an spezielle Zielgruppen gewandt haben, so ist das heute bei gewinnorientierten Rundfunkveranstaltern (egal ob formal öffentlich-rechtlich oder privatwirtschaftlich organisiert) unüblich. Stattdessen werden Formatradios gesendet, die den ganzen Tag durchhörbar sind.

Klaus Goldhammer definiert den Begriff Formatradio in seinem Buch „Formatradio in Deutschland" (1995:142) so:

„Ein Formatradioprogramm verfolgt das Ziel, im Hörfunkmarkt auf der Grundlage von Marktforschungsinformationen und einer daraus entwickelten Marketingstrategie ein unverwechselbares Radioprogramm als Markenprodukt zu etablieren, das genau auf die Bedürfnisse einer klar definierten Zielgruppe abgestimmt ist.

Dies geschieht, indem alle Programmelemente sowie alle übrigen Aktivitäten eines Senders konsequent auf die strategischen Marketingvorgaben ausgerichtet und konstant empirisch auf ihre Hörerakzeptanz überprüft werden.

Es dient dazu, die Hörerbedürfnisse der Zielgruppe möglichst optimal zu befriedigen, um so möglichst viele Hörer an das Programm zu binden und im Falle einer Werbefinanzierung des Senders diese Einschaltquoten gewinnbringend an den Werbekunden zu verkaufen."

Die strategischen Marketingvorgaben sind dabei meistens im Musikbereich beheimatet – viele Sender werben mit der Art oder Quantität ihrer Musikmischung, wie etwa „Mehr Hits, mehr Abwechslung" oder „Wir sind die meiste Musik". Kommerzielle Sender mit strategischer Positionierung im Bereich Nachrichten sind im deutschen Sprachraum rar, anders als in den USA, wo der Talksender *WGN* in Chicago um die Marktführerschaft ringt und das All-News Format *1010 WINS* in New York mit dem Slogan „With more listeners than any other station in the nation" wirbt.

Für Radiojournalisten in kommerziellen Sendern im deutschen Sprachraum bedeutet das meist, in einem strategisch unbedeutenden Teilfeld des Unternehmens tätig zu sein. Denn in der klassischen Formatradiolehre setzt man auf die 3 M's: Morning, Music, Marketing.

Aus dieser Sicht ist es wenig überraschend, dass die Anzahl der journalistischen Arbeitsplätze im österreichischen Privatradio von 1998 bis 2005 von 400 auf unter 100 gesunken ist. Viele Stationen kaufen Nachrichten zu und haben einen Teil ihrer Redaktionen gekündigt. Und viele Lokalstationen sind verschwunden, da sie sich auf den begrenzten lokalen Märkten nicht refinanzieren konnten.

Im Gegenzug arbeiten die Nachrichtenredaktionen heute effizienter. Während beispielsweise das Nachrichtenteam des bundesweiten österreichischen Privatradiosenders *KRONEHIT* 2003 ein Nachrichtenprodukt herstellte, sind es heute drei verschiedene Custom-Made Nachrichtenprodukte – für *KRONEHIT* und für

Nachrichtenkunden. Die Zahl der Mitarbeiter ist dabei konstant geblieben.

2. Funktion einer Radioredaktion

Durch den im Vergleich zu anderen Medien stärkeren Effizienzdruck erfolgt die Produktion von Radionachrichten prozessorientiert:

Quellensuche → Quellenauswertung → Auswahl → Recherche → Produktion → Präsentation → Distribution

Quellensuche:
Welche Nachrichtenquellen gibt es? Welche sind für eine spezifische Geschichte interessant?

Hier sind vor allem Kreativität und ein weiter Horizont gefragt. Statt ständig dieselbe Agenturquelle zu verwenden, lohnt es sich, neue Quellen zu erschließen: Krieg am Golf? Warum nicht einen arabischsprachigen Mitarbeiter beschäftigen, der *Al-Jazeera* direkt am Sender übersetzt? Banküberfall mit Geiselnahme direkt in der City – und kein Geld für Redakteure? Warum nicht eine Allianz mit einem Lokal-TV Sender schmieden, dessen Mitarbeiter vor Ort sind und berichten – im Gegenzug wird dieser Sender als Quelle in den Nachrichten erwähnt.

Quellenauswertung:
Was sind die Inhalte, die mir die Quelle liefert? Hier ist das Lesen, Hören und Sehen einer hohen Anzahl an Artikeln, Original-Tönen und TV-Sendungen notwendig. Querlesen und Quersehen – zum Beispiel durch Einsatz von Personal Video Recordern (PVRs), um das Maximum für die Content-Auswahl zu erhalten.

Eine weitere wichtige Quelle für Themen sind eigene Erfahrungen und Überlegungen. Ein Kollege, der Heuschnupfen hat, ist unter Umständen eine raschere Quelle, als es eine Nachrichtenagentur sein kann.

Auswahl:

Welche fünf Themen von hunderten möglichen schaffen den Sprung in die Nachrichtensendung? Die Auswahl erfolgt zum einen nach klassischen Kriterien (wie Nähe, Nutzen, Neuigkeit), aber auch nach Positionierungskriterien: Ein Sender, der eine höhere Affinität im Sinus Milieu^{TM} der Hedonisten besitzt, wird sich in seiner Themenwahl von einem Sender, der bei den Modernen Performern beheimatet ist, unterscheiden. Ein guter Ansatzpunkt ist die WHAM-Formel aus Hörersicht: Why and how does it affect me?

Im Unterschied zu Zeitungen wissen wir beim Radio genau, wann die Information konsumiert wird. Auch das spielt eine Rolle bei der Auswahl. Viele Sender legen Ernährungsthemen in die Mittagszeit und Autothemen in die Drive-Time am Nachmittag. Gleichzeitig ergibt sich die Möglichkeit, ein Thema über mehrere Stunden zu begleiten – von der Parlamentsdebatte bis zum Gerichtsprozess.

Wichtig ist weiters die Abstimmung der Themen aufeinander: Fast alle Sender haben klare Vorgaben was den Anteil von Hard- und Softnews betrifft.

Recherche:

Um aus Themen Meldungen zu machen, müssen Informationen beschafft werden. Dazu zählen Telefoninterviews, Besuche von Pressekonferenzen oder Interviewsendungen am Sender. Eine wichtige Rolle nimmt das gezielte Suchen in Agenturen oder im Internet ein. Die berühmte Frage „Wie heißt denn der mit Vornamen?" beantwortet heute zumeist Google.

Der investigative Journalismus im Sinne von Watergate findet im Radio selten statt, da dafür kaum Ressourcen zu Verfügung stehen. Ausnahmen gibt es. So wurden zum Beispiel Ungereimtheiten um Landtagswahlen – viele Stimmberechtigte konnten mehrfach zur Wahl gehen – von einem Radiosender aufgedeckt.

Produktion:

Was wird aus der Information gemacht? Welche dramaturgischen Mittel werden eingesetzt? Beitrag, Studiointerview, Telefoninterview, Original-Töne, Korrespondent vor Ort oder eine Kollage von Augenzeugen – jeder Sender hat seine Vorlieben, jede Geschichte ihre beste Umsetzungsart.

Unter Produktion fällt auch das Texten: Das Schreiben für Radio unterscheidet sich in vielen Punkten vom Schreiben für Zeitungen: Kürzere Sätze, andere Erzählzeiten, aktives Formulieren, vermeiden des Konjunktivs – Schreiben für das Radio ist weitgehend der Versuch, so zu schreiben, wie man spricht. Dummerweise lernt man seit der Volksschule, dass das falsch ist.

Zur Produktion zählt auch das Schneiden von Originaltönen, das Aufnehmen und Abmischen von Beiträgen und das Herstellen von ISDN- oder Funkverbindungen. Alles Arbeiten, die früher von Technikern gemacht wurden – heute sind diese Tätigkeiten in den Alltag von Hörfunkjournalisten integriert. Ausschlaggebend dafür war die Digitalisierung in der Produktion, die viele Arbeitsschritte leichter erlernbar gemacht hat.

Präsentation:

Im Unterschied zum abstrahierten Printprodukt steht beim Radio immer Persönlichkeit dahinter. Sobald ein Nachrichtenredakteur spricht, verrät seine Stimme viel mehr als den Text, den er spricht. Ist die Stimme routiniert? Ist der lokale Akzent durch Lautungsübungen unter Kontrolle? Ist die Stimmlage für das Radio geeignet? Zumindest über den letzten Punkt zerbrechen sich viele am Beginn ihrer Radiokarriere den Kopf. Faktisch ist die Stimmlage nur in den seltensten Fällen ein Ausschlusskriterium.

Distribution:

Wie kommt die Nachricht an den Hörer? Da viele Redaktionen für mehrere Sender Nachrichten machen, müssen Nachrichten über Satellit oder Internet verteilt werden, müssen Original-Töne und Texte rechtzeitig zu Kunden übertragen werden. Auch die

Befüllung der Homepage des Senders spielt eine immer größere Rolle, einige Sender bieten auch mobile-News via SMS oder WAP-Seiten an.

Weitere Aufgaben in der Nachrichtenredaktion:
Zusätzlich zum Nachrichtenproduktionsprozess gibt es weitere Aufgaben für die Nachrichtenredaktion: Information der Moderatoren über aktuelle Ereignisse und die Abstimmung der Nachrichten mit dem restlichen Programm (oft als Fläche bezeichnet).

Dazu kommt die Qualitätskontrolle, bei der Vorgesetzte mit ihren Mitarbeitern anhand von Benchmarks die operative Durchführung der einzelnen Arbeitsschritte besprechen und bewerten. Dieses Instrument des Controllings heißt Aircheck und kann als eine Rückkoppelung des Nachrichtenprozesses verstanden werden.

3. AUFBAU EINER RADIOREDAKTION

Chef vom Dienst:
Sucht Quellen, wertet Quellen aus, wählt Themen aus, hat den Überblick über das Tagesgeschäft. Teilt sein Team ein.

Redakteur:
Recherchiert und produziert Meldungen, Beiträge, Interviews oder Telefoninterviews. Das Volumen ist dabei von Sender zu Sender unterschiedlich.

Nachrichtenpresenter:
Er präsentiert die Nachrichten und ist damit automatisch letztverantwortlich. Im Unterschied zu einer Zeitung können sich Chefredakteur und Programmdirektor die Sendung vor der Ausstrahlung nicht anhören, da sie live ist. Daraus ergibt sich eine höhere Eigenverantwortung der Mitarbeiter als sie bei Printprodukten notwendig ist.

Der reine Nachrichtensprecher ist heute untypisch. Bei praktisch allen Sendern arbeiten die Nachrichtenpresenter gleichzeitig auch als Redakteure.

Praktikanten:
Für viele der Einstieg ins Radiobusiness. Die meisten Sender vergeben Praktika von einem bis zu drei Monaten, bei denen man in der Redaktion lernen und mitarbeiten kann. Im Mittelpunkt steht learning by doing.

Volontäre:
Während in Deutschland der Begriff des Volontärs (oft Volo genannt) genau definiert ist, kann der Begriff in Österreich vom Edel-Praktikanten bis zum Jung-Redakteur praktisch alles umfassen. In Deutschland ist das Volontariat durch den Tarifvertrag für Journalisten geregelt.

4. Die Perspektiven

Radio ist unter den elektronischen Medien ein Unikat: Es sendet noch immer mit einer Technologie, die knapp 60 Jahre alt ist. Ende der vierziger Jahre wurden die ersten UKW Sender in Europa in Betrieb genommen. Die Digitalisierung des Hörfunks geht in Deutschland in ihr mittlerweile zwölftes Jahr, noch ohne große Erfolge.

Dennoch wird sich Radio zwei Trends nicht verschließen können: Konvergenz der Medien und Individualisierung des Angebots. Schon jetzt sinkt der Radiokonsum bei den unter 19-Jährigen jedes Jahr deutlich, individuelle Angebote wie mp3s, youtube oder pandora kosten das Radio Nutzung. Gleichzeitig gibt es aber für die Sender die Chance, durch Konvergenz kleineren Zielgruppen bessere Angebote zu machen. Aus Unternehmen, die ein Radioprogramm herstellen, werden Produzenten von Audio Content.

Beispiele dafür sind Podcasts, wo Radiosender zu den erfolgreichsten Anbietern gehören, oder Zusatzkanäle, die terrestrisch
digital übertragen werden, wie in den USA oder UK. Ebenfalls
vorstellbar sind Kooperationen zwischen Zeitungen und Radio
zur Produktion von Audio Content. Zeitungen wie die *Financial
Times Deutschland* bieten ihren Content als Podcast an, Radiore-
dakteure könnten hier für die richtige Aufbereitung sorgen.

Die Anzahl an Channels, die zu bedienen sind, wird sich für
die Redaktionen erhöhen; ein Chef vom Dienst wird künftig mehrere Channels im Kopf haben. Die Integration von Radiosendern
in gemeinsame Redaktionen mit Zeitungen oder Fernsehanstalten
wird ebenfalls versucht, oft werden dabei kulturelle Unterschiede
zwischen den einzelnen Medien unterschätzt. Nach einer langen
Phase, in der es wenig Entwicklung am Markt gab, wird es jetzt
etwas lebendiger: Digitalisierung, sinkende Reichweiten des analogen terrestrischen Radios und Konkurrenz für das Radio durch
das Internet am Werbemarkt führen dazu, dass sich das Radio er-
neut neu erfinden wird – genauso wie es schon der Fall war, als
das Fernsehen das Radio als primäres Informationsmedium ver-
drängt hat. Audio Content wird es solange geben, solange Menschen arbeiten, mit dem Auto fahren oder gemütlich am Strand
liegen – und dabei Medien konsumieren wollen.

5. Checklist – Was brauche ich, um journalistisch im Radio zu arbeiten?

5.1. Allgemeinbildung

Die Voraussetzungen für den Berufseinstieg als Hörfunkjournalist stimmen zunächst mit denen des allgemeinen Journalisten überein: grenzenlose Neugierde und eine daraus resultieren-
de hohe Allgemeinbildung. An dieser scheinbar einfachen Hürde scheitern heutzutage immer öfter Praktikanten bei Radio-

Castings oder Assessment Centern. Denn beim schnellen Medium Radio fällt fehlendes Allgemeinwissen gerade in der Live-Situation unangenehm auf.

10 FRAGEN, DIE MAN UNBEDINGT WISSEN SOLLTE

1. Welche Staaten grenzen an Österreich? (hier liegt die Trefferquote bei Praktikantencastings bei knapp 30 %, Tendenz fallend)
2. Wo befindet sich der Sitz des Europäischen Parlaments?
3. In welchen Städten ermitteln CSI-Teams?
4. Welches Team ist aktueller Formel-1 Weltmeister?
5. Wer beschließt in Österreich Bundesgesetze?
6. In welcher Straße wohnen die Desperate Housewives?
7. In welchem Jahr wurde Österreich EU-Mitglied?
8. Wie heißt das Staatsoberhaupt von Kanada?
9. Wer hat 2006 den Jedermann in Salzburg gespielt?
10. Was kosten 1 Liter Benzin, 1 Liter Milch und 1 Liter Coca Cola im Supermarkt?

Die Antworten finden Sie auf www.radioszene.at/10wichtigefragen.htm.

5.2. SCHREIBEN FÜRS HÖREN

Der angehende Hörfunkjournalist muss sich über das journalistische Handwerk hinaus radiospezifische Fähigkeiten aneignen. Dabei fällt es Quereinsteigern oft schwer, vom Medium Print zum Radio zu wechseln. Denn „Schreiben fürs Hören" erfordert ein Umdenken in Satzbau, Wortwahl und vor allem Textlänge. Heutige Radiobeiträge überschreiten selten die magische Grenze von 1 min 30.

Einige Regeln sind z. B.: einfache, kurze Hauptsätze statt Schachtelsätze, Umgangsprache statt Fremdwörter, Einsatz von Verben statt von Substantiven, Wiederholung statt Synonyme,

Aktiv statt Passiv. Oder: Zuerst erzählen, dann schreiben. (Buchempfehlung: Stefan Wachtel: „Schreiben fürs Hören – Trainingstexte, Regeln und Methoden", UVK, 2003

Stimme:
Die nächste Stufe, die Neueinsteiger oft irritiert, ist die Eigenwahrnehmung der Stimme. Während des Sprechens wird die eigene Stimme anders als beim Hören einer Tonbandaufnahme wahrgenommen, da eine Aufnahme nur den Luftschall, nicht aber den Knochenschall erfasst. Hat man sich nach einiger Zeit an den Klang der eigenen Stimme gewöhnt, ist man nicht mehr abgelenkt und kann sich voll und ganz auf Inhalt und Aussprache konzentrieren. Denn eine gute „Spreche" ist notwendig, den Inhalt auch zu transportieren. Wer sich also früh mit Mikrofon und Aufnahmegerät beschäftigt, hat einen zeitlichen Vorsprung. Denn jeder kann sich zu einem gewissen Grad auch selbst kontrollieren.

Sprachtraining besteht meist aus drei Teilen: Lautung (deutsch wird entgegen einem allgemeinen Vorurteil nicht so gesprochen, wie es geschrieben wird – das au aus Lautung wird beispielsweise durch ein a und ein o gebildet), Atem und – falls nötig – auch Stimmbildung.

Kino im Kopf:
Die wahre Stärke des Radios entfaltet sich, wenn der Hörfunkjournalist es schafft, großes „Kino im Kopf" zu erzeugen, um damit den Rezipienten emotional in den Bann zu ziehen. Zur Unterstützung des Effekts eignen sich hierbei Geräusche bzw. Aufnahmen der Atmosphäre im Hintergrund, die im Studio zu einer Reportage oder gar einem Mini-Hörspiel zusammengesetzt werden können. Je plastischer die Sprache im Radio ist, desto leichter konsumiert der (Nebenbei-) Hörer das Programm.

5.3. KEINE ANGST VOR TECHNIK

Es ist heutzutage selbstverständlich, dass vom Hörfunkjournalisten auch die notwendige Rundfunktechnik beherrscht wird. Im

Vergleich zur analogen Zeit bis Ende der achtziger Jahre hat sich diese stark vereinfacht und ist heute so schnell erlernbar wie Auto fahren. Über das Internet gibt es bereits einfache Audioschnitt-Programme selbst als Freeware, mit denen der Radioreporter einen Beitrag am eigenen PC herstellen und als mp3 per E-Mail an den Sender schicken kann. Für die Aufnahme reicht zwar kein Diktiergerät, aber es gibt inzwischen relativ preiswerte Digitalrecorder mit guten Mikrofonen, die zu den ständigen Begleitern des Hörfunkjournalisten gehören sollten. Nur wer viel aufnimmt, hat die Chance, auch mal einen guten O-Ton zu erwischen, so wie der Bildjournalist immer seine Kamera parat hat, um als Zeitzeuge zu fungieren.

5.4. PRAKTISCHE ERFAHRUNG „LEARNING BY DOING"

Kaum ein anderer Beruf ist so stark von der praktischen Erfahrung geprägt wie der des Journalisten im Radio. Aus eigener Erfahrung können wir bestätigen, dass es nicht DEN Weg ins Radio gibt. Vielmehr führt oft eine Kette von Zufällen zu diesem Job. Die ersten Jahre, in denen man für wenig oder gar kein Geld arbeitet, sind eindeutig als Investition in die Zukunft zu sehen, weil man wertvolle Erfahrungen sammelt.

5.5. PERSÖNLICHKEIT

Neben fachlichem Wissen sind folgende Eigenschaften sehr hilfreich: Motivation, Spontaneität, Selbstbewusstsein, Kreativität, Schnelligkeit, Hartnäckigkeit, Talent, Belastbarkeit und Teamfähigkeit. Zugegeben, das klingt nach einem Text aus einer der vielen Stellenanzeigen für jede Branche. Im Radio sind sie aber besonders wichtig. Wer eine persönliche Leidenschaft für das Medium entwickelt, wird die ersten Eigenschaften fast automatisch annehmen. Die Schnelligkeit kommt mit der Routine, der ständige Zeitdruck im Radio sorgt für mehr Adrenalin und führt zu

Hochleistungen. Wer das Radio zu seinem Lieblingsmedium erklärt und nicht nur als Sprungbrett für das Fernsehen, der darf sich auch nach Rückschlägen nicht entmutigen lassen. Beim nächsten Sender wird alles anders. Häufiges Wechseln der Radiosender bringt nicht unbedingt ein schlechtes Image, sondern immer neue Kontakte, die man in dieser Branche besonders gut gebrauchen kann. Außerdem: In jedem Sender lernt man etwas dazu. Mit der Zeit, und das kann schon mal zehn Jahre dauern, kann sich jeder zu einer echten „On Air Personality" entwickeln.

6. FAZIT

Statt eines Fazits eine Einladung. Bewerben Sie sich für ein Praktikum – und schauen Sie sich das Medium Radio aus der Nähe an. Fast alle Radiosender vergeben Praktika – aktuelle Stellenangebote gibt es unter www.radioszene.de/jobs.htm.

7. LITERATUR

Goldhammer, Klaus: Formatradio in Deutschland, Wissenschaftsverlag Volker Spiess, 1995
Wachtel, Stefan: Schreiben fürs Hören – Trainingstexte, Regeln und Methoden, UVK, 2003

XIX

WIE WERDE ICH
ONLINE-JOURNALIST?[1]

Gerlinde HINTERLEITNER
(Chefredakteurin *derStandard.at*)

Die Zahl der inhaftierten Online-Journalisten steigt schneller als
die jeder anderen Gruppe. Von 134 Journalistinnen und Journalisten, die seit Dezember 2006 ins Gefängnis gesteckt wurden, schrieben 49 für Online-Publikationen. Das geht aus einem
Bericht des „Commitee to Protect Journalists" hervor. Berichte,
Analysen oder Kommentare von Online-Redakteuren sind weltweit abrufbar, leicht zugänglich und stellen daher eine Gefahr
für Machthaber weltweit dar. Gleichzeitig zeigt es aber auch die
Entwicklung des einst exotischen Journalismusbereichs zu einem
Berufsbild, welches sich vom Image des sogenannten „Copy &
Paste"-Journalismus zu einer etablierten und anerkannten publi-
zistischen Arbeit entwickelt hat.

Auch im Online-Journalismus existieren alle journalistischen
Darstellungsformen, die mit den typischen Möglichkeiten des
Onlinepublizierens wie Links, Foren, Datenbanken etc. verknüpft
werden. Das Aufbereiten eines Themas kann sowohl textlich mit
Bild als auch mit Videobeiträgen, Audiofiles oder animierten Gra-
fiken erfolgen. Online-Journalisten schreiben nicht nur Artikel,

---

[1] Mit Beiträgen von Philip Bauer, Petra Eder, Anne Katrin Feßler, Manuela
Honsig-Erlenburg, Andreas Proschofsky, Rainer Schüller und Anita Zielina

sondern bereiten diese mediengerecht auf und stellen sie meist sogar selbst ins Netz.

Außerdem setzen sich Online-Journalisten viel unmittelbarer dem Feedback der User aus, sowohl weil sie ständig die Zugriffsstatistiken präsent haben als auch weil die Foren und Postings direkte Kommunikation mit der Redaktion erlauben. Mittlerweile bloggen auch Print- und Fernsehjournalisten im Web, um in einen Dialog mit den Lesern und Zuschauern treten zu können.

Die Redaktion von *derStandard.at* berichtet in sieben Beiträgen vom Alltag in einer Online-Redaktion: Von der immer idealen Länge eines Interviews, vom Recherchieren im Internetzeitalter, von richtigen Echtzeitnachrichten oder von Online-Diskussionen mit Politikern, von internationaler Aufmerksamkeit im globalen Dorf und vom Unterschied des Schreibens für eine Tageszeitung. Und unsere Hassliebe zu den Postern darf dabei natürlich auch nicht fehlen.

DARF ES EIN BISSERL MEHR SEIN?

(Manuela HONSIG-ERLENBURG, Ressortleiterin Politik)

Montag, 10.05 Uhr morgens, Cafe Central, ein ruhiges Eck. Demnächst sollte er hereinschneien, der hochkarätige Interviewpartner aus dem Hohen Haus. Die Videokamera steht bereit, das Licht müsste passen, das Mikro ist getestet. Nichts schlimmer, als den hohen Herrn zum Wordrap zu überreden und dann keinen einzigen Sager zu haben, weil das Mikro versagt. Soll schon passiert sein, angeblich. Angeblich meist dann, wenn einer der verstaubten Eminenzen tatsächlich mal was Extraspontanes über die Lippen gerät. Ja, wie gesagt, angeblich.

Mit solchen Horrorstorys im Hinterkopf kann ein typisches Interview für ein Online-Nachrichtenmedium beginnen. Fakt ist: Vorbereitung ist auch hier alles. Thematisch, inhaltlich, na klar, das ist die Basis jedes guten Interviews. Doch online darf ein Interview mehr sein als eine Textsorte. Kurzfilme, Wordraps oder Bilderserien verpassen dem alten Frage und Antwort-Spiel die berüchtigte „multimediale" Komponente. Was soviel heißt wie: Onlinejournalisten müssen Fotografen, Kameramenschen, Beleuchter, Tontechniker und Schnitttechniker in einem sein.

Und der Text selbst? Nur auf den ersten Blick ist ein Onlinemedium das Paradies für streichungs- und straffungsunwillige Interviewtranskribierende. Die zum Beispiel den spannenden Exkurs noch schnell reinnehmen oder die nette Politiker-Privatstory vom kürzlich erstandenen Hundewelpen. Nur theoretisch kann man online fast bis ins Unendliche scrollen. Praktisch unterscheidet sich die Aufnahmefähigkeit der User kaum von der der Leser. Im Gegenteil: User sind ungeduldige Leser und wollen sich schnell einen Überblick verschaffen. Von Streichungsorgien der Chefs vom Dienst, die die Printkollegen zur Weißglut bringen, bleiben Onlinejournalisten allerdings verschont. So darf das Onlineinterview immer die ideale Länge haben.

HIMMEL UND HÖLLE

(Anita ZIELINA, Redakteurin Bildung und Innenpolitik)

Das Internet ist der journalistische Himmel. Wie heißt der Interviewpartner noch mal mit Vornamen? Einfach schnell die Suchmaschinen befragen. Wann war die letzte Wahl im Bundesland unserer Wahl? 0,2 Sekunden später auf endlos vielen Seiten nachzulesen. Das Internet ist die journalistische Hölle. Der Interviewpartner war nicht einverstanden, dass man mangels fundierter Recherche ein Bild eines doppelt so alten Herren gleichen Namens mit der Geschichte online gestellt hat? Das Netz ist schuld. Weil es gerade so eilig war, hat man sich verschaut und die Wahl im gesuchten Bundesland um zwei Jahre verschoben? Dabei wirkte die Seite, von der man die Infos hatte, doch so seriös.

Gerade als Online-Journalistin ist die Versuchung riesig, sich im vernetzten und so gut wie endlosen Informationsfundus des Internet zu bedienen. Der Zeitdruck in Onlineredaktionen ist groß und vor allem konstant. Kein Redaktionsschluss – keine Pause – keine Zeit. Das Resultat: Gespart wird gerne an der Recherche. Kein genuines Problem des Onlinejournalismus: Schlecht oder mangelhaft recherchierte Geschichten kommen auch in Printmedien vor. Eine renommierte österreichische Nachrichtenagentur hat sich in den vergangenen Jahren etwa eine unangenehme Angewohnheit zu eigen gemacht. Hintergrundinfos, zu denen man kein Lexikon oder keinen Experten bei der Hand hat, entnimmt man gerne mehr oder weniger wörtlich dem Internetlexikon Wikipedia. Dort können Leser zu Autoren werden und Artikel zu fast jedem Thema selber schreiben, verändern oder mit eigenem Wissen anreichern. Zwar ist durch die starke Nutzung des Portals eine gewisse Kontrolle durch die User selbst gewährleistet, die fehlerhafte Texte korrigieren, aber eine Grundunsicherheit bleibt. Die Herkunft der Informationen ist nicht nachvollziehbar und in vielen Fällen nur schwer zu überprüfen. Immer wieder finden mangelhafte Informationen den Weg über Wikipedia und über eine Nachrichtenagentur in diverse Zeitschriften und Zeitungen – also in die „etablierten" Medien.

Die Unlust an der Recherche ist ein Problem, das sich durch alle Bereiche des Journalismus zieht. Wer in einer Onlineredaktion den ganzen Tag vor dem internetvernetzten PC sitzt, quasi an der Quelle des Informationsmolochs, muss allerdings besonders standhaft bleiben, um den Göttern Google, Wikipedia und Co. nicht ungehemmt zu huldigen.

Ein Artikel, für den man nicht zumindest einmal telefoniert, in einem guten, alten Buch nachgelesen oder mit einem Betroffenen beziehungsweise Experten persönlich gesprochen hat, ist eine Gratwanderung. Es spricht nichts dagegen, sich Informationen oder Hintergründe aus dem Netz zu saugen – solange man danach per Telefon oder im persönlichen Gespräch recherchiert. Auch dabei ist man nicht davor gefeit, Falschinformationen aufzusitzen – aber die Gefahr ist beträchtlich geringer. Wer Infos aus dem Netz ungefiltert wiederverwertet, muss sich bewusst sein: Irgendwo, vor irgendeinem PC in irgendeinem Ort der Welt, sitzt jemand, der diese Worte in die Tastatur tippt. Die Chance, dass dieser Jemand hehre journalistische Ziele, ehrliche Absichten, Recherchetalent und ausreichendes Wissen über das beschriebene Thema in sich vereint, ist gering.

TOR, TOOR, TOOOR !!!

(Philip BAUER, Ressortleiter Sport)

Ein Spieler fällt im Strafraum – Schwalbe oder Elfer? Jetzt heißt es schnell entscheiden, nicht nur für den Schiedsrichter. Der User will es wissen, jetzt, sofort, am besten noch bevor der Pfiff des Referees ertönt. Über ein Fußballspiel in Echtzeit zu berichten, erfordert vom Redakteur über neunzig Minuten ein Höchstmaß an Konzentration, er muss die Zeitspanne zwischen Ereignis und Bericht verschwinden lassen. Jedes Foul, jeder Freistoß, jeder Schuss, jedes Tor soll dokumentiert werden – ein veritabler Belastungstest für die Tastatur, doch nur so kann für den User ein realistisches Gefühl des Dabeiseins entstehen.

Damit ist die Arbeit des Redakteurs aber noch nicht erledigt. Er soll nämlich nicht nur als klassischer Berichterstatter, sondern auch als Ansprechpartner der Community fungieren. Bis ins Vierstellige kann die Anzahl der Postings bei einem Livebericht anschwellen, darunter gesellen sich neben den üblichen Kommentaren auch ein ganzer Stapel Fragen: Wer spielt im defensiven Mittelfeld? Wieviele Zuseher fasst das Stadion? Wann wird das Rückspiel ausgetragen? Werden diese Fragen nicht innerhalb der Community beantwortet, ist der Redakteur in der ersten freien Sekunde zur Stelle. Und läuft er dann gar zur Bestform auf, stellt er gleich die aktuellsten Fotos aus dem Stadion online. Nach Spielende dient das Geschriebene auch noch als ausführliche Nachlese zur Chronologie des Geschehens.

Natürlich sind Sportereignisse wie geschaffen für den Livebericht. Ob nun Kitzbühel, Wimbledon oder Imola, quasi jeder Event kann in diesem Format präsentiert werden. Aber nicht nur das Sportressort greift auf den Livebericht zurück, auch in anderen Bereichen findet er erfolgreich Anwendung. So wird er zum Beispiel in der Politik bei Wahlen, Parteitagen oder TV-Debatten eingesetzt. Dort entfaltet eine zusätzliche Dimension des Formats seine volle Wirkung: Der Livebericht dient hier zwar auch als Informationsquelle, noch mehr entwickelt er sich aber zur öffentlichen Diskussionsplattform, einer Art Speakers' Corner im Internet, einem Marktplatz der Meinungen. Auch in dieser Funktion ist er längst unverzichtbar, wer „Nachrichten in Echtzeit" sagt, sagt Livebericht.

DEM KANZLER EINE FRAGE STELLEN

(Petra EDER, Chefin vom Dienst, Ressortleiterin Panorama)

„Er verspätet sich um 15 Minuten!" – leichte Anspannung in der Redaktion, wir warten auf den Bundeskanzler. Im Netz können wir ihn noch immer live beim Klimagipfel beobachten, obwohl er doch schon seit fünf Minuten in unserem Chat zu Gast sein sollte.

Wir bedauern, unser Chatgast hat leider, leider ein wenig Verspätung, es wird weiter gewartet. Die Moderatorin, die Redaktionsassistentin, der Chatscreener, der Zeitungs-Fotograf, die Chefs vom Dienst, alle warten auf den großen Moment, wo es endlich heißt: „Sie sind da!" – und los geht's. Schnell, schnell, Text auf der Einstiegsseite aktualisieren, das Chat-TV aktivieren, ein aktuelles Foto machen und reinspielen. Währenddessen warten schon Hunderte User darauf, dass ihre Frage gestellt wird. Wo hat man sonst schon Gelegenheit, dem Bundeskanzler direkt eine Frage zu stellen?

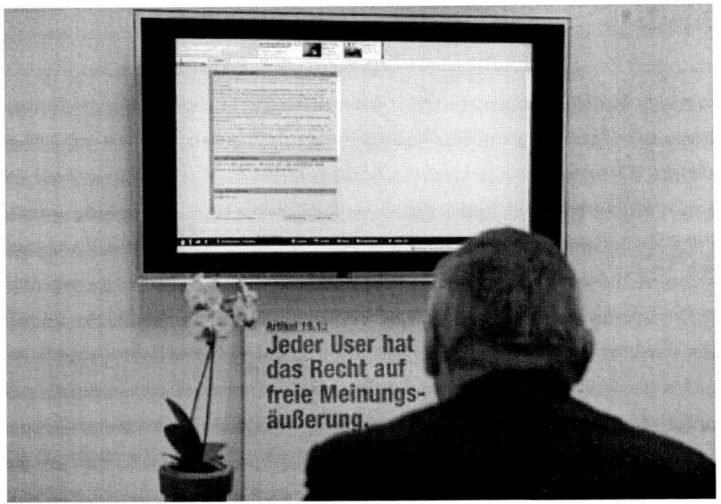

Garantie dafür gibt es allerdings keine, es ist unmöglich, in nicht einmal einer Stunde Hunderte von Fragen zu stellen und beantworten zu lassen. Um die kostbare Chatzeit nicht zu vergeuden, filtert der Screener die eingehenden Fragen und schickt sie an die Moderation weiter, die dann entscheidet, ob und wann eine Frage gestellt wird. Das führt natürlich bei den Usern immer wieder zu enttäuschten Reaktionen, denn nach einer guten Dreiviertelstunde heißt es schon wieder „Vielen Dank, auf Wiedersehen", das Protokoll wird online gestellt und der Zeitung geschickt.

Weit über 100 Personen waren seit 1999 im *derStandard.at/Chat* zu Gast, Politiker im Wahlkampf, die freundlich die Hände aller – sehr verblüfften – Redaktionskollegen schütteln, Schauspieler, die gerade einen Film promoten, Manager großer Unternehmen, Journalisten von Konkurrenzmedien, und viele davon haben uns überrascht: Der nette Minister aus dem Fernsehen entpuppt sich als grantiger „Ungustl", die politisch fernstehende Politikerin erweist sich als umgängliche Person, mit der man sogar Witze machen kann. Einige versuchen, Einfluss auf die Fragestellungen zu nehmen, manche rauschen erbost aus unserer Redaktion und kehren trotz vielfacher Aufforderung niemals wieder. Und manche lösen sogar ihre Chatversprechen ein: Sozialminister Buchinger ließ sich im März 2007 Haare und Bart öffentlichkeitswirksam schneiden, nachdem wir ihm aufgrund der vielen Fragen zu seiner Haarlänge als Abschluss die Frage stellten: Wofür würden Sie sich Bart und Haare stutzen lassen?

GO INTERNATIONAL!

(Andreas PROSCHOFSKY, Redakteur Webstandard)

Einer der großen Vorteile des Online-Journalismus ist, dass er wesentlich weniger isoliert als gedruckte Medien stattfindet. Zwar gibt es auch im Print-Bereich immer wieder mal Querverweise und Kooperationen, durch die Natur des Webs ist ein Netz-Medium hier aber klar im Vorteil: Sind Artikel interessant genug, werden sie bald in Weblogs zitiert, in Foren zerpflückt oder auch partiell weiterverwertet – dem Link sei Dank!

Was schon mal gerne unter dem Titel „Copy & Paste-Syndrom" zur Gefahr hochstilisiert wird, kann aber auch durchaus als Chance begriffen werden. Immerhin bietet dieses Prinzip ebenso die Möglichkeit eigene Artikel einer wesentlich breiteren Leserschicht näherzubringen, als sie mit einem herkömmlichen Print-Produkt erreichbar wäre. Für viele Themenbereiche spielt die Herkunft der Autoren herzlich wenig Rolle, ob ein Vergleichstest zu aktuellen MP3-Playern in New York oder in Neulengbach verfasst wurde, ist im „globalen Dorf" nebensächlich.

Bleibt die größte Hürde für die internationale Verbreitung: Die Sprache. Wer international wahrgenommen werden will, muss Englisch publizieren, daran führt kein Weg vorbei. Selbst wenn das eigene Medium nicht gleich eine fremdsprachige Sub-Seite etablieren will, so gibt es doch einige Bereiche, wo sich eine mehrsprachige Publikation geradezu aufdrängt: Eine Vielzahl von Interviews werden ohnehin auf Englisch geführt, was liegt also näher als parallel zu einer deutschsprachigen Übersetzung auch das Original zu veröffentlichen? Eine Zeichenbeschränkung wie in konventionellen Medien spielt hier ja ohnehin keine Rolle.

Mit der Publikation alleine ist es freilich noch nicht getan, allzuleicht geht die viele Arbeit im Informationswust des Netzes unter. Gerade der IT-Bereich bietet hier aber zum Glück eine ganze Reihe von Möglichkeiten: Seiten wie Digg und Slashdot sind nur die bekanntesten einer Vielzahl von Multiplikatoren, für beinahe jedes Thema gibt es Special-Interest-Seiten, die eine stetig auf neue Informationen wartende Community um sich versammelt haben.

Ein Potenzial, das man sich nicht so ohne weiteres entgehen lassen sollte: Ein Artikel auf der Startseite von Slashdot zieht nicht nur ein Vielfaches der Leser an, die man mit einem deutschsprachigen Artikel erreichen könnte, er erzeugt auch eine internationale Aufmerksamkeit für das eigene Medium, wie sie sonst nur schwerlich zu erzielen wäre.

Natürlich lässt sich das – noch – nicht auf alle journalistischen Bereiche umlegen, die IT-Welt ist hier aus naheliegenden Gründen im Vorteil. Doch auch in anderen Feldern werden Community-Seiten künftig eine wichtigere Rolle einnehmen. Die Benutzer werden flexibler und bestimmen zunehmend selbst, wie die Titelseite ihrer virtuellen Zeitung aussehen soll. Wer in Zukunft relevant sein will, sollte lieber versuchen diese Veränderungen aktiv mitzugestalten und zu nutzen, anstatt den Untergang des klassischen Journalismus zu beklagen. Denn auch bei all den neuen Verbreitungsformen zählt vor allem eines: Guter Content.

Gerlinde HINTERLEITNER

SCHREIBEN MIT KOFFEIN-KICK

(Anne Katrin FESSLER, Ressortleiterin Kultur, Kunstkritikerin *Der Standard*)

Wieviel Kaffee hab ich jetzt eigentlich schon aus dem Automaten gedrückt? Ich zähle die Plastikbecher am Tisch: Drei. Okay, einer ist noch vertretbar. Ich lasse den lästigen Satz, der einfach nicht über die Tasten springen will, in seinen fragmentarischen Häppchen in meinem Kopf ruhen und schlendere gemächlich zur Maschine. Während diese den Becher mit einem kecken Plopp ausspuckt, schenke ich ihr meine ungeteilte Aufmerksamkeit. Sie surrt ansteigend, als würde sie die Flüssigkeit aus den Untiefen eines geheimen Speichers aufsaugen, bis sie in einem Summ-Brumm-Geräusch das dunkle Gebräu in den geriffelten Plastikbecher entlädt: heiß, süß, – leider nicht stark genug. So geht das alle 30 Minuten, seit ich gegen Mittag von der Pressekonferenz zurück bin. „Gute-Gedanken-Sammeln" nenne ich das, was sich alternierend durch Toilette-Gänge – in schwereren Fällen auch durch eine Zigarette – unterbrechen lässt. Um 14 Uhr breitet sich angesichts des näherrückenden Redaktionsschlusses Unbehagen aus. Der Arbeitsplatz wird in Folge nicht mehr zur Koffeinaufnahme verlassen und die Zeilen füllen sich – mitunter aber langsam. In diesen Fällen weicht das Unbehagen gegen 15 Uhr sanfter Panik. Ich sehe die morgige Zeitung mit einem Loch, das sich genau dort auf der Seite befindet, wo eigentlich meine Kritik gedruckt sein sollte. Ein Schreckensbild, das sofort zur Phase der „Re-Schüttung" führt: Erst schütte ich Kaffee, dann schüttet das Gehirn Adrenalin … Und dann wird alles gut. Die Gedanken reihen sich brav und produzieren im schlimmsten Fall sogar einige Zeilen Überhang. Kürzen, gegenlesen, ab in die Korrektur. Fertig. – Die Redaktion leert sich. Das Tagwerk ist getan. „Schönen Tag noch", wünschen die Kollegen von der Print-Redaktion. „Schönen Tag", wünsche ich – und wiederhole es auch zehn Minuten später wieder in der Online-Redaktion. Dort geht es lässig bis in die Abendstunden weiter. Der Text von eben ist schon fast vergessen. Er ist in Druck. Aus. Basta.

Die kurze Zeitspanne, die zwischen Auftrag und Fertigstellung liegt, empfinde ich als den markantesten Unterschied zwischen dem Schreiben für Print und Online. Angesichts eines „Echtzeit-Mediums", das – was Nachrichten betrifft – rasant schnell aktualisiert wird und keine Redaktionsschlüsse kennt, klingt das fast absurd. Im schreiberischen Alltag für Kultur und Feuilleton bei *derStandard.at* ist es jedoch anders. Zwar entfallen auf die Stunde genaue Produktionsschlusszeiten und man kommt so ohne Wettlauf mit der Zeit aus, weniger nervenaufreibend oder gar weniger anstrengend ist das allerdings nicht unbedingt. Denn die Artikel und Kritiken haben im Vergleich zum ausschließlich gedruckten Tagesmedium eine längere Verweildauer, sind länger abrufbar und nicht bereits morgen der sogenannte „Schnee von gestern". Auch das erzeugt einen gewissen Druck. Es gibt immer etwas, was es noch zu recherchieren gäbe. Unmengen an Material sammeln sich an. Hintergründe, Hyperlinksammlungen entstehen rund um den eigentlichen Text und selbst wenn der Artikel dann online veröffentlicht ist, gibt es noch ein gewisses „Zurück": Hier ein i-Tüpfelchen, das es zu ergänzen gilt, ein Wort, das noch schöner ist als das vorherige, ein Statement, das man doch noch hinzufügen möchte …

In einer Hinsicht ist aber die Produktion für Online erheblich gesünder: Ich brauche viel weniger Kaffee!

ICH HASSE ALLE POSTER! MANCHMAL.

(Rainer SCHÜLLER, Chef vom Dienst)

Anruf.

User XXX: „ … UND ICH VERLANGE, DASS DAS JETZT ONLINE GEHT!"

Ich: „Bitte, wer spricht?"

User XXX: „User XXX! Ich poste unter dem Namen XXY auf http://derStandard.at, dieser User YYY hat mich jetzt schon wieder aufs Tiefste beschimpft und meine Reaktion wurde von Ihrer Zensurbehörde nicht veröffentlicht. Das lasse ich mir nicht länger bieten. Ich bin *Standard*-Abonnent und ich kündige das Abo, wenn nicht sof ... .‟

Ich: „Moment. Unter welchem Artikel haben Sie gepostet?‟

User XXX: „Artikel ABAB, aber darum geht's gar nicht, es geht darum, dass YYY immer online ist und ich nicht durchkomme. Ich recherchiere nämlich sehr lange für meine Forums-Beiträge, die haben Hand und Fuß.‟

Ich: „Gut. Ich habe jetzt Ihren Beitrag gefunden. Sie beschimpfen darin User YYY als ‚letztklassige Drecksau'. Finden Sie, dass das ok ist?‟

User XXX: „Aber er hat mich doch herausgefordert. Irgendwann gehen auch bei mir die Nerven durch.‟

[Chefin im Hintergrund: „Wir müssen unbedingt Artikel ABAB updaten. Wir machen uns noch lächerlich vor den Usern. So geht das nicht!‟]

Ich: „Lieber Herr XXX, bitte verwenden Sie das Forum doch nicht für persönliche Streitereien mit YYY, sondern für eine sachliche Diskussion zum Artikel. Ich lösche jetzt auch die Beschimpfung von User YYY raus und muss jetzt leider weiterarbeit ... ‟

User XXX: „Eine sachliche Diskussion! Ha! Lächerlich! Wie bitte soll ich sachlich bleiben, wenn der immer so unsachlich ist! Sie sollten sich da wirklich überlegen, nicht einfach alle und jeden posten zu lassen.‟

Ich: „Ja, da haben Sie vermutlich nicht unrecht, ich muss aber jetzt wirklich ... ‟

[Chefin im Hintergrund: „Konkurrenzmedium OOO hat die Geschichte schon seit drei Minuten, wir müssen updaten!‟]

User XXX: „Könnten Sie User YYY nicht einfach aus dem Forum löschen?‟

Ich: „Na, das ginge doch eine Spur zu weit. Ich muss jetzt wirklich weiterarbeiten. Vielen Dank für Ihren Anruf und auf Wiederhören."

User XXX: „Eigentlich bin ich ja ein Fan Ihrer Seite, aber dieser YYY macht einem das Leben zur Hölle."

Ich: „Ja danke. Auf Wiederhören."

User XXX: „Auf Wiederh … "

Ende des Anrufs. Update von ABAB.

Manchmal hasse ich alle Poster. Man kann es ihnen nicht Recht machen. Rund 8.000 und in Spitzenzeiten sogar mehr geistige Ergüsse werden pro Tag auf *derStandard.at* abgelassen. Die „guten" davon, die keine Reizwörter wie zum Beispiel „Nazi", „Judenschweine", „Hitler" oder „Gruselbauer" enthalten, werden vom „Foromaten" – einem Programm – gescreent und ohne Gefühlsregung in den öffentlichen Meinungsbildungsprozess gelassen. Was der Foromat ausscheidet, bekommt die Redaktion vorgesetzt. Der einzelne Redakteur, der sowieso im Dauerstress ist, um dem Anspruch der „Nachrichten in Echtzeit" gerecht zu werden, muss bestenfalls in einer Zehntelsekunde entscheiden, ob ein Posting, das der Foromat als „kritisch" eingestuft hat, veröffentlicht wird oder nicht. Freischalten oder löschen? Freischalten oder löschen? Freischalten oder löschen? Das Hirn läuft im Repeat-Modus. Beispiel gefällig? Jüngst ist das folgende Posting eingetroffen. Würden Sie es freischalten?

Ja? Nein? Na ja, es kommt auf den Zusammenhang an? Was jetzt: JA oder NEIN? Und schon ist wieder fast eine Minute vergangen. Im Online-Business eine Ewigkeit. Die User kennen keine Geduld, die User kennen keine Gnade. Dafür hasse ich sie.

Unterbrochen wird diese Abneigung dann aber wieder durch solche Postings unter einer Geschichte, die man selbst verfasst hat:

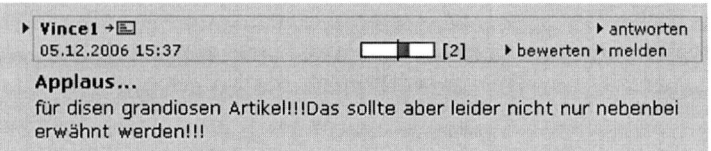

Ein kleines aber feines Posting, das angestaute Hassgefühle in Nullkommanichts wegfegt. Dann liebe ich wieder alle User und stürze mich beschwingt in Nahost- bzw. Irakforen, auch wenn darin kriegsähnliche Zustände herrschen. Ein Glücksgefühl, das – beflügelt durch sehr viele sehr gute Postings von der besten Online-Community im Netz – meistens auch relativ lange anhält. Bis zum nächsten Anruf.

XX

WIE WERDE ICH
INNENPOLITIK-JOURNALIST?

Gernot BAUER
(Redakteur Innenpolitik *profil*)

ZU BEGINN

Wer innenpolitischer Journalist werden will, sollte an dieser Stelle zu lesen aufhören, wenn er nicht zumindest fünf Minister, vier Landeshauptleute oder drei Parteichefs kennt. Oder wenn er es empörend findet, dass der Bundespräsident bei seiner Machtfülle auch noch Staatsoberhaupt ist. Oder wenn er die Welt verbessern will. Oder nur Österreich.

Wer alle Minister, Landeshauptleute oder Parteichefs persönlich näher kennenlernen möchte, gern selbst das Staatsoberhaupt wäre oder die Welt und Österreich verändern würde, sollte Politiker werden.

Innenpolitik-Journalist sollte werden, wer die Politikseiten in der Tageszeitung vor dem Karriereteil liest. Wer zur Wahl gegangen ist, sobald er wahlberechtigt war. Wer über Zustände berichten und dabei Abstände einhalten will.

Gernot BAUER

WAS BRAUCHT EIN
INNENPOLITIK-JOURNALIST?

Innenpolitik-Journalisten geht es in einer Redaktion wie den Teamchefs der Fußball-Nationalmannschaft. Jeder Kollege ist Experte und Auskenner, meinungsstark und zur Mitsprache bereit. Im Gegensatz zu anderen Ressorts wie Außenpolitik oder Kultur werden bei innenpolitischen Journalisten seltsamerweise weder grundlegende Fachkenntnisse noch spezifische Qualitäten vorausgesetzt. Wo jeder Bescheid weiß, mischt sich auch jeder ein. Innenpolitik-Berichterstattung ist die Wurst zum Senf.

Politik ist Leidenschaft, man frage die Politiker. Um Politiker verstehen zu können, ist es notwendig, ihre Leidenschaft zu teilen. Dies ist die emotionale Seite am Beruf des Innenpolitik-Journalisten. Die sachlich-analytische Vorgabe lautet: Sei ein politischer Mensch. Politisch sein bedeutet: Zusammenhänge zu erkennen oder herleiten zu können. Unpolitisch sein heißt: Zusammenhänge zu übersehen oder zu konstruieren, wo keine sind.

Hilfreich bei der Jobsuche, -findung und -ausübung sind zumindest rudimentäre Kenntnisse vom Funktionieren des Staates, der Geschichte Österreichs, der Parteienlandschaft und der in der heimischen Innenpolitik handelnden Personen. Wer Politik, Jus, Wirtschaft oder Geschichte studiert hat, mag einen Vorteil haben, wer sein Studium mit einer journalistischen Ausbildung kombiniert, einen doppelten. Politischen Instinkt erwirbt oder hat man auch ohne Diplom. Feinspitze lesen Politiker-Biographien, Kompendien zur politischen Theoriengeschichte oder auch nur ausländische Zeitungen und werden erkennen: Die Naturgesetze und Mechanismen politischer Auseinandersetzung sind stets dieselben, ob im antiken Rom oder im aktuellen Österreich. Findet man Parteipolitik, Intrigen, Machtspiele und faule Kompromisse widerwärtig, kann man Leserbriefe schreiben – entwickelt man Faszination dafür, Artikel. Im angloamerikanischen Raum nennt man diese Überbau-Phänomene der Politik „politics", im heimischen Journalisten-Sprech „Politik-Politik". In notwendiger Ergänzung dazu steht der Begriff „policy", „Sachpolitik". Ein innenpolitischer Redakteur kann kein Universalgelehrter sein, auch wenn diese Selbsterkenntnis schwer und allzu oft ausfällt. Zumindest in einem Politik-Bereich – ob Bildung, Soziales, Budget, Außenhandel, innere Sicherheit, Landesverteidigung, Umwelt, Wirtschaft, Verwaltung, etc... – sollte man nach einigen Jahren Berufserfahrung absolut firm und mit Experten aus Wissenschaft, Praxis und Politik auf Augenhöhe sein. Das im Journalismus notwendige Generalistentum wird durch Spezialwissen veredelt. Innerhalb des Innenpolitik-Ressorts macht das einen zwar nicht unverzichtbar, aber es stärkt die Position und verleiht Seriosität.

Zu den irrigen Sprüchen der Baby-Boomer-Hippie-68-er-Generation gehört die Lebensweisheit, wonach kein Herz habe, wer als jüngerer Mensch nicht links sei, und kein Hirn, wer es als älterer immer noch wäre. Käse: Man kann schon mit 20 Jahren Freihandel für okay und den NATO-Beitritt Österreichs für notwendig halten und als 60-Jähriger Umverteilung für das Gebot des Jahrhunderts und den EU-Beitritt für ein Verhängnis. Jeder politisch denkende Mensch hat eine Prägung, die sich über die Jahre ändern mag oder nicht. Das gilt auch für den Innenpolitik-Journalisten. Wer über Politik berichten will, hat zwangsläufig auch eine eigene Meinung dazu. Es soll nicht nur bei Journalisten-Frischlingen vorkommen, an der qualitativen Herausforderung, die eigene Meinung in der Berichterstattung auszublenden, zu scheitern. Auch hörte man schon von Berufsanwärtern, die sich weigerten, professionell Kontakt mit ihnen privat unsympathischen Politikern aufzunehmen. Derartige Allergiker mögen durchaus liebenswert sein, sind aber im falschen Job.

Weltverbesserung ist Berufsverfehlung, Journalismus ist vor allem Handwerk. Neben den getrennten Gewalten Exekutive (Regierungen), Legislative (Parlamente) und Jurisdiktion (Gerichte) stehen die Medien mit dem Selbstanspruch, vierte, kontrollierende Gewalt zu sein.

Wenn Zeitungen die vierte Macht darstellen, sind innenpolitische Journalisten dann die Streitkräfte der Demokratie? Oder doch nur die Schreibkräfte der alltäglichen Berichterstattung?

Wer gehetzt die politische Kaste kontrollieren will, sollte selbst Politiker, Staatsanwalt oder Rechnungshofpräsident werden. Oder er gründet seine eigene Zeitung, in der er tun und lassen kann, was er will. Für große Gesellschaftsentwürfe sind andere Berufsgruppen zuständig, im Detail können innenpolitische Journalisten allerdings durchaus die Lage im Land verbessern. Das ist nicht wenig und sorgt durchaus für Auf- und Ansehen. Zwei Beispiele aus der jüngeren Vergangenheit: In den Affären um die Gewerkschaftsbank Bawag und die Beschaffung von Eurofightern für das Bundesheer erfüllten die Medien ihre postulierte Kontrollfunktion vorbildlich. Doch die Hauptaufgabe des innenpolitischen Journalisten bleiben Information und Analyse. Damit allein kann man Politikern vom Kanzler bis zum Finanzminister das Leben schwer machen. Ein wohl gemeinter Hinweis: In erster Linie arbeitet der innenpolitische Journalist für seine Leser und nicht gegen die Politiker. Ein zweiter: Selbstbewusstsein, Robustheit, Kommunikationsfreude und ein gewisses Maß an Frechheit erleichtern das Leben des Innenpolitik-Redakteurs und erhöhen die Erfolgswahrscheinlichkeit. Ein letzter: Pünktlichkeit, Genauigkeit und gelegentlicher Schuhputz schaden nie.

WAS TUT EIN INNENPOLITIK-JOURNALIST?

Der Ende März 2007 verstorbene Kommunikationswissenschafter, Psychoanalytiker und Bestseller-Autor Paul Watzlawick prägte die berühmte These, man könne „nicht nicht kommunizieren". Watzlawick kannte die österreichischen Politiker nicht. Aus Angst, etwas Falsches zu sagen oder ihre Botschaft nicht rüber zu bringen, sagen sie nichts Aussagekräftiges mehr. Daran sind die Journalisten mit Zuspitzungen, falschen Zitierungen und Verdrehungen der Politiker-Worte nicht ganz unschuldig. Interviews

können zur dreifachen Qual werden: für den Politiker, den Berichterstatter und den Leser. Die Ausgangssituation in der Inter-
aktion Politiker-Journalist ist geprägt von Misstrauen. Politiker-
Gedanke: Der widerliche Schreiberling kennt sich erstens nicht
aus und will mich zweitens eh nur legen. Journalisten-Gedanke:
Der präpotente Typ kennt sich erstens nicht aus und lügt mich
zweitens eh nur an. Dies ist an sich keine schlechte Arbeitsgrund-
lage. Schließlich müssen Politiker und Journalisten sich dann
wechselseitig umeinander bemühen.

Vertrauen ist gut, Misstrauen ist besser, Missverständnisse
hingegen sind schlechter. Und die gemeinsame Geschichte von
Journalisten und Politikern ist voller Missverständnisse. Deren
Aufarbeitung beginnt mit einem gravitätischen Begriff: Pressefreiheit. Politiker verstehen darunter, dass Journalisten aufgrund
ihrer Arbeit nicht ins Gefängnis gesteckt werden können. Hierzulande sitzt kein Berichterstatter ein, also ist nach Ansicht der
Politiker die Pressefreiheit uneingeschränkt gewährleistet.

Journalisten haben weniger die Menschenrechtsdeklaration
oder die Bundesverfassung im Auge, sondern die tägliche Arbeit. Pressefreiheit ist dann die Freiheit, selbst zu entscheiden,
welche Politiker-Botschaft wichtig ist oder nicht oder welcher
Politiker wichtig ist oder nicht – eigentlich eine Selbstverständlichkeit, deren Akzeptanz Politikern oft ungeheure Überwindun-
gen abverlangt. Missverständnis Numero 2: Die journalistische
Unabhängigkeit. Politik ist die Durchsetzung von eigenen oder
fremden Interessen. Das schließt Unabhängigkeit aus. Und weil
sie sich ständig in einem System von Abhängigkeiten und In-
teressenskollisionen bewegen, können sich Politiker nur schwer
vorstellen, dass es Journalisten gibt, die nicht rot, schwarz, grün,
blau oder orange denken, sondern unabhängig. Dazu kommen
Verschwörungstheorien. Hinter der Berichterstattung der Medien
wittern Spitzenpolitiker stets sinistre Interessen oder Manipula-
tionen Dritter.

Umgekehrt nehmen es manche Journalisten mit der Äquidistanz nicht so genau. Oder wissen nicht, was Äquidistanz ist. In

der parteipolitischen Bedeutung: möglichst gleich viel Abstand zu allen Parteien haben beziehungsweise seine private Vorliebe nicht in die Berichterstattung einfließen zu lassen. In der systemischen Bedeutung: zu Politikern idealerweise gleich viel Abstand wie diese zu Journalisten halten. Das schließt physische Nähe nicht aus. Im Gegenteil: Gerade in Österreich kommen Politiker und Journalisten einander sehr nahe. Das Land ist klein, man kennt sich von der Uni, Politiker werden nicht wie anderswo von Sekretären und Sicherheitspersonal abgeschirmt. Schätzungsweise bloß 100 bis 150 Leute bewegen sich im innenpolitischen System aus Spitzenpolitikern, politischem Personal und Journalisten. Österreich und Wien sind überschaubar. Man grüßt den Bundeskanzler, dessen Sekretäre und die Leibwächter. Man kennt den Landeshauptmann, seinen Redenschreiber und seinen Fahrer.

An dieser Stelle wartet der Leser schon gespannt-irritiert auf das Schlüsselwort, das sich über die letzten Zeilen schon merklich ankündigte und in keinem Artikel über das Verhältnis zwischen Politik und innenpolitischem Journalismus fehlen darf. Wir wollen es hier unter Anführungszeichen setzen: „Verhaberung". An wen sich der Vorwurf richtet, ist nicht immer klar. An den Politiker, der sich geschmeidig an den Journalisten schmeißt, um positive Berichterstattung zu erlangen? An den Journalisten, der die Nähe zur Macht sucht, um sich selbst aufzuwerten? Oder an beide gleichzeitig, die Freundschaft oder eine Zweckgemeinschaft schließen, Herrschaftswissen teilen und die Öffentlichkeit darüber im Unklaren lassen? Man kann die Öffentlichkeit beruhigen: Wo es „Verhaberungen" gibt, sind diese leicht zu durchschauen. Überdies reguliert sich das System von selbst: Nicht jeder Politiker kann mit jedem Journalisten „verhabert" sein. Mag der eine Kollege auch schonend berichten, schreibt der andere umso schärfer. Das Problem reduziert sich damit auf eine Geschmacksfrage der persönlichen Äquidistanz, der Grenze, die der innenpolitische Journalist für sich zwischen dem Politiker und sich zieht. Da gibt es freilich Unterschiede.

Journalisten sind der Filter, durch den die Politiker-Botschaft zum Leser und Wähler durch muss. An der Durchlässigkeit des Filters wird immer stärker gearbeitet. Die Zahl der Pressesekretäre, PR-Berater und Lobbyisten hat sich in den vergangenen Jahren im Gegensatz zu jener der Journalisten deutlich vergrößert. Hier entsteht ein Ungleichgewicht, das die Journalisten, zumal die Berufsanwärter, durchaus ernst nehmen sollten. Die Gagen auf der Seite der politischen Informationsmanager sind höher als auf jener der Berichterstatter, die Anziehungskraft auf gute Leute entsprechend hoch. Ausgeglichen wird das Missverhältnis durch Sozialprestige und ein gewisses Maß an gesellschaftlicher Bedeutung. Umfragen, wonach Politiker und Journalisten auf der Beliebtheitsskala knapp vor Menschenhändlern liegen, sind verzerrt. Nach über zehnjähriger Berufspraxis sei folgende persönlich empirisch abgesicherte These erlaubt: Die Österreicher respektieren ihre Politiker. Das Schimpfen am Stammtisch und am Telefonhörer beim Meinungsumfragesteller richtet sich gegen eine unidentifizierbare, in dieser Form nicht existente Kaste.

Ein wenig von diesem Respekt fällt auch auf die Journalisten ab. Wer über wichtige Personen berichtet, ist irgendwie selbst ein bisschen wichtig. Gefährlich wird es, wenn Journalisten wie Politiker Opfer ihrer eigenen Eitelkeit werden. Wichtig ist die Funktion, nicht deren Inhaber. Der Politiker sieht nur den Journalisten im Menschen. Ein Gedankenexperiment: Politiker A trifft Journalisten B auf der Straße. Man grüßt einander freundlich und geht vielleicht auf einen Kaffee. Ein Jahr später ist Politiker A nicht mehr im Amt, als er Journalisten B auf der Straße trifft. Ist B ein höflicher Mensch, wird er noch grüßen. Der gemeinsame Kaffeehausbesuch fällt aus. Variante: Politiker A trifft den Ex-Journalisten B auf der Straße: höflicher Gruß, kein Kaffee. Ein weiteres Jahr vergeht und Politiker außer Dienst A trifft Ex-Journalisten B: Jö, ist das eine Wiedersehensfreude, man geht gemeinsam auf ein Bier.

Gernot BAUER

ZUM SCHLUSS

Als „Randfiguren der holzverarbeitenden Industrie" bezeichnete der frühere deutsche Bundeskanzler Willy Brandt seine journalistischen Wegbegleiter. Das ist zunächst einmal lustig und zum zweiten ein wenig verräterisch: So viel Spott eines Regierungschefs macht aus Randfiguren zumindest Nebendarsteller und zeigt, dass Politiker Journalisten durchaus als mühsame Hindernisse betrachten, die man überwinden oder zumindest umgehen muss. Jedenfalls stehen Journalisten den Politikern im Weg.

Gegenüber seinen Konsumenten darf der innenpolitische Journalist ruhig anspruchsvoll sein, solange er seine Aufgabe als Dienstleister nicht komplett übersieht. Hier hat er dasselbe Problem wie der Politiker: Beide arbeiten mitunter an ihrer Zielgruppe – hie Leser, da Wähler – vorbei. Im extremsten Fall werden Politiker und Journalisten nur noch für einander tätig, ohne dass die Bürger da draußen sie wahrnehmen.

Kollegen aus den außenpolitischen Ressorts sehen sich selbst gern als die feine Aristokratie unter den Journalisten und unsereins als Bürgertum. (Als Arbeiter gelten die Chronik-Berichterstatter.) Mit dieser Kategorisierung können wir gut leben.

Zum Schluss noch drei schnelle Ratschläge für den Berufsanwärter:
Langweile dein Publikum ebenso wenig wie dich selbst.
Trainiere dein Gedächtnis.
Sei immer skeptisch gegenüber fremden Ratschlägen, sonst verfehlst du deinen Beruf.

XXI

WIE WERDE ICH
WIRTSCHAFTS-JOURNALIST?

Michael NIKBAKHSH

(Ressortleiter Wirtschaft *profil*)

Viel hat nicht gefehlt – und ich wäre heute noch Pizzazusteller.

Es war so im Sommer 1990, da ich mir erstmals des wahren Werts einer AHS-Matura bewusst wurde. Ich hatte ein Jahr zuvor mit alles andere als überragendem Erfolg maturiert und keinen Plan, wie es weitergehen sollte. Auf ein leidenschaftslos angegangenes Medizin-Semester folgte ein noch leidenschaftsloseres Dolmetsch-Semester, ehe ich schließlich und ebenso vorübergehend auf der Wirtschaftsuniversität Wien landete. Ob dieser meiner offenkundig untermittelmäßig ausgeprägten Hochschul-Ambitionen begannen sich auch die Dissonanzen mit meinen Erziehungsbevollmächtigten zu häufen. Von wegen kein Studienerfolg, kein Geld und so. Ich stand unmittelbar vor meinem 20. Geburtstag und beschloss, meine Abhängigkeiten neu zu definieren.

Ich entwand mich der elterlichen Obsorge und fiel einem aufstrebenden Wiener Pizzaservice in die Hände. Mein erster genuiner Job. Eigenes Zustell-Auto (ein arg geschändeter, knallroter Ford Escort Kombi), ein schickes CB-Funkgerät, Pizze bis zum Abwinken und allabendlich 300 Schilling Salär zuzüglich Trinkgeld. Es mag nicht wirklich überraschen, dass sich mit der Zunahme an Einkommen auch meine Prioritäten verschoben. An Vormittagen schlief ich, an Nachmittagen verballerte ich den Lohn des Vorabends, abends bestieg ich den Ford Escort.

Für ernsthaftes Studieren blieb da keine Zeit.

Ich werde oft gefragt, warum ich ausgerechnet Wirtschaftsjournalist geworden bin. Ich pflege zu antworten: Weil ich es kann.

Zugegeben: Wäre ich Pizzazusteller geblieben, wäre die Antwort wohl ähnlich ausgefallen. Aber dann hätte ich diesen Beitrag eher nie geschrieben. Mal abgesehen davon erwies ich durchaus Weitblick, als ich im Spätherbst 1990 von Pizzakartons auf Zeitungspapier umstieg. Ein Jahr später schlitterte der Pizzaservice in eine unschöne Pleite. Die Eigentümer hatten sich, wie ich viel später erfuhr, an der Kasse vergriffen und obendrein Steuern hinterzogen.

Freilich vermochte ich mit Begriffen wie Konkurs, Untreue oder Abgabenverkürzung damals, Anfang 20, noch herzlich wenig anzufangen.

Wenn man mich fragt, warum ich heute weiß, was ich weiß, dann sage ich: Weil ich es gelernt habe.

Anfang der neunziger Jahre war von fundierter Journalismusausbildung eher noch keine Rede. Damals lief es ungefähr so: Man kennt jemanden, der jemanden kennt, der jemanden kennt, der zufällig bei einer großen österreichischen Tageszeitung arbeitet und ein Volontariat anbietet. In meinem Falle war das Ronald Barazon, Wirtschaftsredakteur in der Wiener Redaktion der *Salzburger Nachrichten*. Später brachte er es zum Chefredakteur, worauf ich allerdings keinen Einfluss mehr hatte. Er war der erste einer Reihe herausragender Journalisten, mit denen ich im Laufe der Jahre die Ehre, mithin sogar das Vergnügen hatte, zu arbeiten: Ich nenne hier beispielhaft (und alphabetisch) Veronika Canaval, Margarete Freisinger, Renate Graber, Klaus Grubelnik, Kurt Horwitz, Christian S. Ortner und natürlich Christian Rainer, dem ich nebst vielem den Einstieg in den Magazinjournalismus verdanke, zunächst bei der *WirtschaftsWoche Österreich*, dann bei *trend* und schließlich bei *profil*.

Wie werde ich Wirtschafts-Journalist?

Seit 1. November 1999 stehe ich in den Diensten des einzig wahren österreichischen Nachrichtenmagazins; seit 1. Dezember 2004 steht auf meinem Türschild „Ressortleiter – Wirtschaft"; in meinem Mobiltelefon sind die Privatnummern von 577 mehr oder weniger einflussreichen Leuten gespeichert; die Wände meines Klos sind mit mehr oder weniger herzeigbaren Auszeichnungen tapeziert; täglich landen dutzende Einladungen zu mehr oder weniger spannenden Events auf meinem Schreibtisch; mein Bankberater geht auch noch nach Mitternacht ans Telefon; vor allem aber sind meine Eltern mittlerweile einigermaßen versöhnt.

Dazwischen lagen 17 alles andere als einfache Jahre.

Mit leisem Tremor denke ich an jene Anfangstage zurück, da ich zunächst gar keine Gage, später dann immerhin ein vorgeblich generöses „Taschengeld" in der Höhe von umgerechnet 700 Euro monatlich bekam (an schlechten Tagen krame ich meinen ersten Dienstvertrag hervor, dann geht es mir zumeist besser). Mein Stundenlohn als Pizzafahrer war jedenfalls um ein Hauseck besser gewesen. Und von einer genuinen Anstellung war ich damals etwa soweit entfernt, wie Österreich vom Gewinn einer Fußball-Europameisterschaft.

Wenn Sie mich jetzt fragen, was Sie brauchen, um aus einem derartigen Albtraum einen Traumberuf zu machen, dann fällt die Antwort klar aus:

– Neugier: Ob Innenpolitik, Kultur, Chronik, Society oder eben Wirtschaft. Ohne Neugier ist man in unserem Geschäft erledigt. Sie ist letztlich die einzig sinnvolle Erklärung dafür, warum wir alle tun, was wir tun: Uns andauernd für die mithin sehr privaten Angelegenheiten anderer Leute zu interessieren.

– Zielstrebigkeit: Am 16. Jänner 1991 erschien mein Erstling in den *Salzburger Nachrichten*. Ehrlich gestanden war da kaum ein Wort von mir. Der Vierspalter war von der ersten bis zur letzten Zeile gnadenlos umgeschrieben worden. Was unter anderem auch daran lag, dass ich damals Gewinn von Umsatz nicht unterscheiden konnte. Aber ich habe nicht locker gelassen. Mittlerweile bin ich da relativ sattelfest.

– Unterstützung: Was immer Sie bisher über Journalismus gesehen, gehört oder gelernt haben: In unserer Branche besteht
dauerhaft nur, wer sich rechtzeitig in den Windschatten eines
erfahrenen Kollegen stellt. Der Begriff „Mentor" trifft es wohl
eher, aber da schwingt mir zuviel Pathos mit. Die Altvorderen
wissen genau um jene Feinheiten und Kniffe, die in keinem
Lehrbuch stehen – und aus guten Journalisten sehr gute Journalisten machen. Und irgendwann kommt der Tag, an dem man
selber beginnt, Schatten zu werfen.

Ich will hier keine falschen Hoffnungen wecken. Um als Wirtschaftsjournalist wirklich zu reüssieren, braucht es noch ein Stück
mehr. Keiner meiner Kollegen, am wenigsten ich selbst, ist ausge-
bildeter Controller, Buchhalter, Wirtschaftsprüfer oder Volkswirt-
schafter. Aber irgendwie sind wir ein wenig von all dem. Daher
ist es unerlässlich vom ersten Berufstag an zu lesen, zu hören, zu
lernen. Das wohl Spannendste an unserem Job ist es, am Ende einer Woche über Dinge reden und schreiben zu können, von denen
man am Anfang der Woche gar nicht wusste, dass sie überhaupt
existieren.

Den ausgelernten Wirtschaftsjournalisten gibt es ohnehin
nicht. Dafür ist unser Betätigungsfeld zu komplex. Es liegt zwar
in der Natur der Sache, dass man im Laufe der Jahre gewisse Präferenzen entwickelt. Wenn ich heute über eine der großen Banken im Lande schreibe, muss ich nicht jedes Mal von vorne beginnen. Andererseits kann ich mir kaum den Luxus leisten, nur
darüber zu schreiben. Das Wirtschaftsressort von *profil* zählt derzeit vier Leute. Gemeinsam versuchen wir, das gesamte Spek-
trum der Wirtschaftsberichterstattung abzudecken. Das sind einerseits Branchen wie Industrie, Energie, Verkehr, Immobilien,
Banken, Versicherungen, Tourismus oder Landwirtschaft; andererseits auch Themenkreise wie Zins-, Währungs- und Fiskalpo-
litik, Außenhandel, Globalisierung, Technologie, Beschäftigung
und Arbeitslosigkeit und natürlich Finanzmärkte. Es ist schier unmöglich in all dem ein echter Auskenner zu sein. Aber wir alle
wissen, welche Auskenner wir fragen müssen, wenn es denn dar-

auf ankommt. Natürlich machen auch wir immer wieder Fehler. Leider. Die meisten sind erklärbar (was sie natürlich auch nicht ungeschehen macht). Wirklichen Ärger kriegt in unserer Branche nur, wer aufgrund von Wissenslücken oder mangelnder Präzision Mist baut. Mit der Kenntnis um den kleinen Unterschied zwischen „Ergebnis vor Steuern" und „Bilanzgewinn" allein avanciert man zwar nicht zum Alleinunterhalter am Wirtshausstammtisch – aber diese Nuancen sind es, die gute Wirtschaftsjournalisten von Wirtschaftsjournalisten abheben. Gerne erinnere ich mich an einen lieben Kollegen, mit dem ich bei einem inzwischen verblichenen Magazin eine lustige Zeit hatte. Er hatte einmal eine mehrseitige Story über einen Anbieter von ziemlich dubiosen Finanzprodukten verfasst. Dabei ging es im Wesentlichen um sogenannte Gewinnscheine. In der Redaktionskonferenz unmittelbar nach Erscheinen des Hefts wurde er nicht ohne Hintergedanken gefragt, was denn nun ein „Gewinnschein" genau sei. Seine verlegene Antwort: „Na ja, das ist leider kompliziert." Er hatte sechs schön geschriebene Textseiten abgeliefert, ohne auch nur den Hauch einer Ahnung zu haben. Heute schreibt er hauptsächlich Gastro-Kritiken.

Wenn man mich heute fragt, ob Wirtschaftsjournalisten auch schreiberisches Talent mitbringen sollten, so entgegne ich: Ja, bitte.

Bilanzen oder größere wirtschaftliche Zusammenhänge zu erfassen, ist das eine. Diese so darzulegen, dass auch Leser ohne einschlägige Vorbildung nicht schon nach den ersten zwei Sätzen entschlummern, das andere. Moderner Wirtschaftsjournalismus ist eine stete Gratwanderung zwischen schonungsloser Analyse und Unterhaltung. Eine fundierte Story, die außer einer Handvoll Wirtschaftsprüfern niemand versteht, ist ebenso verschenkt, wie ein krachbunter Report ohne jedwede Fakten. Die Balance macht's. Wir stehen jedes Mal aufs Neue vor der delikaten Aufgabe, komplexe Sachverhalte so aufzubereiten, dass der Leser daraus einen Nutzen ziehen kann. Leser sind unsere Kunden. Und wer diese verliert, verliert. Mit dem Wirtschaftsjournalismus ist es in gewisser Weise wie mit den legendären Quartett-Kartenspielen aus meiner Volksschulzeit. Seit damals weiß ich zum Beispiel, dass Sportautos nicht nur die meisten PS, sondern folgerichtig auch die beste Beschleunigung und die höchste Endgeschwindigkeit haben. Dafür bringen sie aber auch deutlich weniger Gewicht auf die Waage, als ausgewachsene Limousinen. Die Frage ist also immer: Welche und wieviele Atouts muss ich in einer Story ausspielen? Die Erfahrung lehrt, dass etwa eine Bilanz nicht bis ins Kleinste seziert werden muss, um die wirtschaftliche Lage eines Unternehmens zu beschreiben. Wenige, dafür aber sorgfältig aufbereitete, Zahlen werden dem Anspruch in jedem Fall gerecht. Im Zweifelsfall muss ich immer an Frau Mama denken. Sie ist gleichsam Leserin der ersten Stunde und hält mit Kritik leider nie hinterm Berg. Frühere Mahnungen à la „Sohn-ich-habe-deinen-Artikel-gelesen-und-kein-Wort-verstanden" klingen mir bis heute im Ohr.

Wenn man mich heute fragt, ob ich meine Entscheidung jemals bereut habe, so kann ich das klar verneinen.

Nach meiner ganz persönlichen Soll-Haben-Philosophie sprechen bis heute deutlich mehr Punkte für den Wirtschaftsjournalismus als dagegen. Gut, es hat Zeiten gegeben, da haben mich Freunde immer wieder drangsaliert, ich möge doch ehestmöglich das Ressort wechseln. Hin zum Sport-, Reise-, Musik- oder auch zum Motorjournalismus. Schließlich hätte ich dann über Konzert- und Fußballfreikarten en masse disponiert, wäre stets auf Kosten Dritter in Five-Star-Deluxe-Herbergen abgestiegen, oder zumindest in Edelkarossen neuester Bauart vorgefahren.

Als Wirtschaftsjournalist dagegen konnte ich lediglich mit der Teilnahme an Bilanzpressekonferenzen, Werksführungen und Hauptversammlungen aufwarten.

Mir ist auch klar, dass ein Robbie-Williams-Interview in gewissen Kreisen mehr Eindruck macht, als etwa eines mit Erste-Bank-Chef Andreas Treichl. Zu Unrecht, wie ich übrigens meine. Treichl ist jedenfalls mehr Popstar, als Williams Banker ist.

Die Wahrheit ist: Wirtschaft ist Abenteuer ist Leben. Die Buchseiten, die Sie lesen, die Kleidung, die Sie tragen, die Nahrung, die Sie konsumieren: alles Ergebnisse teils hochkomplexer ökonomischer Prozesse.

Und natürlich, das sei hier nicht unerwähnt, gilt die wohl eingängigste betriebswirtschaftliche Regel auch für unseren Berufsstand: Die Nachfrage regelt das Angebot.

Weil bis zum heutigen Tage deutlich mehr junge Leute in Ressorts wie Innenpolitik, Chronik, Kultur oder auch Sport drängen, sind die Personalreserven in den Wirtschaftsredaktionen traditionell dünn. Weil aber die Nachfrage nach Wirtschaftsjournalisten immer stärker wird, steigen folglich auch die Gagen. Nach meiner Erfahrung verdienen Wirtschaftsredakteure unbesehen ein Viertel mehr als Kollegen gleichen Alters in anderen Ressorts. Nicht weil sie soviel besser wären; es gibt schlicht weniger von ihnen.

Wenn Sie mich fragen, ob es denn auch Schattenseiten gibt, dann will ich ehrlich sein: jede Menge.

Um diesem Job ernsthaft über Jahre nachzugehen, bedarf es einer gewissen Resistenz gegenüber Begehrlichkeiten von außen. Der Teufel Korruption lauert unter jeder Pressemappe. Es ist kein Geheimnis, dass speziell Wirtschaftsjournalisten sich stets im Spannungsfeld zwischen redaktioneller Unabhängigkeit und kaufmännischen Interessen ihres Arbeitgebers bewegen. Printmedien generieren den weitaus größten Teil ihrer Einnahmen aus Inseraten. Viele meiner Kollegen, mich eingeschlossen, hatten es irgendwann mit übermotivierten Anzeigenverkäufern zu tun, die im Namen eines „superguten Kunden" mehr oder weniger ungeniert redaktionelle Stories einmahnten. Umgekehrt ist es nicht nur einmal passiert, dass Unternehmen von heute auf morgen alle Inserate stornierten, weil ihnen die Berichterstattung gegen den Strich ging. Das kostet naturgemäß viel Geld – und es braucht neben einer ordentlichen Portion Selbstbewusstsein vor allem einen Herausgeber, der das Banner der Unabhängigkeit hisst. Ich hatte Vorgesetzte, die schon bei der leisesten Avance eines Inserenten anstandslos umgefallen sind. Bei *profil* ist derlei nie passiert – auch ein Grund, warum für mich im österreichischen Magazinmarkt kein anderer Arbeitgeber in Frage kommt.

XXII

WIE WERDE ICH
WISSENSCHAFTS-JOURNALIST?

Klaus TASCHWER
(Redakteur Wissenschaft *Der Standard* und *heureka!*)

Fangen wir doch einfach damit an, womit auch die Woche des
Wissenschaftsredakteurs einer Tageszeitung beginnt. Nämlich
mit einem mehr oder weniger beliebigen Montagmorgen, im konkreten Fall: Anfang Mai des Jahres 2007. Der Tag eines Tageszeitungsjournalisten beginnt nicht allzu früh, jedenfalls aber vor 10
Uhr. Bis dahin sollten für die erste Redaktionskonferenz die Themen des Tages feststehen. Die Wissenschaft – also ich – kündigt
an diesem Montag um 10 Uhr eine neue Studie über das Koral-
lensterben aufgrund des Klimawandels an, einen Bericht von einer Sigmund Freud-Vorlesung, die am Wochenende stattgefunden
hat, und wenn ausnahmsweise viel Platz sein sollte, einen längeren Beitrag über Hirnparasiten. Die erste Geschichte wird ein
Kollege aus Deutschland einschicken. Die anderen beiden sind
schon da, was die Ausnahme von der Regel ist, denn oft genug
ergeben sich die Themen des Tages erst in der Früh beim Surfen
durch die Seiten der Nachrichtenagenturen und anderer Online-
Medien.

Bei der Redaktionskonferenz stellt sich heraus, dass es eine
eigene Klimaseite geben wird, also wandern die Korallen dorthin. Und für die Hirnparasiten ist zuwenig Platz. Bleibt für die

Wissenschaftsseite, die sich den Platz mit der Kommunikation teilt, die Psychoanalyse, konkret: die Debatten zwischen Freud und seinen Schülern Otto Rank und Sándor Ferenczi. Die Korallen müssen leider ohne Illustration auskommen, wie sich in der Zwischenzeit herausstellt. Dafür braucht es eine für Freud und Co. – ja, auch dafür ist ein Wissenschaftsredakteur zuständig. Mittlerweile ist es nach 12 Uhr Mittag geworden. Im Internet findet sich natürlich nichts Brauchbares zu den Psychoanalytikern, und der Autor des zu langen Texts hat sich zwar um ein Foto bemüht. Aber leider vergeblich. Bleibt als letzter Ausweg ein Anruf im Freud-Museum. Da kann mir eine Bekannte weiterhelfen und lässt einen Scan machen, der an das Layout weiterzuschicken ist.

Dann kann die Seite endlich gezeichnet werden, sprich: Der zuständige Layouter ordnet Bilder und Texte so an, wie es die zuständigen Redakteure gerne hätten. Bis 16 Uhr, dem anzupeilenden Redaktionsschluss, bleibt dann nur noch das eigentliche Kerngeschäft eines Redakteurs: redigieren, kürzen, Bildunterschrift verfassen, Überschrift und eine kleine Meldungsübersicht mit Texten, die vor allem aus Nachrichtenagenturen zusammengesucht werden. Dann sollte ich mich allerdings auch noch auf ein Telefoninterview mit dem Soziologen Ulrich Beck vorbereiten, der ein neues Buch geschrieben hat und mit dem seit 14 Tagen dieser Termin ausgemacht ist.

Das Interview dauert eine halbe Stunde. Und dann gibt es auch noch die Beilage Forschung Spezial, die am Mittwoch erscheinen wird und für die auch noch zwei Texte einzurichten sind und einer zu schreiben wäre. Und schon ist es nach 18 Uhr geworden. Noch nicht erwähnt wurden die geschätzten 50 Mails, die im Laufe der vergangenen acht Stunden eintrudelten, die rund 25 Mails, die man selber geschrieben hat und ein knappes Dutzend Anrufe, von denen man zumindest zwei Drittel nicht hätte erhalten müssen.

Tags darauf, um diesen kleinen Einblick in den Alltag eines Wissenschaftsjournalisten etwas repräsentativer zu machen, steht in der Früh die größte Supernova aller Zeiten am Menüplan.

Und dann hat man in Israel anscheinend auch noch das Grab von König Herodes gefunden. Das will die Chefredaktion als große Geschichte – und dazu soll Herodes „Kopf des Tages" werden. Die Supernova wiederum, die von den Nasa-Spezialisten besonders spektakulär „imaginiert" wurde, könnte es auf die erste Seite schaffen. Dazu kommt noch, dass die Wissenschaft ausnahmsweise eine ganze Seite zu füllen hat, wie sich herausstellt.

Vorher allerdings ist erst noch die Beilage Forschung zu finalisieren. Ben Segenreich, der Israel-Korrespondent, meldet sich und kündigt einen kleinen Text über die Herodes-Grab-Pressekonferenz, die er gerade im Fernsehen gesehen hat, an. Dann die Bildersuche. Und dann kann endlich die Seite gezeichnet werden. Ein Text über Diamanten hat auch noch Platz, den ein deutscher Kollege am Vortag eingeschickt hatte. Und die Kurzmeldungen. Die zuerst. Es ist 15 Uhr. Der Text über den Grabfund ist noch zu schreiben und auch der Kopf des Tages. Und um 17 Uhr sollte allerspätestens alles im Kasten sein, was sich nur schwer machen lassen wird. Es wird sich mit der Hilfe der Kollegen, die sich des Herodes-Texts annehmen, auch diesmal irgendwie ausgehen …

Am nächsten Tag steht dann in der Früh ein Interview mit Josef Penninger an, auf das ich mich auch noch vorbereiten sollte … nein, keine weiteren Arbeitstage mehr aus dem Leben eines Wissenschaftsjournalisten. Sondern allenthalben noch ein paar Nachbetrachtungen. Typisch für die beiden nicht ganz typischen Tage war, dass man als Wissenschaftsjournalist permanent die Grenzen seines eigenen Wissens erweitert, um es euphemistisch zu formulieren. Wer kennt sich schon in der Psychoanalyse, der Meeresbiologie, der Soziologie, der Geophysik, der Archäologie, der Astronomie und der Molekularbiologie gleichermaßen gut aus?

Es gibt nicht allzu viele andere Ressorts in einem Medium, deren Redakteure von den Gegenständen ihrer Berichterstattung wissensmäßig noch mehr ge- oder besser: überfordert sind wie die Wissenschaft. Weniger euphemistisch hat es Elton John in

„Rocket Man" auf den Punkt gebracht: „And all the science I don't understand / Is just my job five days a week."

Dazu kommen die spezifischen Bedingungen der Arbeit als Tageszeitungsjournalist: Eine längere Vorrecherche schließt sich schon aufgrund der Erscheinungsweise kategorisch aus. Das meiste, was im Blatt steht, geht im besten Fall auf eine mehrstündige Befassung mit dem Thema zurück. Und wie jedes Ding hat auch das zwei Seiten: Über Langeweile kann man sich in dem Beruf ganz gewiss nicht beklagen. Und man wird gezwungenermaßen produktiv. Zugleich blickt man mitunter etwas neidisch auf die Kollegen der Wochen- oder Monatsmagazine, die aufgrund der längeren Vorlaufzeit mehr Zeit haben, sich mit bestimmten Themen zu befassen.

Egal, für welches Medium man nun tätig ist – das Verhältnis von Wissenschaftsjournalisten zu ihren Objekten ist aber auch noch aus einem anderen Grund ein strukturell anderes als etwa das der Kollegen von der Kultur zu ihren jeweiligen Gegenständen der Berichterstattung. Anders als der Film- oder der Musikkritiker, dessen Aufgabe es ist, neben der inhaltlichen Darstellung auch eine Einschätzung des Kinoneulings, des Konzerts oder der CD-Neuerscheinung vorzunehmen, ist die Aufgabe des Wissenschaftsredakteurs einer Tages- oder Wochenzeitung bescheidener: „Wissenschaftskritik" nämlich – also die Beurteilung dessen, was Wissenschaftler machen und zu welchen Ergebnissen sie kommen – gibt es im journalistischen Sinn so gut wie nicht. Und bedeutet ja im geläufigen Sinn auch etwas ganz anderes, nämlich an der Wissenschaft negative Kritik zu üben.

Als Wissenschaftsjournalist ist man nämlich auf das angewiesen, was die Wissenschaftler selbst schon kontrolliert und für richtig befunden haben. Dieses Prinzip nennt sich Peer-review und wird von allen wichtigeren Wissenschaftszeitschriften praktiziert. Insofern geht es für den Wissenschaftsjournalisten nicht zuletzt um die Auswahl der Themen, über die berichtet wird. Schließlich erscheinen wöchentlich Tausende von Fachartikeln in Hunderten von Zeitschriften. Das Ausgewählte sollte nachvollziehbar und korrekt sein, nach Möglichkeit mit den entsprechenden gesellschaftlichen oder wirtschaftlichen Auswirkungen. Und für besonders wichtig halte zumindest ich es, dabei en passant auch noch zu vermitteln, wie Wissenschaft funktioniert, indem man zum Beispiel über Kontroversen zwischen Wissenschaftlern berichtet.

Neue wissenschaftliche Erkenntnisse sind zwar das tägliche Brot der Wissenschaftsberichterstattung. Und sie machen im Grunde auch satt. Meines Erachtens gehören zum Wissenschaftsjournalismus auch forschungspolitische Fragen. Und da ist durchaus immer wieder Kritik angebracht. In dem Punkt gibt es aber in Österreich einen gewissen blinden Fleck, der mit der Finanzierungsstruktur der Wissenschaftskommunikation des Landes zusammenhängt. Wie einige andere Ressorts auch ist der Wissenschaftsjournalismus sehr stark durch externe Finanzierung bestimmt. Das ist in dem Fall besonders dramatisch, da in der Wissenschaft die klassischen Anzeigenkunden fehlen.

An ihre Stelle treten Kooperationspartner wie Ministerien, Forschungsförderungsagenturen etc., die auch hinter den meisten populärwissenschaftlichen Magazinen stecken (wie *at.venture*, *Forschen & Entdecken*, *economy*), die in den letzten Jahren in Österreich gegründet wurden. Kooperationen verschiedener Art trugen aber auch wesentlich zur Ausweitung der Berichterstattung in Medien wie *Der Standard* oder *Die Presse* bei.

Das kann man einerseits als Fortschritt sehen, da sich das Volumen und zum Teil auch die Qualität der Wissenschaftsberichterstattung in Österreich dramatisch erhöht haben. Andererseits gibt es aufgrund dieser Basisfinanzierung durch Kooperationen mit Ministerien, die Stadt Wien etc. Abhängigkeiten, die eine strukturell unkritische Berichterstattung zur Folge haben.[1] Besonders drastisch zeigte sich das etwa beim PR-Programm „Innovatives-

---

[1] Ihre Entsprechung findet diese Abhängigkeit bzw. mangelnde Ausdifferenzierung auch schon bei den Mitgliedern des Klubs der Bildungs- und Wissenschaftsjournalisten, wo neben den eigentlichen Medienvertretern auch PR-Agenturen, Ministerialbeamte sowie Repräsentanten von Interessensorganisationen vertreten sind.

Österreich.at", das von 2001 bis 2006 mit rund 20 Millionen Euro dotiert war. Etliche dieser Gelder gingen an Medien. Entsprechend rar waren kritische Berichte über die nicht in jedem Fall sinnvolle Verwendung dieser PR-Gelder für die Forschung.

Eine der ersten Zeitschriften, die dank einer Kooperation entstanden – nämlich das 1997 gegründete *heureka!*, die Wissenschaftszeitschrift der Wiener Stadtzeitung *Falter* – war auch mein Einstieg in den Wissenschaftsjournalismus. Zwar habe ich damals das Magazin miterfunden. Im Hinblick auf meine eigene journalistische Ausbildung für diesen Job muss ich gestehen: Ich habe keine. Zumindest keine einschlägige. Wie so viele Biographien der heute unter oder um die Vierzigjährigen war auch meine von Zufällen und Umwegen geprägt, die mich zu dem führten, was ich heute im Normalfall auch etwas mehr als fünf Tage die Woche mache.

Die Idee, Journalist zu werden, hatte ich, wie wahrscheinlich die meisten meiner Kollegen, in den letzten Jahren meiner Mittelschulzeit. Ausschlaggebend waren wie bei so vielen von uns Lehrer, die auf die eine oder andere Art prägend waren. In meinem konkreten Fall gab es zwar einen guten Chemielehrer, aber leider keine so gute Biologielehrerin, sodass ich die ursprüngliche Idee, Biochemie zu studieren, leider verwarf. Von der Publizistik wurde mir abgeraten, weshalb ich mich für Studien der Soziologie, der Politikwissenschaft und der Philosophie entschied, die allerdings auch nicht gar so viel besser waren.

Wollte ich mit dem Soziologiestudium besser verstehen, in welcher Gesellschaft ich eigentlich lebe (und warum es vergleichsweise wenige mit meiner kleinbürgerlichen Herkunft gab, die überhaupt studierten), so spezialisierte ich mich bald auf Wissenschaftssoziologie und Wissenschaftsgeschichte – wohl um für mich zu klären, was es mit der Universität und der Wissenschaft ganz allgemein so auf sich hat, wie sie funktioniert und welche gesellschaftliche Auswirkungen sie hat. Sehr damit geholfen hat abermals eine wichtige Lehrer- und Forscherpersönlichkeit: nämlich die Soziologin und Wissenschaftsforscherin Helga Nowotny, mit der ich einige Projekte machen durfte und bei der ich meine Abschlussarbeiten schrieb, in denen es um Fragen von Wissenschaft und Öffentlichkeit ging.

Mit dem ersten Studienabschluss begann dann meine auch nicht ganz untypische Berufsform und im Grunde bis heute andauernde Existenz eines „Zwischenschaftlers": Einerseits schrieb ich an meiner Dissertation und an wissenschaftlichen Facharti-keln. Andererseits drängte es mich auch in die Medien, zumal ich die Vision hatte, dieses wissenschaftssoziologische Wissen über Wissenschaft, das ich mir angeeignet hatte, in irgendeiner Form zu popularisieren, da es mir auch für eine breitere Öffentlichkeit interessant und wichtig erschien.

Mein eigentlicher Einstieg in den Journalismus waren dann Sachbuchrezensionen für die Stadtzeitung *Falter*, wo ich bald darauf als fixer freier Mitarbeiter für den Bereich Sachbücher „zuständig" wurde, da mein Vorgänger ins Verlagsgeschäft wech-selte. Und von da war es nicht mehr allzu weit mit der Idee der Gründung eines eigenen Magazins, das nun immerhin fast zehn Jahre überlebt hat. Meine Existenz als freiberuflicher „Zwi-schenschaftler" begann: Ich schrieb an einigen Büchern mit, war an mehreren wissenschaftlichen Projekten beteiligt, unterrichte-te an der Universität. Daneben verfasste ich auch journalisti-sche Texte für in- und ausländische Medien, auch über nicht-wissenschaftliche Themen. Und selten aber doch arbeitete ich auch für PR-Agenturen.

Mein eigenes Autodidaktendasein und die Erfahrungen mit *heureka!*, konkret: Die Schwierigkeit, gute Journalisten zu finden, die über Wissenschaftsthemen schreiben, brachten meinen Kolle-gen Oliver Hochadel und mich rund um das Jahr 2000 dazu, einen Universitätslehrgang für Wissenschaftskommunikation ins Leben zu rufen. Nach internationalen Vorbildern in den USA, England und Deutschland ging es uns zum einen darum, praktische Fä-higkeiten des Recherchierens, Interviewens, Moderierens und vor allem: Schreibens zu vermitteln. Andererseits sollten in einem theoretischen Teil auch Grundlagen über das Wissenschaftssys-

tem Österreichs, die Verhältnisse von Wissenschaft und Öffentlichkeit oder das nationale und internationale Universitätswesen
vermittelt werden.

Der Lehrgang, der letztlich an der Wiener Dependance der
IFF (Fakultät für interdisziplinäre Forschung und Fortbildung der
Universität Klagenfurt) angesiedelt wurde und im Übrigen auch
aus den Mitteln von „Innovatives-Österreich.at" finanziert wurde, hat bislang zwei Mal stattgefunden. Aus den beiden Lehrgän-
gen sind rund 25 Absolventen hervorgegangen, die auch alle „ihre Jobs" gefunden haben. Insofern kann ich diesen Lehrgang als
möglichen Einstieg für eine Tätigkeit als Wissenschaftskommu-
nikator – sei es als Journalist oder als Öffentlichkeitsarbeiter –
durchaus empfehlen.

Was aber nicht heißen soll, dass man nicht auch auf anderen
Wegen zu diesem Ziel kommen kann. Denn im Grunde hat eine gute Ausbildung für dieses Berufsfeld nur sechs Kernelemen-
te – das Interesse für Wissenschaft einmal vorausgesetzt: Auf der
einen, theoretischen Seite: lesen, lesen und noch einmal lesen.
Und auf der praktischen: schreiben, schreiben und noch einmal
schreiben. (Bei der Arbeit für akustische bzw. audiovisuelle Medien kommen dann entsprechend noch Hören und Sehen dazu.)

Die Berufsaussichten stellen sich im Moment nicht so
schlecht dar: Wissenschaftsjournalismus war in den vergangenen
Jahren einer der wenigen stark wachsenden Medienbereiche. Und
noch sehr viel mehr Geld wurde in die Wissenschafts-PR inves-
tiert, die zweifellos die besser bezahlten und sichereren Jobs bietet. Nicht so ganz klar ist allerdings, wie es in den nächsten Jahren mit dem von der Politik subventionierten Wissenschaftsver-
mittlungsboom weitergehen wird und ob sich all die neuen Medien auch halten werden können. Ebenso offen ist die Zukunft
des klassischen Printjournalismus – auch und zumal in seiner Arbeitsteilung mit den Online-Medien. Und auch die Rolle der Wis-
senschaftsressorts in den Tages- und Wochenzeitungen.

In den redaktionsinternen Hierarchien, die traditionell von der
Innen- und Außenpolitik und der Wirtschaft angeführt werden,

kommt die Wissenschaft bis heute unter ferner liefen. Zugleich gibt es bei der Leserschaft ein großes Interesse an Wissenschafts- und Medizinthemen, das sich unter anderem darin zeigt, dass das österreichische Nachrichtenmagazin *profil* im vergangenen Jahr fast 50 Prozent seiner Cover damit gestaltete. Die Klickraten der Online-Medien weisen in eine ähnliche Richtung: Bei *derStandard.at* zählen Wissenschaftsthemen immer wieder zu den am öftesten gelesenen und geklickten, obwohl die Redaktion weder in Print noch Online zu den größeren zählt.

Nicht allein das gehört zu den schönen Seiten des Berufs Wissenschaftsjournalist bzw. Zwischenschaftler. Zum Wunderbaren beim Wissenschaftsvermitteln zählt auch, dass man es im Normalfall mit Leuten zu tun hat, die gescheiter sind als man selber. Und dass man jeden Tag etwas dazulernt – Fortbildung bei der Arbeit gewissermaßen. Und nicht zuletzt kann man mit vielen der täglich einlangenden Erkenntnisse beim Party-Smalltalk recht gut punkten: egal, ob das nun die Mega-Supernova ist, das Grab des Herodes oder das Gespräch mit Herrn Penninger am Mittwoch. Das wirklich interessant war.

LITERATUR UND LINKS

Oliver Hochadel (2006): Wissenschaftsjournalismus in Österreich, in: Winfried Göpfert (Hg.): Wissenschaftsjournalismus. Ein Handbuch für Ausbildung und Praxis. 5., vollständig aktualisierte Auflage, S. 277-283.

www.sciblog.at: Blog über Wissenschaftskommunikation und Wissenschaftsjournalismus in Österreich

www.scimedia.at: Homepage des Universitätslehrgangs für Wissenschaftskommunikation

www.scico.at: Homepage des Alumnivereins von Scimedia. Der Verein steht allen interessierten Wissenschaftskommunikatoren offen und dient auch als Weiterbildungsforum.

www.wissenschaftsjournalisten.at: Homepage des Klubs der Bildungs- und Wissenschaftsjournalisten

XXIII

Wie werde ich Chronik-Journalist?

Emil Bobi

(Redakteur Chronik *profil*)

Mein Weg in den Traumberuf? Ich habe nie davon geträumt, Journalist zu werden. Als ich noch richtig träumte, war es das spektakuläre Leben eines Feuerwehrmannes, das mir prädestiniert erschien, meinen lebenslangen Bedarf an Abenteuern abzudecken. Doch während die Zukunft ins Land zog, vergaß ich das wieder.

Irgendwann stellte ich mir vor, mittels virtuoser Rhetorik und durchdachter Körpersprache Geschworne zu verunsichern und sie so zu zwingen, meine Mandanten im Zweifel freizusprechen. Doch auch das vergaß ich wieder.

Dann wieder sah ich mich als Lehrer (genauer: als Meister), der es verstand, seine Schüler durch Bemerkungen von magischer Rätselhaftigkeit an Punkte des selbstständigen Verstehens zu locken. Auch das: Vergessen.

Ich wollte nicht Feuerwehrmann, nicht Rechtsanwalt und nicht Lehrer werden. Sondern Hippie.

Doch das, so nahm ich schmerzlich nicht zur Kenntnis, ging nicht. Ich war zu jung. Zu klein sogar. Ich war zu spät dran, obwohl ich bereits bunte Socken trug, deren Zitronengelb, Cadillacrosa oder Apfelkaugummigrün unter meinen blumenbestickten Jeans hervorblitzte. Die Ungnade meiner zu späten Geburt schien mir mehr als peinlich und jede Art von Vertuschung oder Verdrehung dieser Tatsache schien notwendig und gerechtfertigt. Denn während die Stones im Hyde Park Brian verabschiedeten, fabrizierte ich in „Handarbeit Knaben" gerade eben meinen ersten (und bislang letzten) verdammten Nussknacker aus vom Lehrer mitgebrachten Stücken von dunklem Hartholz, die ich schließlich aus eigener Entscheidung rot anmalte.

Ich habe also davon geträumt, ein Hippie zu sein. Aber war ich einer?

Was ich wirklich wollte, schon damals, war reisen. Unterwegs sein. On the road. Ein verwegener Typ wollte ich sein, der mit staubigen Jeans am Straßenrand steht, fast ohne Gepäck und Geld, mit schulterlangen Fetzen, die in den Windstößen nicht anhaltender Trucks wehten, unterwegs in den Süden und bereits angekommen am Ziel, unterwegs zu sein.

Bald riss mich der Zeitgeist mit sich. Kaum war das Gymnasium vorbei, war ich weg. Ich hatte für nichts anderes Zeit, als diese wilde Freiheit zu zelebrieren, die unter einer in der gesamten westlichen Welt verbreiteten Minderheit Jugendlicher ausgebrochen war. Absolut nichts hätte mich davon abhalten können, an diesem globalen Gefängnisausbruch der neuen Generation teilzunehmen. Ich tat umgehend, was sich anständige Mitglieder der Gesellschaft von damals für den Ruhestand vornahmen: Ich bereiste ferne Länder. In Indien sah ich, dass sich Männer zum Pinkeln in eine Hocke begaben, während Frauen das Geschäft stehend verrichteten. Ich staunte über etwas Fundamentales, mit dem ich nie gerechnet hätte: dass die Welt auch funktionierte, wenn sie am Kopf stand.

In einem anderen Land kam ich auf einen Marktplatz, auf dem Dutzende Obstverkäufer nebeneinander standen und ein und dieselbe Ware, nämlich kleine, gelbe, süße Mangos, anboten. Kaufte man einem einige Früchte ab, nahmen die anderen ohne Protest zur Kenntnis, dass nicht sie an der Reihe waren, ein Geschäft zu machen. Ich fragte mich, warum sich die Mangoverkäufer nicht verstreuten, um vielleicht so ihren Umsatz zu steigern. Ich realisierte aber, dass es hier nicht nur um den nackten Absatz ging und dass es Dinge gab, die jenseits meiner eigenen Logik funktionierten.

Ich erwähne das, weil das alles etwas mit Journalismus zu tun hat. Eines der wichtigsten Dinge im praktischen Journalismus ist die Einschätzung eines scheinbaren Sachverhaltes. Es geht darum, aus einem Gestrüpp aus vagen Hinweisen, angeblichen Tatsachen und von Interessen verdrehten Darstellungen herauszufiltern, was Sache ist. Dabei ist es wichtig, eine Ahnung davon zu haben, was auf dieser Welt geht und was nicht geht. Und es ist unendlich gut zu wissen, dass Dinge auch ganz anders sein können, als sie erscheinen und dass es sogar Sachverhalte gibt, die zwar so sind, wie sie aussehen, aber dennoch etwas ganz anderes bedeuten können, als man vordergründig glauben möchte. Denn worum es im untersuchenden Journalismus tatsächlich geht, ist nicht nur das Herausfinden von Fakten, sondern das Erfassen der Wahrheit, die hinter diesen Fakten steckt. Und das hat mehr mit Menschen zu tun, als mit irgendetwas anderem. Der Mensch ist ein merkwürdig widersprüchliches Wesen. Auch wenn es in Zeiten des globalen Massentourismus lächerlich klingt: Aber ich habe das Wenige, das ich über Menschen weiß, alles auf Reisen gelernt oder im Anschluss daran unter dem Eindruck davon. Journalismus hat sehr viel, wenn nicht alles, mit Menschen zu tun.

Als ich 26 war, kam mein Sohn Florian zur Welt und nun stellte sich mir eine Frage, an die ich nicht mehr gedacht hatte, seit ich vom Feuerwehrmann Abstand genommen hatte. Nun fragte ich mich: Was möchte ich werden? Und ich beschloss, nicht etwas zu werden, sondern etwas zu sein: Journalist. Ich habe nicht die geringste Ahnung warum. Ich weiß es nicht. Ich habe nachgedacht, aber mir fällt nichts ein. Es ist auch irrelevant. Ich weiß nur, dass ich schreiben wollte, weil ich mir einbildete, es zu können, doch wusste ich nicht, wie gering der Anteil des Schreibens an gutem Journalismus ist.

Ich beschloss also Journalist zu sein und begann daher das zu machen, was ein Journalist macht: berichten. Ohne nachzudenken tat ich, was meiner persönlichen Vorstellung von Journalismus entsprach. Ich „bereiste" einen abgelegenen Bergbauernhof, auf dem es noch zuging wie früher: echte Armut, harte Arbeit, viele Kinder, ergreifende Gastfreundlichkeit. Der Vater war nach einem Unfall arbeitsunfähig, der zwölfjährige Sohn brachte mit dem Traktor das Heu ein und überlebte den Überschlag des Traktors nur, weil er zuvor auf einem Aufkleber im Führerhaus gelesen hatte: Bei Kippen abspringen! Ich schrieb eine Reportage über die – no na – „Dritte Welt mitten im Westen". Mein erster Sozialporno war geschaffen und ich wunderte mich gar nicht, dass die Geschichte (in der steirischen Tageszeitung *Neue Zeit*) sofort abgedruckt wurde. Ohne es bewusst angestrebt zu haben, war ich auf die Chronik-Schiene gelangt, wo Journalismus insgesamt herkommt, wie ich meine.

Und lustigerweise ging es landwirtschaftlich weiter: Ich rief den damaligen *profil*-Redakteur Georg Novotny an, behauptete, es gebe einen „dramatischen Niedergang der gesamten Bienenpopulation" und fragte ihn, ob er die Story wolle. Novotny horchte auf und antwortete, wenn das so sei, wie ich eben gesagt hätte, dann ja. Ich schrieb über das Wüten der damals neu aufgetauchten Varroa-Milbe und über den 90-jährigen Imker, der vor seinen toten oder sterbenden Stöcken stand und weinte.

Dass die Story dann nicht kam, hatte nichts mit ihrer Legitimität oder Qualität zu tun, sondern mit ihrer Verschiebbarkeit im Programm eines politischen Nachrichtenmagazins. Zuerst wurde die Bienen-Story verschoben, und in der nächsten oder übernächsten Woche erschien sie veraltet und wurde vergessen.

1989, ich war als „Pauschalist" bei der *Neuen Zeit*, begann ich damit, meine Reisevernarrtheit direkt einzubringen und trat den ersten meiner Trips in Krisengebiete an: Rumänien. Es war Weihnachten, am Tag davor hatte man die Ceaucescus standrechtlich erschossen, und vom Lkw eines Hilfs-Konvois sah ich die ausgemergelten Menschen im abendlichen Schneefall vor Freude winken. In der Stadt Resita sah ich teils verstümmelte Leichen am Straßenrand liegen. Die Securitate, die verbrecherischen Schergen des Conducators, hatten in ihrem Rückzugsgefecht Kranke und Sterbende aus dem nahegelegenen Krankenhaus gejagt und aufgeschlitzt, hatten Babys aus ihren Brutkästen gerissen und auf die Straße geworfen. Die Lebenden schlugen mit den Handflächen gegen ihre eigenen Köpfe und wimmerten. Ich berichtete.

Nach einigen Wochen stellte sich heraus, dass die Toten mit den langen, teils notdürftig vernähten Schnitten Anatomieleichen aus dem nahen Krankenhaus waren, die vom Widerstand dazu benutzt worden waren, den Ceaucescu-Schergen weitere Verbrechen in die Schuhe zu schieben. Zum ersten Mal war ich mit etwas konfrontiert gewesen, was überall in Krisen- und Kriegsgebieten in sämtlichen Lagern und bei allen Streitparteien ganz normal ist: Propaganda.

Ich war also darauf hereingefallen und hatte etwas Falsches berichtet. Mir war es wie einem ganz normalen Anfänger ergangen, der mit eigenen Augen etwas gesehen, es daher einfach geschluckt und mit entsprechender Bestimmtheit darüber berichtet hatte. Ähnlich wie Peter Handke mit seinen Berichten aus Serbien. Handke ist ein großer Schriftsteller und ich respektiere seinen Anfängerfehler als Kriegsreporter, auf die serbische Propaganda hereingefallen zu sein. Er glaubte die große Verschwörung und die reine Wahrheit zu erkennen, nur weil das Leid, das er auf serbischer Seite beobachten konnte, echt war und weil die Geschichten der serbischen Opfer auch ihre Wahrheit hatten. Ich fand es auch lustig und irgendwie theaterhaft, wie er danach raufbereit darauf beharrte, im Gegensatz zum Rest der Welt alles durchblickt zu haben, obwohl er nur eine einzige Seite kennengelernt und diese Seite des serbischen Volkes auch noch mit der Person dessen Führers und Massenmörders verwechselt hatte. Aber noch unjournalistischer geht es kaum noch.

Doch was bedeuteten nun die rumänischen Propaganda-Leichen? War die Securitate nun weniger böse? Machte das gar die Opfer zu Tätern? Oder stimmte dieses Bild im Tieferen, obwohl es vordergründig gefälscht war? Sprach aus diesen gefälschten Bildern dennoch eine innere Wahrheit?

Noch einmal: Journalismus hat wahnsinnig viel mit Menschen und mit den diffizil widersprüchlichen Sachverhalten zu tun, die er kreiert und deren Gehalt an objektiver Wahrheit der Journalist herausarbeiten, irgendwie riechen oder aus Erfahrung kennen und durchblicken muss. Ich weiß nicht, ob es für diese Tätigkeit eine bessere Vorbereitung gibt, als zu reisen. Nicht Urlaube zu machen, sondern zu reisen. Das gilt auch für die nächste Umgebung, für die graue, monotone Gasse um die Ecke, in der sich hinter jedem Fenster ein Mikrokosmos bunter Geschichten befindet, den man bereisen muss, um ihn zu erfassen.

Wer alle Minister der Zweiten Republik aufsagen kann, wer Handynummern von Prominenten besitzt, wer mittels rot-weiß-roter Plakette an der Windschutzscheibe auf seine Zunft hinweist, muss noch lange kein erfolgreicher Journalist sein. Ich kenne liebe Kollegen, denen der Boden unter ihren genagelten Schuhen wegklappt, weil sie sich verschuldet haben in der Annahme, denselben Lebenswandel an den Tag legen zu müssen, wie ihre Interviewpartner. Zu glauben, man sei prominent, nur weil man von Prominenten Stellungnahmen einholt, ist ein Missverständnis, dem man als Journalist nicht unterliegen sollte. Ein Journalist sollte sich persönlich nicht wichtig nehmen, nur weil er mit wichtigen Menschen redet. Ebenso falsch liegt er, wenn er glaubt, es liege an seinem Dafürhalten, ob eine Geschichte veröffentlicht werden soll oder nicht. Es ist nicht seine Aufgabe zu kalkulieren, welche Folgen die Veröffentlichung einer journalistisch sauberen, also inhaltlich korrekten, ausgewogenen Geschichte, nach sich zieht. Jemand, der den Finanzskandal einer Hilfsorganisation nicht aufdeckt, weil er menschlich nicht möchte, dass dann der Spendenfluss versiegt, hat die Aufgabe des unabhängigen Journalismus nicht gänzlich erfasst. Denn erstens können Spendenflüsse, die veruntreut werden, auch ganz versiegen und zweitens muss die Wahrheit zuträglich sein. Informationspolitische Überlegungen sind nicht die Aufgabe eines ernstzunehmenden Journalisten. Ausgenommen sind nur Situationen, in denen eine Veröffentlichung die Sicherheit von Personen gefährden würde wie etwa das Verraten geheimer Befreiungspläne bei einer Geiselnahme. Gleichzeitig wäre es gut zu wissen, dass die Zerstörungskraft unkorrekter Berichterstattung viel größer sein kann, als die Weltverbesserung, die anständige Geschichten nach sich ziehen.

Als halbwegs unabhängiger Journalist tut man gut daran, zwar überall dabei zu sein, aber nirgendwo dazuzugehören.

Ein Journalist hat absolut nichts mit einem Schriftsteller zu tun. Ein Journalist ist eher ein Arbeiter, ein Bauer, ein Handwerker, sicherlich nicht wichtiger als ein Kellner, der sich in der (Gerüchte)-Küche bedient, die Fleischstücke heraussucht, sie schmackhaft aufbereitet, einladend arrangiert und schließlich dem Konsumenten serviert. Die Rede ist hier nicht vom Promi-Kolumnisten, vom kommentierenden Ex-Sportler oder vom Literaten, der aus dem Elendsgebiet berichtet. Auch das hat natürlich im sehr weiten Feld dessen, was alles Journalismus ist, seinen guten Platz. Doch wir reden hier über das Mutter-Handwerk des recherchierenden, untersuchenden Journalismus, der nicht nur bekannt Gewordenes „verarztet", sondern Unbekanntes bekannt macht. Dazu sind zwei große Brocken zu bewältigen: Der Journalist muss im immerwährenden Strom von Alltäglichkeiten das Besondere zu entdecken wissen, oder es auch nur richtig zu vermuten. Und er muss das Entdeckte „auf den Boden bringen". Also soweit zu objektivieren wissen, dass es veröffentlicht werden kann, ohne dabei Rechtsbestimmungen zu verletzen. Wie man das anstellt, wann man was wie sagt, welche Schritte man setzt, hat wieder sehr viel mit dem Umgang mit Menschen zu tun. Denn gerade bei „heiklen" Themen, bei denen es um Enthüllungen und möglicherweise strafrechtliche Folgen geht, sind die Menschen verständlicherweise nicht sehr auskunftsfreudig. Und objektiv gesehen sprechen ja auch mehr Gründe dagegen, mit einem Journalisten zu sprechen, als dafür.

Guter Journalismus ist aber, es dennoch zuwege zu bringen. Schönwetterleistungen sind das eine, aber unter widrigen Umständen und, wenn es anders nicht geht, gegen die Interessen Beteiligter oder Betroffener etwas zu Ende zu bringen, das heißt

„dennoch". Der recherchierende Journalist steht unter „Enthüllungspflicht".

Das große und vielleicht einzige „Erfolgsgeheimnis" im Journalismus lautet ganz banal Recherche. Ich will Kollegen der Branche nicht verpetzen, doch wenn man wirklich aktiv recherchiert, trifft man kaum jemals auf Spuren anderer Journalisten. Und recherchieren heißt, wie ich meine, „reisen". Ich glaube, ich habe noch nie erlebt, dass sich eine Geschichte, die ich am Schreibtisch erfahren habe, genau so bestätigt hat, nachdem ich hinaus zum Schauplatz gefahren war. „Auf Reisen", durch „eigenes Miterleben" verändern sich Inhalte praktisch immer. Meine Maxime des Recherchierens lautet: Bedingungs- und ausnahmslose Überprüfung sämtlicher denkbarer Ansätze. Das gilt auch – und vielleicht besonders – für die wenig aussichtsreichen Ansätze, denn gerade diese bringen mit schöner Regelmäßigkeit spektakuläre, weil nicht erwartete Erfolge. Es hat keinen Sinn zu spekulieren, warum diese oder jene unbekannte Person nichts sagen würde oder könnte. Wir kennen sie nicht und wissen daher auch nicht, ob sie zufällig die einzige an der Geschichte beteiligte Person ist, die sehnlich auf einen Journalisten wartet, um endlich die Öffentlichkeit über die vorliegende Schweinerei in Kenntnis zu setzen. Denn solche Menschen kommen vereinzelt und wie vom Himmel gerufen auch in Mauern des Schweigens vor und selbst unter Medienhassern als wohltuende Ausnahmen. Man muss sie nur finden. Das kann man nicht riechen. Das muss man probieren.

Ich habe irgendwo einmal den Satz gelesen: Praktischer Journalismus beginnt in der Lokalredaktion (da wird Chronik-Journalismus gemacht) einer Tageszeitung. Das kann ich nur weitergeben. Bei Talenten, die erhobenen Hauptes bei einem Nachrichtenmagazin aus- und eingehen, aber keine Ahnung haben, was ein „tödl.Vu" ist, ist Hopfen und Malz verloren. Wer in anderen Ressorts wie Politik, Wirtschaft, Kultur oder Klatsch möchte, dass die Beiträge auch gelesen werden, der muss ohnehin ein bisschen chronikal arbeiten. In der Tageszeitung findet der Newcomer die wertvolle Gelegenheit vor, einen tödl.Vu zu recherchieren, ihn dann auf 36 Zeilen in verständliche Sprache zu gießen, um ihn nach einer Stunde auf 18 Zeilen zusammenzukürzen, weil das Foto von der Eröffnung des Biogas-Heizwerkes noch hinein muss. Nach weiteren 45 Minuten muss der tödl.Vu doch auf 49 Zeilen verlängert werden, weil der Einspalter über den Solo-Sechser im Lotto hinausfliegt und es sich mit dem Layout nicht anders ausgeht. Man knetet seinen tödl.Vu, quetscht und dehnt ihn, ohne seinen Inhalt zu verfälschen. Und wenn etwas schief geht und man es gar nicht schafft, fliegt er halt raus und es ist fast nichts geschehen. Das ist ganz sicher eine Gymnastik, die man empfehlen muss. Tageszeitungserfahrung vermittelt einem die notwendige Brutalität, einen zu langen Text samt seinen schönen Stellen zu kürzen, ohne die Message zu vernichten. Und der Tagesrhythmus, wenn er einmal verinnerlicht ist, ermöglicht auch Schnellschüsse knapp am Redaktionsschluss eines nicht täglichen Periodikums.

Ein Journalist sollte „auf Reisen" sein, das heißt, er sollte hin- und nicht wegschauen, er sollte das Bedürfnis verspüren, Dinge verstehen zu lernen, die er nicht versteht. Er muss Fragen stellen, die besser sind als Antworten je sein können, und er muss anfangen zu „bemerken", ob an einem Gerücht etwas dran sein kann oder nicht. Er muss dem „Reporterglück" permanent seine Chance geben. Wer den Ist-Zustand einer Sache wirklich verstanden, ja durchdrungen hat, der „sieht" auch, was im nächsten Augenblick kommt. Also: „riechen" bedeutet genauer gesagt „sehen" und ist etwas ganz Banales, das nichts mit einem sechsten Sinn zu tun hat. „Sehen" ermöglicht dieses „Nachvorneberichten" und ist für jemanden, der nicht nur ein bisschen Journalist spielen, sondern guten Journalismus machen will, überaus wichtig.

Ebenso überaus wichtig: Objektivität. Und Objektivität ist mehr als ein Wort. Wer glaubt, dass er die Welt retten kann, indem er wütend gegen die Zerstörer anschreibt, mag ein guter Mensch sein. Aber ein guter Journalist kann nicht viel mehr tun, als über den Untergang zu berichten. Bei allem, was ein Journalist recherchiert, benötigt er unbedingt eine kalte Bereitschaft, auch dem Unsympathischen Recht zu geben, wenn es die Sachlage anzeigt.

Der Leser kann es zu Recht nicht leiden, wenn der Ton eines Bei-
trages weicher wird, nur weil es um die Grünen geht, aber gleich
wieder zynischer, weil die Blauen dran sind. Der Leser kann es
zu Recht nicht leiden, von der persönlichen Befindlichkeit des
Berichterstatters belästigt zu werden (dafür gibt es die subjekti-
ven Darstellungsformen). Und der Journalist soll sich von Vorur-
teilen frei machen: Denn selbst ein pathologischer Lügner kann
zwischendurch die Wahrheit sagen. Und die Wahrheit ist immer
wahr, egal wer sie ausspricht. Strikte Objektivität ist ein Haupt-
kriterium für Qualität und für Glaubwürdigkeit.

Mein Tipp lautet also: Wer Journalist werden will, der darf
sich nicht vornehmen, einer zu werden, sondern er muss be-
schließen, einer zu sein. Das heißt, er muss zur Tat schreiten
und beginnen, das zu machen, was ein Journalist macht: berichten. Er hat ja im Vorfeld schon die Welt völlig verstanden und
die Menschenseele gänzlich durchdrungen, sodass er überall die
Geschichten „sieht" und „riecht", obwohl sich alle Beteiligten
weigern, einen Kommentar abzugeben. Im Ernst: Der angehende
Journalist nimmt seine Story-Idee (woher, das ist jetzt bereits seine Sache), recherchiert, überprüft, setzt nach, überprüft abermals
und so weiter, bis das Rechercheergebnis vorliegt. Er setzt sich
hin und schreibt unter Einhaltung des richtigen Abstandes, den
richtigen Ton treffend, klar, verständlich, unterhaltsam, erhellend.
Dann geht er zu jener Zeitung, die seiner Einschätzung nach wie
für seine Story geschaffen ist. Und nun passiert etwas ganz In-
teressantes: Wenn die Geschichte gut ist und auch noch zur Ausrichtung des Mediums passt, und wenn sie eine Geschichte ist, auf
die die Redaktion nicht gekommen wäre, dann wird sie mit Dank
genommen. Und dabei ist völlig egal, ob es in der Redaktion eine freie Stelle gibt (was meist nicht der Fall ist) oder nicht. Mit
dem unternehmerischen Ansatz, ein Gebrauchsprodukt zu erzeugen und zum Verkauf anzubieten, ist ein Quereinstieg jederzeit
realistisch. Wer zur Zeitung geht und von ihr etwas will (etwa
eine freie Stelle, um Journalist zu „werden" oder auch nur ein
Sommerpraktikum), der muss sich in Warteschlangen aus hun-

derten Bewerbern einreihen, wobei in mehr als 90 Prozent das Ergebnis bereits vorweg „gerochen" werden kann, weil einfach viel mehr Menschen davon „träumen" Journalist zu werden, als es Möglichkeiten gibt. Wer aber weder zu viel „träumt", noch etwas von der Zeitung bekommen möchte, was sie nicht hat, sondern im Gegenteil etwas anbietet, was sie gern hätte, der spielt von Anfang an ein anderes Spiel, in dem „Andrang" und „Konkurrenz" praktisch keine Rolle spielen. Vorausgesetzt freilich – und das halte ich für nicht umgehbar – der Beitrag ist gut genug, um die Ausgabe zu bereichern. Wenn das anhaltend nicht funktioniert, dann ist es – mit Verlaub – ohnehin besser, man wacht auf. Aber auf diesem Weg der Selbstständigkeit kann jedenfalls herausgefunden werden, wie es um die Chancen auf eine große Karriere als Star-Journalist bestellt ist. Es ist nämlich schade um die echten Talente, die in jeder Warteschlange vorkommen, aber nicht entdeckt werden und nach der Ablehnung heimgehen und glauben, es sei gelaufen.

Ich selbst habe nicht lange gefackelt, sondern einige Reportagen verkauft – und war Journalist. Damit war ich zwar endgültig kein Feuerwehrmann geworden, aber dafür etwas, wovon mancher Feuerwehrmann heimlich träumt: ein Zündler.

XXIV

WIE WERDE ICH KULTUR-JOURNALIST?

Erna CUESTA
(Chefin vom Dienst und Redakteurin Kultur, ORF)

Am Anfang war Karl Löbl – mein „Jugendidol". Nicht dass ich alles verstanden hätte, geschweige denn gewusst habe wovon er redet, welches Stück, welchen Schauspieler, welchen Regisseur er da zerpflückt, aber es wäre für mich undenkbar gewesen, auch nur ein „Nach der Premiere" von Karl Löbl zu versäumen. Dieser Mann ist und war für mich eine Kulturinstitution. Und um die Klischees der Traumberuf-Berufung zu bestätigen: Ja, meine Mutter behauptet, dass ich schon als Kind immer gesagt hätte, „ich will später in die ZIB". Daran kann ich mich nicht erinnern. Es stimmt allerdings, dass ich unendlich viel geredet habe und ein ausgeprägtes Vermittlungs- bzw. Sendungsbedürfnis hatte, selten kontaktfreudig war (obwohl Einzelkind) und eigentlich in einer Kultur-Parallelwelt gelebt habe. Soll heißen: Mit 12 bin ich am Wochenende in das Kunsthistorische Museum gepilgert und habe mich für Kinderführungen angemeldet. Später habe ich mir mit meinem Sportlehrer am Stehplatz eine Oper nach der anderen „reingezogen" – wir haben uns bei der nicht ganz einfachen Kartenbesorgung abgewechselt – bin im Burgtheater ein- und ausgegangen (die Karten wurden mir geschenkt), habe keine Dreharbeiten meines Kameramann-Onkels ausgelassen. Mit 15 war dann der Musical-Kurs von Susi Nicoletti in Salzburg angesagt, Tanztraining in Wien und auch sonst habe ich versucht kulturell mitzunaschen wo geht ...

Fazit: Ich wollte es wohl genau wissen und habe mich auch nicht davon abbringen lassen meinen Kultur-Weg mit Ziel Kultur-Journalismus zu gehen. Was will ich damit sagen? Die Liebe zur Sache, der Enthusiasmus sind zwar Grundvoraussetzung, aber alleine nicht ausreichend. Auch ich habe die nötige Portion Glück zum richtigen Zeitpunkt am richtigen Ort zu sein und die Ausdauer mich über die berühmt-berüchtigten Rückschläge hinwegzusetzen, gehabt. Mein erster Schritt war zu studieren – nicht das klassische Publizistik-Studium. Etwas zur Allgemeinbildung sollte es sein, also Politikwissenschaften. So sehe ich das heute noch: Ein breites Fundament, Kenntnisse der Philosophie, der internationalen Beziehungen, ein bisschen Wirtschaft, Geschichte (persönliche Anmerkung: kein Wunder, dass der Journalist im Volksmund immer wieder mit „perfekt halbgebildet" beschrieben wird) kann nur von Vorteil sein und lässt Tür und Tor für die unterschiedlichste Medienausrichtung offen! Klar ist auch, dass Theorie und Praxis zwei Paar Schuhe sind und man möglichst rasch ein Gefühl für das Berufsleben entwickeln sollte: Das sagt sich leichter, als es zu bewerkstelligen ist, die berühmten Praktika fallen nicht vom Baum, etwaige Beziehungen lassen sich auch nicht einfach herbeizaubern und auf wundersame Weise entdeckt wird man meist nicht. Aber es gibt die kleinen Tricks: Rezensionen schreiben für die Schublade, in Kulturbetrieben oder bei Festivals volontieren, sich als Statist betätigen, sich langsam aber sicher eine Meinung und Haltung erarbeiten. Oft habe ich mir gedacht, dass Reiz und Tücke des Kulturjournalismus darin liegen, dass es kein Rezept, keinen vorgeschriebenen Weg dafür gibt. „Learning by doing" lautet die Devise.

Nachdem ich bei der *Antenne Austria* angeheuert, dank des jungen, engagierten Teams alles über das Radio gelernt und unbezahlbare Erfahrungen gesammelt hatte, im Anschluss daran für 15 Seiten Kultur in einem nicht mehr existierenden Blatt verantwortlich war, bin ich an den „Tanker" ORF herangetreten. Ganz klassisch, mit einer Bewerbung, sehr kurz, prägnant und ehrlich! Siehe da, das Glück war mir hold und Karl Löbl hat sich interessiert gezeigt und mir eine Chance gegeben. Als wäre es gestern, so genau kann ich mich daran erinnern gleichzeitig Luftsprunglaune und blankes Entsetzen verspürt zu haben. Es gibt wenig Unangenehmeres in der eigenen Wahrnehmung, als in eine eingespielte Redaktion als „Küken" hineinzuplatzen und darauf zu hoffen unter die Fittiche genommen zu werden. Aufgeben gilt nicht, dafür aber die richtige Balance zwischen Zurückhaltung und Aufdringlichkeit zu finden. Soviel zum Emotional-Taktischen.

Zur Praxis: Da geht man in die wöchentliche Redaktions- und Planungssitzung und steht mit dem Auftrag für die erste Fernsehgeschichte da – Thema: Theater. Also liest man zunächst das Stück, versucht (im Zeitalter des Internet kein Problem mehr) über Regisseur und Schauspieler Informationen zu sammeln. Mit Wissen völlig überladen, schreitet man, mit einem Kameramann und seinem Tonassistenten bewaffnet, zur Tat! Was und wie drehen? Welche Geschichte will man erzählen, welche Botschaft vermitteln? Fragen über Fragen die man an sich selbst richtet und die in der Anfangszeit, ehrlicherweise, von hilfreichen Kollegen beantwortet werden. Wer weiß denn schon zu Beginn, welche Einstellung auf welche passt, wo man in welcher Kürze das Wesentliche gesagt haben sollte, wie man ein Interview führt und ob man nun doch eher der „visuelle" oder doch der „News und Fakten"-Typ ist? Gabi Flossmann, unsere Grande Filmdame, hat mir, wenn ich den 35. hochkomplizierten und letztlich völlig unverständlichen Satz geschrieben habe, immer geraten: „Sag mir in deinen Worten, was du mir erzählen möchtest und dann schreib es einfach!" Sehr witzig, dachte ich mir, wenn es so einfach wäre. Recht hat Sie gehabt. Radio, so erkennen wir neidlos an, ist das „bessere" Medium, Fernsehen aber hat die Macht! Die Macht der Bilder, aber auch die Ohnmacht der Verknappung. Jeder noch so reiche Inhalt muss auf ein Thema, maximal zwei Tangenten heruntergebrochen werden; da heißt es eben die Qual der Wahl, in der Kürze liegt die Würze. Kultur in den Nachrichten sollte in Schlagwörtern erklärbar sein, Menschen und Stimmungen nachvollziehbar widerspiegeln.

Ein Meister dieses Fachs ist und war von Anbeginn an Franz Zoglauer: Über all die Zeit ist es ihm, mit seiner Wissenslust und seiner Leidenschaft für den Beruf, gelungen, mich anzustecken und sein Publikum zu berühren. Natürlich sind es auch die Jahre, die Erfahrung – man lernt die Kultur-Player kennen, und seine gestalterischen (Bild- und/oder Wort-, Musik-) Stärken gezielt einzusetzen – die eine Persönlichkeit des Kulturjournalismus herausbilden und mit einem Profil versehen. Aber es bedarf schon der sehr individuellen Offenheit- und Wachsamkeit. Meinung und Haltung sind eine Sache, sie zu vertreten, zu argumentieren, eine andere. Kein Kritiker, kein Redakteur hat der Weisheit letzten Schluss. Was ist schon allgemeingültig, gibt es Objektivität? Es gibt ohne Zweifel objektive Kriterien zur Beurteilung, aber, auch wenn es wie ein Allgemeinplatz klingt, es sind immer noch Menschen, die über Menschen, Umstände und Visionen berichten. Und so solistisch man gerade in der Kulturberichterstattung werkt, so sehr sollte man sich doch als Teamplayer sehen; ein Beitrag ist Teil einer Sendung, die von einer Redaktion erdacht und ausgeführt wird. Das setzt im aktuellen Dienst (Nomen ist Omen) Flexibilität und Spontaneität voraus, und damit sind nicht in erster Linie die unregelmäßigen Arbeitszeiten gemeint. Ob Chefredakteur, Chef vom Dienst, Producer, Ressortleiter, vier Verantwortliche, vier Meinungen über Form und Inhalt. Die Linie einer Sendung und in weiterer Folge eines Beitrags sollte allerdings außer Frage stehen. Ein Thema kann von mehreren Seiten beleuchtet werden; richtige aber eben andere Varianten. Das macht auch den Charme einer Redaktion, die „Marke" eines Redakteurs aus und spricht für die Sensibilität jedes Einzelnen. Das enthebt freilich keinen Journalisten seiner Vorbereitungspflicht, dem Zufall sollte man möglichst wenig überlassen. Dass sich aus unerwarteten Situationen heraus Wendungen in Geschichten ergeben können, ist nie auszuschließen. Gerade in Sachen Interview sind die Fragen planbar, steht und fällt ein Gespräch aber oft mit der Fähigkeit schnell zu reagieren, zuzuhören, sich scheinbar unterzuordnen, das Ruder aber nicht abzugeben. Braucht es da eher Talent, Selbstbewusstsein, Angriffslust, Einfühlungsvermögen? Die goldene Mitte ist es wieder einmal. Nicht die Selbstverwirklichung, sondern der Dienst an der Geschichte, die viel strapazierte Botschaft kommt beim Publikum an. Selbst bei einem so „künstlichen" Medium wie dem Fernsehen, ist einzig die Authentizität überzeugend. Und die kann man bekanntlich nicht lernen. Fluch und Segen eines Jobs, hängt doch der Erfolg mit dem persönlichen Einsatz und dem Einsatz der Persönlichkeit zusammen. Was tun an Tagen, an denen man nicht in Stimmung ist, auf das Routine-Notprogramm zurückgreifen muss, Schreibhemmungen hat und in einer Stunde auf Sendung ist … ? Nerven bewahren!

Der Kampf mit der Zeit, im wahrsten Sinne des Wortes, gehört zur täglichen Herausforderung: Deadlines und Limits ohne Ende. Die Geschichte muss in einer bestimmten Länge abgegeben werden und zu einer bestimmten Zeit. Im Kopf sollte sie all diese Parameter bereits erfüllt haben, bevor sie geschnitten und textiert das Licht des Fernsehers erblickt. Ich überlasse es jedem Einzelnen, sich vorzustellen, wie entspannt es sich, beispielsweise bei Live-Großereignissen oder bei Todesfällen, oder bei technischen Pannen arbeiten lässt. Ein Heer von erforderlichen Details, die sich hinter den Kulissen abspielen, verspricht einen Ritt über den Bodensee mit ungewissem Ausgang. Die Genugtuung es geschafft zu haben, ist unermesslich! Und die Demut zählt für mich zu den wichtigsten Eigenschaften: Ein Fernsehbeitrag ist und bleibt Teamwork. Ohne Kameramann, ohne Tonassistent, ohne Cutter, ohne von der Muse geküsst zu werden, entsteht rein gar nichts. Ich habe das Glück gehabt einen kongenialen Partner in Franz Zoglauer zu finden – seit Jahren bewundere ich ihn, arbeite ich mich mit ihm durch den Kultur-Dschungel. Nicht immer ist jede Geschichte, jedes Thema so prickelnd, so lehrreich, wie man es sich vorstellt: Franz Zoglauer schafft es, aus allem etwas herauszuholen. Es ist eben immer nur die Frage der Perspektive, der Herangehensweise, das Wollen. Jeden Tag aufs Neue. Und gerade die Tatsache, dass man das Geheimnis dieses Jobs nicht erfassen kann, macht ihn so spannend.

XXV

WIE WERDE ICH SPORT-JOURNALIST?

Adi KORNFELD

(Geschäftsführender Chefredakteur *SportWoche, Sportmagazin, sportnet.at*)

„Schreibe kurz – und sie werden es lesen. Schreibe klar – und sie werden es verstehen. Schreibe bildhaft – und sie werden es im Gedächtnis behalten." Eine auch heute noch unwidersprochene Maxime, gelebt und verkörpert von Joseph Pulitzer, Namensgeber und Initiator des weltweit bedeutendsten Literatur- und Journalistenpreises – den dummerweise nur Amerikaner gewinnen können, und der meines Wissens nach noch nie an einen Sportjournalisten ging.

Schade, denn Preisträger wie Flugpionier Charles Lindbergh, Seebär Ernest Hemingway, Box-Fanatiker Norman Mailer oder Golf-Satiriker John Updike, hatten durchwegs eine Passion für Spielerisches wie für Schweißtreibendes.

Und auch Stifter Jozsef Pulitzer, geboren am 10. April 1847 im ungarischen Makó bei Szeged, hatte einen bemerkenswerten Zug zum Tor: Nachdem er sich mit 17 erfolglos, weil als untauglich eingestuft, bei der österreichischen Armee, der französischen Fremdenlegion und der britischen Armee (für den Dienst in Indien) beworben hatte, gelang ihm in Hamburg die Registrierung für die US-Unionsarmee, in der er bis zum Ende des Bürgerkriegs diente. Pulitzer, wohlhabender Sohn eines jüdischen Kornhändlers, konnte nur Deutsch und Französisch, jobbte als Kofferträger und Kellner, wurde 1867 amerikanischer Staatsbürger und machte schließlich sogar seinen Abschluss in Jus. Mit einem Reporterjob bei der deutschsprachigen *Westlichen Post* gelang ihm der Einstieg in den Journalismus, 1872 kaufte er das Blatt um 3000 Dollar, ein Jahrzehnt später dann auch die schwer defizitäre *New York World*. Pulitzer pushte die Auflage von 15.000 auf über 600.000 Exemplare, machte das Blatt zur größten Tageszeitung des Landes und zum Vorreiter des modernen Boulevard-Journalismus – mit Human Interest Stories, Skandal- und Aufdeckungsjournalismus und populistischen Kampagnen (über die *World* hatte er 1883 u.a. eine große Spendenkampagne für den Bau des Sockels der Freiheitsstatue initiiert). Fünf Jahre nachdem er sich als erblindeter 45-Jähriger als Herausgeber zurückgezogen hatte, ließ Pulitzer 1895 den ersten Farb-Cartoon der Zeitungsgeschichte drucken: Star darin, ein Junge mit einem langen gelben Hemd, „the yellow kid". Dieser Comic prägte den Begriff „yellow press", der Sensationspresse, bis heute, wie jeder Halbgebildete heute auf wikipedia.com der freien Wissens-Enzyklopädie entnehmen kann, sofern er sich die Mühen einer solchen Recherche antun will.

Was das alles mit Sportjournalismus zu tun hat?

Nun denn, im größten und erfolgreichsten heimischen Sportverlag dreht sich fast alles um Pulitzer. Genau gesagt um das „Pulitzer", das schicke Caffè-Restaurant im Herzen des Verlagshauses in der Wiener Kaiserstraße 113-115 im 7. Bezirk. Hier halten die Redakteure von *Sportmagazin*, *SportWoche* und des Internetportals *sportnet.at* ihre inoffiziellen Redaktionskonferenzen beim Mittagsmenü ab (übrigens auch der Pulitzer-Preis wird während eines Mittagessens vergeben – jährlich im Mai, seit 1917, allerdings in der Bücherei der Columbia Universität). Hier trinkt Mattersburg-Kapitän Didi Kühbauer, der nebenan wohnt, fast täglich seinen Caffè Latte, hier gastieren Teamchef Josef Hickersberger und sein Assistent Andi Herzog zum EM-Doppel-Interview, hier jubelt nächtens eine Horde hochdekorierter Werbe- und PR-Profis im Flat-TV-Extrazimmer über den 2:1 Champions-League-

Sieg des AC Milan über den FC Liverpool – während sich der Autor dieses Buchbeitrags mehr als 90 Minuten Disziplin abringen muss, den versprochenen Text fristgerecht im Kasten unterzubringen.

Für jeden Schreiber ist die Overtime irgendwann zu Ende. Journalisten, egal ob sie für Monats-, Wochen- oder Tagesmedien arbeiten, müssen das mit Sportsgeist hinnehmen. Und die täglichen Deadline-Szenarien in den Redaktionen können es an Dramatik und Adrenalinausstoß wohl mit jedem Elferschießen aufnehmen.

Während also Steven Gerrard und Co. im Athener Olympiastadion von Uefa-Präsident Michel Platini tätschelnden Trost für die bittere Milan-Revanche mit hängenden Köpfen entgegennehmen, zoomen dutzende TV-Kameras in die Gesichter tanzender Sieger, schluchzender Fans und händeschüttelnder Trainer. Blitzen die Digitalkameras hunderter Fotografen, die schon Minuten später hektisch ihre Bilder an die Agenturen downloaden. Hämmern auf der Pressetribüne erfahrene Haudegen ihre zur Halbzeit aufgesetzten Matchreportagen in den Laptop. Im Interviewraum moderiert ein Uefa-Medienmann die holprigen Fragen an die gelangweilt wirkenden Trainer. Und in der anschließenden Mixed Zone im Stadionbauch strecken sich Diktiergeräte den Hälsen der Spieler entgegen, die sich   frisch geduscht, mit Pomade im Haar und dem unvermeidlichen Toilette-Beutel unterm Arm – im einheitlichen Anzug irgendeines Nobelschneiders auf dem Weg zum von Sicherheitskräften abgeriegelten Mannschaftsbus mehr oder weniger erfolgreich an den Radio-Reportern vorbeischummeln, der eine oder andere erleichtert um eine unverbindliche Wortspende.

Traumberuf Sportjournalist?

Ich wollte nie Sportjournalist werden. Ich wollte immer Journalist sein! Aber wenn sich grenzenlose Leidenschaft für Medien, die sich seit frühester Jugend im Sammeln und Verzehr jedweder Print-Publikationen manifestierte (ja, ich hab die Zeitungs-Retouren aus der Trafik der Fini-Tant geschändet!) mit scheinbar grenzenloser Leidenschaft für Sport in derart obsessiver Ausprägung paart, dann kann wohl nix Gescheites dabei herauskommen.

Tja, der Wacker-Innsbruck-Fan, der sich fünf Jahre lang die *Tiroler Tageszeitung* mit jeweils bis zu dreitägiger Verspätung per Bummel-Abo ins Burgenland schicken ließ, der seine ersten Artikel für die selbst kopierte Klubzeitschrift der im fernen Oberösterreich ansässigen SSW-Freunde verfasste, der seine Viererblock-Briefmarkensammlung opferte, um sämtlichen heimischen Bundesliga-Vereinen mit opportunistisch beigelegtem Rückporto die Übersendung von Autogrammkarten zu erleichtern – dieser junge Mann ging im Sommer 1986 nach Wien, um sich nun mit ebensolcher naiven Hingabe dem Studium der Publizistik und Politikwissenschaften zu widmen.

Die Widmung endete im vierten Semester und im Redaktionszimmer von Alfred Worm. Dorthin hatte mich Österreichs bekanntester, gefürchtetster und respekteinflößendster Journalist im Frühling 1988 anlässlich einer Proseminararbeit zum Thema „Journalistische Ethik" zum Interview zitiert. Montag morgen, sieben Uhr früh bis sieben Uhr dreißig, war die strenge Maßgabe. Um elf Uhr vormittags verließ ich – zwei Meter größer – das Büro in der Marc-Aurel-Straße, das mir ewig in Erinnerung bleiben wird, nicht nur weil ich schon Wochen später an selbiger Adresse im *trend-profil*-Verlag einen eigenen Schreibtisch zugewiesen bekommen sollte.

Der große Worm empfing den kleinen Studenten wie er wohl auch Kanzler, Generaldirektoren und Rechnungshofbeamte in Augenschein genommen haben musste: Pfeife rauchend, mit hochgelagerten Beinen auf einem Schreibtisch, der überbordend vollgeräumt war mit Aktenmappen, Zeitungen und Büchern. Auch der Rest des Kobels, dessen originärer Bodenbelag bestenfalls Archäologen zugänglig gewesen sein mochte, glich einem Bunzl&Biach-Altpapierdepot.

Ich fühlte mich pudelwohl.

Worms väterliches Schulterklopfen und die Impertinenz seiner Anrede („„g'scheite Frage, HERR KOLLEGE!") taten ein Übriges. In einem Anfall von Größenwahn erkundigte ich mich, ob das im selben Haus erscheinende *Sportmagazin* irgendwann einmal eventuell womöglich einen freien Mitarbeiter brauchen könnte …

Worm griff zum Telefon, verband mich mit Helmut Voska, damals Doppel-Herausgeber von *profil* und *Sportmagazin*, und meine soeben noch so hoffnungsvolle Uni-Karriere war vorbei.

Der Rest ist ja Geschichte – nachdem der vormalige *trend*-Redakteur Herbert Pinzolits seinem Arbeitgeber das ungeliebte *Sportmagazin* abkaufte und rund um dieses vom Prestigeverlag weggelegte Kind eine recht ansehnliche Magazin-Familie aufbaute, zu der heute *Sportmagazin*, *SportWoche*, *Motorradmagazin*, *Reisemagazin*, *Gartenmagazin* und etliche höchst erfolgreiche Kundenmagazine (*AUA Skylines*, *Bundesliga Journal*, *Erste Bank Bausparkassen* etc.) gehören.

Es war eine Erfolgsgeschichte against all odds – niemand in Österreich sah einen Markt für Sport-Periodika, weder bei den tageszeitungsverwöhnten Lesern, noch am Anzeigenmarkt. Umso schöner dann die Komplimente aus allen Ecken zum 10-jährigen *Sportmagazin*-Jubiläum 1997: Allen Ernstes gestanden uns Kollegen wie Mitbewerber ein qualitatives Level von *Sports Illustrated* zu, der besten und meistgelesenen Sportzeitschrift der Welt aus der *Time*-Verlagsgruppe.

Das *Sportmagazin* hat zwar nicht einen so astronomisch hohen Abo-Anteil wie die amerikanische Sportbibel, die nur rund 10 Prozent der Millionen-Auflage am Kiosk verkauft. Aber das *Sportmagazin*, das die Swimsuit-Issue von *Sports Illustrated* mit der Bikini-Nummer erfolgreich nach Europa importierte, setzt auf ähnliche Qualitätskriterien: klares Heftkonzept, großartige Fotos, gut recherchierte Reportagen und Porträts mit internationalem Anspruch – erweitert um den Faktor Leserservice in Form von Produkttests, Themen-Extras und Trend-Guides.

Das erfordert auch entsprechende journalistische Umsetzung. Und da es am Markt bis dahin nur die klassischen Sportjournalisten der Tageszeitungen gab, in traditioneller Hierarchie und strenger Ressortaufteilung (Rapid-Betreuer, Austria-Schreiber, Ski-Herren-Reporter, Ski-Damen-Zirkus-Begleiter etc...), mussten wir uns unsere Leute selber heranzüchten.

Größerer Blickwinkel, breites Interessensgebiet, dichtes Netzwerk an Informanten und Insidern. Dazu das sprachliche Handwerk eines Magazinjournalisten, dem es bei einem Storyumfang von 15.000 Anschlägen nicht gleich den Angstschweiß auf die Stirn treibt.

Geschwitzt haben wir dennoch. Und jede Menge gelernt. Ich hatte die zweifelhafte Ehre, mit 25 Jahren jüngster Chefredakteur eines der zehn reichweitenstärksten Magazine des Landes zu sein, verantwortlich für ein knappes Dutzend Mitarbeiter und fast eine halbe Million Leser.

Mit der Gründung der *SportWoche* im Februar 1999, nach einem dilettantischen wie abenteuerlichen fünfwöchigen „WM-Extra"-Testlauf bei der Fußball-WM 1998 in Frankreich (wir produzierten die Farbzeitschrift in Tageszeitungsaktualität direkt im Niederösterreichischen Pressehaus in St. Pölten), wurde uns der Quantensprung zwischen Monats- und Wochenmagazin deutlich wie ein wöchentlicher Abgrund.

Weder die am deutschen Markt platzierten Mitbewerber *Kicker* (der seinen Montags-Farbmantel bereits am Freitag druckt) noch *Sportbild* (das mit Respektabstand zum Sportwochenende erst mittwochs erscheint) hatten sich einem so ambitionierten Aktualitäts-Druck bei Beibehaltung des Qualitäts-Anspruchs einer Wochenzeitschrift unterworfen. Die *SportWoche*, als Europas schnellste Sportzeitschrift mit dem kompletten Sport vom Wochenende bereits Montag früh im Blatt gestartet, wechselte auf den Dienstag als Erscheinungstag, um ihre Stärken im Feature- und Hintergrundbereich noch besser am Markt ausspielen zu können – mit signifikantem Erfolg.

Und mit der Gründung des Internet-Portals *sportnet.at*, wo knapp zwei Dutzend Jungredakteure unter der Anleitung eines erfahrenen Führungsteams im Minutentakt das journalistische Internet-Handwerk erlernen, hat die Verlagsgruppe *Sportmagazin* die Angebotspalette vom Monatsmagazin zur Wochenzeitschrift hin zur mobil abrufbaren 24/7-Aktualität in beispielloser Konsequenz optimiert.

Das Berufsbild des Sportjournalisten und das damit verbundene Anforderungsprofil sind genauso wie ihre Trägermedien in ständiger Veränderung.

Am deutlichsten erkennbar zuletzt wohl im TV-Bereich, wo mit den Rechten ganze Redaktionseinheiten transferiert werden. Mit dem Wechsel der Bundesliga-TV-Lizenzen vom ORF zu *Premiere* vor drei Jahren wurde erstmals auch in Österreich sichtbar, was das Dealen von Bundesliga- und Champions-League-Rechten zwischen Playern wie SAT 1, RTL, ARD, *Premiere* und *Arena* für personelle und finanzielle Konsequenzen hat.

Der Sportjournalist im Fernsehen ist weitgehend zum Präsentator und Moderator geworden, wobei ihm auch hier Konkurrenz erwächst durch prominente Ex-Sportler, die immer stärker als kompetenz- und Zuschauerbindung-stärkende Ko-Kommentatoren inszeniert werden. Armin Assinger, als aktiver Skifahrer ursprünglich nur in seiner Verletzungssaison in der Kommentatoren-Kabine am Werk, ist heute einer der beliebtesten und bestdotierten Moderatoren des ORF und besteht in der „Millionenshow" dank Charme, Selbstbewusstsein und professionellem Ehrgeiz fast täglich vor einem Millionenpublikum.

Das Star-Phänomen erstreckt sich nahtlos auf die Zeitungslandschaft, wo Sportler auch als Print-Kolumnisten „journalistisch" in Erscheinung treten, wenngleich die *Österreich*-Starkolumnisten Franz Klammer oder Hans Krankl natürlich keinen Finger auf eine Tastatur setzen – im Gegensatz zu Ex-*SportWoche*- und *News*-Kolumnist Assinger, der sich nicht auf eine telefonische Übermittlung seiner Befindlichkeit beschränken möchte.

Das Imageproblem des Sportjournalismus wird dadurch nicht geringer. Moderatoren, Präsentatoren – doch wo bleibt der Journalismus? Der vielfach gelebte Minderwertigkeitskomplex, erwachsen aus der jahrzehntelangen innerredaktionellen Erfahrung, dass das Sportressort zwar dienlich für die Auflage sein mag, aber von den Kollegen aus den Ressorts Politik, Wirtschaft und besonders Kultur kaum wertgeschätzt wurde, sitzt immer noch in den Köpfen. Genauso wie das intellektuelle Klischee, dass zwangsläufig unverhohlener Chauvinismus, dumpfe Phrasendrescherei und blinder Fanatismus drin sind, wo Sportjournalist draufsteht.

Längst darf auch angezweifelt werden, dass die Redakteure anderer Ressorts in Sachen investigativer Journalismus beflissener oder erfolgreicher agieren als ihre Kollegen vom Sport – wie die erstaunlich hemmungslosen Aufdeckungsrecherchen rund um die finanziellen Gebarungen im heimischen Fußball zuletzt eindrucksvoll unter Beweis stellten.

Die Verflechtungen zwischen Sportjournalisten und dem Gegenstand ihrer Berichterstattung sind andererseits unverkennbar. Wenn die größte heimische Tageszeitung gleichzeitig und großflächigst als Sponsor des Skinationalteams in Erscheinung tritt, darf von einer journalistischen Unvoreingenommenheit nicht mehr ausgegangen werden. Wenn der Erwerb umfangreicher Fernsehrechte Millionen-Partnerschaften zementiert, dann hat dies natürlich immer auch eine inhaltliche Tragweite. Und wenn der Anzeigenmarkt die Nachfrage an neuen Angeboten diktiert, dann ist der Erfolg von teils inszenierten Trendsportarten wie Beach Volleyball, Snowboard oder anderer Sponsor-Partnerschaften nicht weiter verwunderlich.

Wie sich das auf die Sportjournalisten auswirkt? Es erwachsen durch das neue Angebot viele neue Chancen, andererseits muss man sich der Gefahr der Vereinnahmung durch PR und Sponsering ständig bewusst sein.

In Wahrheit ist der journalistische Markt längst in einem nicht unbeträchtlichen Ausmaß durch PR- und Mediaagenturen aufbereitet – und ganz sicher nicht allein im Sport.

Die Fotoshootings mit den Stars der Fußball-WM wurden von den Ausrüsterfirmen parallel zu den Fernsehspots produziert und inszeniert, Fotomaterial das je nach Zielgruppe und Marktpositionierung an die entsprechenden Medien exklusiv weitergereicht wird. Sogenannte Exklusiv-Interviews sind – wie in Hollywood seit Jahren praktiziert – nur in Ausnahmefällen Vieraugengespräche mit internationalen Superstars, im Regelfall werden Journalistengruppen, zusammengestellt nach regionalen, sprachlichen oder Zielgruppen-Kriterien, gemeinsam zur Audienz vorgelassen. Am vergötterten Rasen in Nou Camp mit Barcelona-Ikone Ronaldinho ein paar Doppelpässe spielen zu dürfen, zählt für viele internationale Sportjournalisten zu den Highlights ihrer Karriere.

Nicht zuletzt auch für unsere Branche gilt: Die journalistische Herausforderung steigt in dem Maß wie der allgemeine Anspruch sinkt – erst recht im Zeitalter der Gratiszeitungen, die inhaltlich beliebig austauschbar sind, weil meist vom selben Agentur-Einheitsbrei und oberflächlichen Spirit gespeist.

Was also braucht ein guter (Sport-)Journalist, um am Markt und vor seinem Spiegelbild bestehen zu können? Begeisterung für die Sache, Neugier, Empathie, Vertrauen, Inspiration, Leidenschaft – und die Bereitschaft sich Fachwissen anzueignen und jene zu harter, erfüllender Arbeit.

Und sprachlich? Sprache muss man trainieren wie Muskeln, sie sind nicht einfach da. Lesen erachte ich immer noch als bestes geistiges Muskeltraining. Und ich bin immer wieder erschüttert, mit welcher Unbedarftheit und Ignoranz mir junge Bewerber oder Berufseinsteiger diesbezüglich gegenübertreten. Es fällt niemandem ein Zacken aus der Krone, wenn er auch eine zweite, dritte oder vierte Zeitung liest, erforscht, erlebt. Der Reichtum kluger, interessanter, inspirierender Lektüre am Kiosk ist grenzenlos. Und auch aus dem unerschöpflichen Brunnen des Internets wird meist nur das abgeschmackte Wasser des erstbesten Kübels gekostet und wieder ausgespuckt.

Bei aller Wichtigkeit von Sekundärliteratur und Quellenstudium zur Vorbereitung auf ein Thema, einen Sachverhalt, eine inhaltliche Auseinandersetzung: Das wichtigste ist immer der Mensch. Die Begegnung mit dem anderen ist jene Reise, die uns zu uns selbst führt.

Hinschauen, Berühren, Begreifen!

Ich wollte nie Sportjournalist werden. Ich wollte immer Journalist sein.

Sehen und ernten! Ein wunderbares Feld dafür ist der Sport. Und ich erachte es als Privileg, über den Sport Menschen aller Richtungen kennenlernen zu dürfen, vom Bundeskanzler bis zum Vorstandsvorsitzenden, vom Philharmoniker bis zum Kabarettisten, vom Stehplatzbesucher bis zum Zeugwart.

Respekt freilich muss nicht einhergehen mit blanker Bewunderung, Patriotismus nicht mit Chauvinismus, Augenzeugenschaft nicht mit der Naivität der Hofberichterstattung.

Was also braucht es, ein authentischer Journalist zu werden?

Vocation, nennt man es wohl im Englischen, Berufung: Und die artikuliert sich als Ruf des Herzens – und nicht als zorniges Fiebern vor einem Fernseher, hirnrissiges Geschrei hinter einem Mikrofon und schon gar nicht durch hinter der Masse verstecktes Grölen im weiten Rund (5 Euro ins Phrasenschwein!) eines womöglich gar eckigen Stadions.

XXVI

Wie werde ich Auslandskorrespondent?

Norbert RIEF

(Korrespondent Washington D. C. *Die Presse*)

Soso, Sie wollen also Auslandskorrespondent werden? Der Wunsch erinnert ein wenig an den Volksschulkollegen, der befragt, was er einmal werden wolle, antwortete: Reich. Wer träumt nicht davon, als Journalist die Welt zu bereisen, wochenlang durch die Berge Afghanistans zu klettern, unter Beduinen zu wohnen, im Oval Office ein und auszugehen, auf Hollywood-Partys Martinis mit Angelina Jolie (oder, je nach Leser, Brad Pitt) zu schlürfen und dafür auch noch bezahlt zu werden? In Österreich dürfte es allerdings leichter sein, Astronaut zu werden, als diesen Traum als Korrespondent zu leben.

Wir Auslandskorrespondenten sind eine aussterbende Rasse. Die Büros, die sich Österreichs Medien noch im Ausland leisten, kann man an zwei Händen abzählen. Das Treffen der österreichischen Medienvertreter in Washington könnte man leicht in einem der winzigen Presse-Cubicles im Weißen Haus abhalten: Außer dem ORF mit drei Mitarbeitern hat nur *Die Presse* einen ständigen Vertreter in der US-Bundeshauptstadt.

Verantwortlich dafür ist das schwindende Interesse an Auslandsnachrichten und das steigende Interesse am Geld. Ein Büro im Ausland ist teuer, und warum soll es ein Zeitungsherausgeber finanzieren, wenn der Streit um die neue Parkgarage im neunten Wiener Gemeindebezirk mehr Menschen interessiert und mehr Exemplare verkauft als der Völkermord in Darfur.

Peter Arnett, jener legendäre *CNN*-Korrespondent, der beim Golfkrieg I als einziger Journalist aus Bagdad berichtete, klagte im *American Journalism Review*: „Auslandsnachrichten sind an der Wahrnehmungsschwelle angelangt. Eine Auslandsgeschichte, die keine Bomben, keine Naturkatastrophen oder kein Finanzdesaster beinhaltet, hat geringe Chancen, ins Bewusstsein zu gelangen." Das war 1998!

Der Trend hat sich seither nur verstärkt und beschränkt sich nicht auf Österreich oder Europa. Auch im Geburtsland des Auslandskorrespondenten, in den USA, spart man ein: Der *Boston Globe*, einst eines der weltpolitischen Blätter in den USA, sperrte kürzlich sein letztes Auslandsbüro zu. Der Fernsehsender *ABC* schloss die Türen seines Büros in Moskau, *NBC* ließ das Studio in Peking auf. Selbst die *New York Times*, bislang das Mekka für Korrespondenten (Stichwort: unbeschränktes Spesenkonto), baut ab und verlässt sich mehr und mehr auf freie Mitarbeiter.

Ersetzt werden die Korrespondenten durch „Parachute Journalists", wie man sie im Englischen nennt: „Fallschirm-Journalisten", die bei einem berichtenswerten Ereignis in das jeweilige Land einfallen und ohne Kenntnis der Kultur, der Hintergründe oder der Zusammenhänge nach Hause berichten. So atemlos wie ahnungslos. Oder noch schlimmer: „Internet-Korrespondenten". Diesen Begriff gibt es tatsächlich, und er beschreibt den Journalisten, der vom Schreibtisch aus mit Hilfe lokaler Zeitungen, mit Webcams, Fotos und im besten Fall ein paar Anrufen via Skype, über ein Land berichtet.

Man muss also kurz innehalten und jenen wenigen Chefredakteuren, die noch Wert auf fundierte Auslandsberichterstattung legen, die Füße küssen – gleich nachdem man den Zeitungsbesitzern die Füße geküsst hat, die die Auslandskorrespondenten finanzieren. Auch die Herausgeber gehören zur aussterbenden Rasse, die sich die Qualität einer Zeitung noch etwas kosten lassen und nicht daran messen, wieviel Geld sie damit verdienen können.

Die Zerstörung aller Träume und die nüchterne Realität, die vermutlich einen Großteil der Leser zum Kapitel „Wie werde ich Lokaljournalist" getrieben hat, führt uns zur ersten Eigenschaft des Auslandskorrespondenten, über die alle, die bis hierher gelesen haben, verfügen: Hartnäckigkeit.

Doch bevor wir uns dieser Eigenschaft widmen, ein paar kurze Worte zur Aufmunterung. Natürlich ist der Job des Auslandskorrespondenten der beste aller Jobs. Man sucht sich großteils seine Geschichten selber aus, es gibt keine „Schrebergärten" wie in der Zentralredaktion, wo nur X über Militär und Y über Börsengeschäfte schreiben darf. Die Themenvielfalt und die Abwechslung sind enorm: Manchmal sitzt man vormittags beim Pressebriefing im Weißen Haus und nachmittags robbt man mit Marines durch den Dreck in ihrem Ausbildungslager in Quantico in Virginia.

Nie kann sich ein Journalist derart auf Geschichten konzentrieren, wie in einem Auslandsbüro: Keine mühsamen Konferenzen, keine langwierigen Sitzungen, keine bürokratischen Alltagsmühen. Nur schreiben und berichten. Und das kann man zur Genüge: Ich habe John Kerry interviewt und war im Wahlkampf 2004 mit George Bush im Bus unterwegs; ich war tagelang im Terroristenlager Guantanamo Bay (und bin, was bemerkenswerter ist, wieder zurückgekommen), habe die NORAD-Zentrale tief im Cheyenne Mountain besucht; war zwei Tage für eine Reportage auf einem Flugzeugträger im Atlantik, bin mit einem F-18-Kampfflugzeug geflogen, habe mit Soldaten für den Irak-Krieg trainiert, mich in New Orleans durch die Überreste von Hurrikan Katrina gekämpft und in einem dunklen Hotelsaal in Houston Hurrikan Rita getrotzt. Ich habe mit Arnold Schwarzenegger Zigarre geraucht und mit Jimmy Carter Kaffee getrunken. Ich habe in Alaska gefroren und in Arizona geschwitzt, als ich mit der US-Grenzpolizei durch die endlose Wüste patrouillierte auf der Suche nach illegalen Grenzgängern aus Mexiko.

Das ist das Leben, das man als Auslandskorrespondent führen kann. Vorausgesetzt, die Heimatredaktion ist der Meinung, dass ein Korrespondent mehr tun soll, als in einem dunklen Kellerbüro (die meisten Zeitungskorrespondenten arbeiten von zu Hause aus) *CNN* zu verfolgen. Man muss Glück mit den Chefs und eine Zeitung wie etwa *Die Presse* haben: Keine einzige der vielen Reportagereisen wurde jemals abgelehnt. Ein Korrespondent sollte reisen und das Land erklären, vor dem Fernseher sitzen kann man in Wien billiger.

Hartnäckigkeit also. Hartnäckigkeit beim Verfolgen des Berufsziels, bei der Recherche, beim Versuch, ein Interview zu bekommen. Das gilt für den Korrespondenten wie für jeden Journalisten: Wer nicht hartnäckig ist, wird es nie zu einer Schlagzeile bringen.

In Washington gibt es die Geschichte von jenem Korrespondenten, der sich die Füße wund joggte, wochenlang in alle möglichen Konzerte ging und eislaufen lernte, nur um an den Nationalen Sicherheitsberater des Präsidenten zu kommen, der oft joggte, gerne in Konzerte ging und im Winter manchmal im Herzen Washingtons eislaufen ging. Am Ende wurde die Hartnäckigkeit mit einem Interview belohnt.

Das ist tatsächlich eine der wenigen Möglichkeiten, in Washington ein Interview mit einem hochrangigen Politiker zu bekommen. Normalerweise passiert, was zwei deutschen Kollegen widerfuhr: Sie trafen bei einem langweiligen Parteitag zufälligerweise Hillary Clinton, die sich ebenso langweilte, und fragten die Senatorin, ob sie wohl ein paar Minuten Zeit für die zwei nicht gerade unbedeutenden deutschsprachigen Zeitungen habe. Die Antwort war ernüchternd: „Warum sollte ich meine Zeit mit Ihnen verschwenden?“

Das war nicht böse gemeint, sondern ehrlich. In einer Stadt mit mehr als 10.000 Journalisten geht man sparsam mit seiner Zeit um und urteilt immer danach, was man selbst davon hat, wenn man seine wertvollen Minuten opfert. Deshalb sprechen US-Senatoren in erster Linie mit ihren Heimatmedien, weil dort ihre Wähler sind. Dann wegen des Prestiges mit nationalen Zeitungen und TV-Sendungen, anschließend vielleicht noch mit anderen amerikanischen Zeitungen und ganz am Ende stehen die Auslandsmedien, die in den USA weder Wähler noch Prestige bringen.

Man muss sich daran gewöhnen. So klingend der Name der Zeitung in der Heimat oder sogar in Europa sein mag, im Ausland, gerade in den USA, bedeutet er wenig – wenn der Gesprächspartner überhaupt weiß, wo dieses ominöse Austria liegt. Das ist zugleich das Beruhigende: *Der Spiegel*, *Le Monde*, die *Frankfurter Allgemeine Zeitung*, die *Süddeutsche Zeitung*, die Londoner *Times*, *Die Presse* – alle spielen in der gleichen Liga.

Das führt zur zweiten Eigenschaft: Kontaktfreudigkeit. Das ist im Ausland nicht anders als zu Hause. Gute Geschichten bekommt man durch gute Informanten. Zugang bekommt man durch Freunde. Kontakte schließen beginnt schon bei der Auswahl der Wohngegend: Man muss sich in den besseren Gegenden ansiedeln, um die besseren Leute kennenzulernen. Die freitägliche Pokerrunde in der kleinen Nachbarschaft etwas außerhalb von Washington besteht aus einem CIA-Mitarbeiter, einem FBI-Agenten, einem Pentagon-Militär, dem Bürochef eines Senators und einem Anwalt. Das hilft.

Man muss enorm viel Zeit investieren, in vielen Kantinen sitzen und an unendlich mühsamen Diskussionsveranstaltungen teilnehmen, um die richtigen Menschen kennenzulernen. Und selbst das garantiert nicht immer Geschichten und Zugang. Sei es, weil derjenige, der willig ist, nicht wissend ist oder keinen Einfluss hat; sei es, weil er bald wieder den Job wechselt – was gerade in den USA ständig passiert.

Hartnäckigkeit macht sich auch bei der Suche nach Kontakten bezahlt. Und manchmal muss man hartnäckig kontaktieren, um zu erreichen, was man will: Das Pentagon ließ mich vermutlich nur in der Hoffnung auf die USS Eisenhower, dass ich draußen im Atlantik ertrinke, weil ich den Presseoffizier fast täglich mit Anrufen nervte.

Dass man die Sprache des Landes, aus dem man berichtet, beherrschen sollte, ist eine Selbstverständlichkeit. Wer schon einmal in Frankreich radebrechte, weiß, wie unfreundlich man in dem Land jedem begegnet, der die Sprache der Grande Nation mit seinem Stottern verunglimpft. Die Sprache beherrschen heißt aber auch zu wissen, was der republikanische Senator meint, wenn er den Krieg gegen den Irak als „piece of cake" bezeichnet und die Sekretärin des Verteidigungsministers einen wissen lässt, man bekomme das Interview „when pigs fly". Es sind schon Kriege ausgebrochen, weil jemand die Sprache nicht beherrscht. Derartige Folgen hat ein Übersetzungsfehler in einer europäischen Zeitung zwar nicht, peinlich ist es aber allemal und möglicherweise für die Zukunft des Korrespondenten fatal.

Die dritte, wichtige Eigenschaft: Man sollte schreiben können. Schreiben, wie es Egon Erwin Kisch definierte: „Ich sehe es, ich rieche es, ich fühle es – und dann schreib' ich es." Wer im Agenturstil von dem monumentalen Begräbnis eines früheren US-Präsidenten berichtet, ist als Auslandskorrespondent fehl am Platz. Jede Geschichte, die ein Korrespondent schreibt, kostet die Zeitung mehr als alles andere, das sie veröffentlicht. Man muss sich dessen bewusst sein. Die Zeitung und die Leser haben etwas verdient für ihr Geld.

Das Sehen, Fühlen und Schreiben allein genügt freilich nicht. Man muss es auch recherchieren. Es nützt nichts, wenn jemand wie ein junger Gott schreibt, aber nichts zu sagen hat. Die Recherche ist wichtig und oft mühsam, weil viele Gesprächspartner ihre Zeit schlicht nicht mit einem Medium verschwenden wollen, das ihnen weder Wähler noch Ansehen bringt. Das führt uns wieder zur Hartnäckigkeit und den Kontakten.

Zu den persönlichen Eigenschaften, die man ins Ausland mitbringen muss: Kein Chefredakteur wird jemanden ins Ausland schicken, der Aufsicht braucht und dem man sagen muss, was er tun soll. Eine halbe Erdkugel entfernt muss man allein in seinem Büro arbeiten. Wer sich nicht motivieren kann, wer keine strikte Selbstdisziplin hat, ist verloren. Denn natürlich kann man den ganzen Tag im Bett verbringen oder mit den sechs Staffeln von „24" vor dem Fernseher. Niemand mahnt einen zur Arbeit.

Das ist übrigens die Klage, die man am zweithäufigsten von Auslandskorrespondenten hört: Die Isolation, das Fehlen des täglichen Kontakts mit den Redaktionskollegen, der Gedankenaustausch über Geschichten, der simple Tratsch in einem Büro. Auch damit muss man zurechtkommen. Die häufigste Klage? Die trifft die „Metzger" in den Redaktionen, die die Geschichten einrichten: Weil man mehrere Zeitzonen von der Druckerei entfernt ist, muss man sich auf die Kollegen verlassen, wenn die Berichte zu lang sind. Und die kürzen immer ausgerechnet den Absatz, den man als Schreiber für den allerwichtigsten der ganzen Geschichte hält. Eine französische Kollegin hat sich dazu verschrieben, nie eine ihrer veröffentlichten Geschichten zu lesen. Und ein deutscher Kollege sieht sein Gehalt als „Schmerzensgeld dafür, was sie zu Hause mit meinen Geschichten anrichten".

Noch eine Eigenschaft sei erwähnt, die ein langjähriger Auslandskorrespondent als „kindliche Offenheit" beschreibt: Wer in ein anderes Land kommt, muss seinen Geist öffnen. Nur weil etwas in Wien lächerlich oder idiotisch erscheint, muss es das nicht auch in Mississippi oder Louisiana. Man sollte als Korrespondent das Land, über das man berichtet, nicht beurteilen, sondern erklären. Die auf den ersten Blick unverständlichsten Regeln und Sitten machen Sinn, wenn man nur versucht, sie zu verstehen. Daher die „kindliche Offenheit", die lernfähig macht.

Das ist auch ein kostenloser Nebeneffekt des Lebens im Ausland: Es bildet und erweitert den Horizont, auf dem Weg der Osmose, ob man will oder nicht. Deshalb sollte man als junger, ungebundener Journalist einen Kredit aufnehmen, ins Land seiner Träume siedeln und von dort aus berichten, solange es Ungebundenheit und Kredit erlauben. Über die Parkgarage im neunten Bezirk kann man später noch immer schreiben.

XXVII

WIE KOMMT MAN AUS DEM JOURNALISMUS WIEDER RAUS?

Thomas HOFER
(Politikberater, Geschäftsführer *public consult*; ehemals *profil*)

VERTREIBUNG AUS DEM PARADIES

Die Frage im Titel grenzt an Blasphemie. Nicht nur, dass es eigentlich widersinnig ist, in einem Buch, das Journalismushungrigen Menschen Wege in ihren „Traumberuf" aufzeigt, über Exit-Szenarien zu schreiben. Auch in der Journalisten-Community des Landes ist allein der Gedanke an einen anderen Job verpönt. Als ich 2003 nach sechs tollen Jahren in der *profil*-Innenpolitik, zwei atemberaubende Regierungsbildungen und monatelanges internationales Aufsehen inklusive, kündigte, waren die Reaktionen eindeutig. Zusammengefasst wurden sie im Gesichtsausdruck meines journalistischen Förderers und damaligen Ressortchefs, als er vom Abgang erfuhr: Er spiegelte bloß fassungsloses Unverständnis wider.

Wir notieren also: Ob es ein Leben nach dem Journalismus gibt und wie dieses ausschauen könnte, hat für einen gestandenen Journalisten irrelevant zu sein. Diese Ignoranz hat gute Gründe:

Erst einmal ist jeder Journalist überglücklich, das zu sein, was er ist. Journalismus ist kein Beruf, sondern Berufung. Das ist zwar ein viel bemühter Stehsatz. Doch würden ihn die meisten in der

Branche ungeschaut unterschreiben. Privatleben ist für viele Luxus oder grundsätzlich was für Warmduscher. Journalisten leben ihren Job, haben lang darauf hingearbeitet, zäh um ihre Anstellung gekämpft. Nun sind sie auf dem Olymp. Warum sollten sie daran denken, das Paradies zu verlassen, zumal draußen vor den Toren Hundertschaften auf den Platz an der Sonne spitzen? Also gibt jeder Gas, und das gern. Wer bremst, verliert. Herausgeber angesehener Medien gewinnen Gehaltsverhandlungen aus all diesen Gründen meist mit einem einfachen Trick. Ihre simple Frage: „Du bist doch stolz, den Job zu haben, oder?" Den Verhandlungs-Knigge kann man dann wieder wegpacken.

Journalisten genießen enormes Sozialprestige. Umfragen suggerieren zwar, dass Journalisten in jedem Antipathie-Contest triumphierten, hätten sie nur die Politiker nicht. Doch das ist Unsinn: In den *profil*-Jahren habe ich exakt niemanden getroffen, den der Job nicht in irgendeiner Form interessierte. Das macht stolz. Dazu kommt, dass die Protagonisten der eigenen Geschichten, also etwa die heimische Polit- oder Wirtschaftsprominenz, das Gefühl vermitteln, man sei wichtig. Irgendwann läuft man Gefahr, die Macht des Mediums für die eigene zu halten. Auch das hält Journalisten im Job: Die Angst vor dem Bedeutungsverlust danach.

G'LERNT HAMMA NIX, ABER WIR SAN ARROGANT

Nicht zuletzt – und mit diesem Phänomen setzt sich dieser Beitrag auseinander – haben Journalisten sehr oft ein eigenartiges Selbstbild. Es steht dem oben beschriebenen Stolz und der Liebe zum Job diametral entgegen. Kennt man die journalistische Szene von innen und hat Dutzende Gespräche über latenten Jobfrust mit Kollegen hinter sich, dann scheint es, als gelte in Journalistenkreisen eine Textzeile aus dem Wiener Couplet

„D'Hausherrnsöhnln": „G'lernt hamma nix, aber wir san arrogant." Es ist erstaunlich, aber wahr: Journalisten trauen ihren eigenen Qualifikationen nicht über den Weg.

Woher diese latenten Minderwertigkeitsgefühle einer berufsbedingt selbstbewussten Branche rühren, ist nicht letztgültig zu klären. Ein Grund, warum Journalistendiskussionen über berufliche Alternativen immer in Was-haben-wir-eigentlich-gelernt-Lamentos enden, ist wohl der: Nach strengen berufssoziologischen Kriterien[1] ist der Beruf des Journalisten eigentlich keiner. Es gibt zwar Berufsverbände. Auch die Existenz von halbwegs systematisiertem Wissen und zumindest teilweise anerkannten Verhaltenskodices können für einen „Berufsstand Journalismus" ins Treffen geführt werden. Und selbst wenn es in Sachen Ausbildung in Österreich lange haperte, der Fachhochschul-Studiengang Journalismus kann als Beweis gelten, dass auch diese Voraussetzung langsam erfüllt ist.

Woran es allerdings mangelt, sind Berufszutrittsbarrieren. Das hat auch sein Gutes, weil der Zugang offen bleibt. Aber das heißt auch: Journalist kann jeder werden. Journalist kann sich auch jeder nennen. Haut ein Kollege daneben und verletzt Verhaltensregeln, gibt's keine Autorität, die sanktionieren könnte. So passiert es hierzulande dann, dass Skandale über Starinterviewer, denen man nachweist, Interviews erfunden zu haben, totgeschwiegen werden. Oder dass Kommentatoren, die ganze Analysen wortwörtlich deutschen Qualitätsblättern „entlehnen", von einem Medium zwar gefeuert, vom nächsten aber gleich wieder eingestellt werden.

All das drückt ein wenig aufs Gemüt. Dazu kommt noch, dass Journalismus in der Branche gerne mal, meist pejorativ, als „Handwerk" beschrieben wird. Motto: Auch die Dümmsten lernen irgendwann, Beiträge so abzufassen, dass sie auf Leser, Hörer oder Seher nicht schon nach dem zweiten Satz unwiderstehlich sedierend wirken. Es gibt keinen Journalisten, dessen erste

---

[1] Siehe etwa Greenwood, Ernest: „Attributes of a Profession", in: Social Work 2.3, 1957, S. 44-55.

Story nicht vom Chefredakteur als „kompletter Mist" zurückgeworfen wurde. Sollte einer das Gegenteil erzählen, gibt es zwei Möglichkeiten: Entweder er lügt, oder er hatte einen schlechten Chefredakteur. Denn die Story war mit Sicherheit Mist.

Geschichten erzählen muss man also lernen. Aber „on the job" passiert einem das unweigerlich. Woran Journalisten, die ihren Traumberuf in schwachen Momenten als karrieretechnische Sackgasse wahrnehmen, verzweifeln, ist eine Frage: Kann man das journalistische Handwerk auch sonst noch irgendwo gebrauchen?

Die Antwort ist: Man kann. Es gibt ein Leben nach dem Journalismus. Und dieses Leben kann durch journalistische Erfahrung nicht nur bereichert, sondern entscheidend geprägt werden. Es gibt sogar Jobs, die man mit journalistischem Background besser macht als andere. Jene Journalisten, die ihren Traumberuf gern als Lebensstellung betrachten, sollen das weiter tun. Der Rest der Branche muss deshalb allerdings nicht in finaler Agonie versinken und jede Story nur als nächsten Schritt auf dem Weg zur Pensionsreife betrachten.

Aus den eingangs erwähnten Gründen ist der Abschied aus dem Journalismus kein leichter. Das Leben danach ist anfangs hart: Rückt der über Jahre antrainierte, aber mittlerweile eben fiktive Redaktionsschluss näher, glaubt man sich in einer Versuchsanordnung Pawlows. Und kann man kurze Zeit später sein fertiges Produkt nicht anfassen und überall zum Kauf angeboten sehen, dann fehlt was. Doch das Gefühl legt sich. Auch der Eindruck, den jeder Journalist hat, nämlich die eigenen Stories seien der Nabel der Welt, lässt sich nicht länger aufrecht erhalten. Der heilsame Schock kommt recht bald. Im eigenen Fall war es der Antritt eines einjährigen Postgraduate-Aufenthalts in Washington, D.C. Sehr bald schlich sich dort die Erkenntnis ein, dass die davor wöchentlich produzierten FPÖ-Insiderstories offenbar doch nicht so weltbewegend waren wie vermutet.

WAS BLEIBT

Ist die Phase des Selbstmitleids überwunden und stellen sich die Herausforderungen des neuen Jobs ein, bemerkt der ehemalige Journalist erst, was er wirklich gelernt hat. Was einem bleibt, ist gar nicht so wenig. Der Hang zur Simplifizierung und mehr oder weniger aufschlussreichen Rankings etwa. Hier also die Top Ten jener Dinge, die ein Ex-Journalist mit auf den Weg nehmen kann:

1. DER BLICK FÜRS WESENTLICHE

Eine Anforderung an High-Level-Jobs ist es, den Überblick zu bewahren und die richtigen Prioritäten zu setzen. Die Tätigkeit als Journalist qualifiziert dafür. Denn was tut einer, der journalistisch arbeitet: Er wählt aus, bewertet und gewichtet. Was in die Geschichte mündet, ist die Essenz aus einem langwierigen Rechercheprozess. Es sollen zwar schon Ex-Kollegen Texte geliefert haben, die den vorgegebenen Rahmen um ein Vielfaches sprengten. Doch die meisten beherrschen die Kunst, „auf Zeile" zu schreiben, und sei die Story noch so komplex. „Als Journalist habe ich gelernt, analytisch zu denken, die richtigen Fragen zu stellen und komplexe Zusammenhänge in einer schlüssigen Story auf den Punkt zu bringen", sagt Martin Hehemann, ehemals Redakteur der österreichischen *WirtschaftsWoche*, und heute Chef der Abteilungen Marketing & Kommunikation bei der Bank Austria-Creditanstalt (BA-CA).

2. VERNETZTES DENKEN

Sie wurden schon genannt, die Stichworte Reizüberflutung und Informationsschwemme. Bei dem ganzen Wust an Daten ist es in Politik wie Wirtschaft die wahre Kunst, vorhandene Informationen zueinander in Beziehung zu setzen. Auch das ist eine journalistische Fingerübung. Holger Fürst, Kabinettchef von

Wirtschafts- und Arbeitsminister Martin Bartenstein und Ex-*Format*-Innenpolitiker, dazu: „Für jene Journalisten, denen es tatsächlich darum geht, komplexe Sachverhalte zu erklären, kann der Job überaus wertvoll sein. Man lernt dort sehr rasch Zusammenhänge zu erfassen. Das kann man dann später gut gebrauchen." Josef Kalina, Bundesgeschäftsführer der SPÖ und ehemaliger *Krone*-Journalist, pflichtet bei: „Die Fähigkeit, zu Informationen zu kommen, sie richtig einzuschätzen, zueinander in Verbindung zu setzen und sie verständlich aufzubereiten, ist auch in anderen Bereichen von großer Bedeutung."

3. UNIVERSALISMUS

Journalisten haben oft kein spezielles Fachwissen, das sie in ihren Job mitbringen. Das kann von Nachteil sein. Dennoch: Eine der Fähigkeiten, die einen überdurchschnittlich guten Journalisten auszeichnen, ist, sich auf jedem möglichen Gebiet in kürzester Zeit kundig zu machen – und, wenn notwendig, zumindest vorübergehend zum Spezialisten zu mutieren. Speed kills, lautet nach Bill Clintons Wahlkampfmanager James Carville der oberste Merksatz moderner politischer Kommunikation. Journalisten leben nach diesem Prinzip, haben zudem den permanenten Konkurrenzdruck verinnerlicht. „Sie sind anderen oft überlegen, weil sie es gewohnt sind, sich schnell in Themen einzuarbeiten und zu vertiefen. Als Journalist ist man täglich mit einem extremen Themenspektrum konfrontiert", sagt Franz Renner, langjähriger Radio- und Fernsehjournalist beim ORF und heute Geschäftsführer der Medientrainingsagentur *media consult* in Wien.

4. MEDIENLOGIK

Journalisten kennen die moderne Medienlogik, das ist ihr Job. So haben sie tagtäglich zu funktionieren. Dass sie damit dem großen Rest der Menschheit einiges voraus haben, bedenken sie meist

selbst nicht. In kaum einem anderen Job bekommt man so hautnah mit, wie Nachrichten zu solchen werden. Ein Journalist weiß,
was eine Meldung braucht, um beim Publikum zu reüssieren. Ein
Journalist weiß, wie er in der Redaktionskonferenz für seine Story
zu werben hat. Ein Journalist weiß, zu welcher Tageszeit man in
welchem Ressort mit einer Information am besten durchkommt.
Sie wissen also, was gelernte PR-Arbeiter oft nicht, oder nur theoretisch wissen. Seit dem Ende meiner journalistischen Tätigkeit
habe ich als Politikberater und Lobbyist mit einigen großen Unternehmen und Verbänden gearbeitet. Und es war immer wieder
erstaunlich, wie wenig moderne Medienlogik bekannt, geschweige denn im Denken verankert ist.

5. Die Fähigkeit, zu kritisieren

Journalisten werden selbst nicht gerne kritisiert. Dafür haben sie
es umso besser drauf, anderen deren Versäumnisse vorzuhalten.
Auch das bringt der Job mit sich: Sitzt man dem Politiker beim Interview lahmarschig gegenüber und nickt dessen Antworten bloß
ab, hat man den Job verfehlt. Journalismus hat kritisch zu sein.
Warum das aber heißt, dass man mit der Einstellung auch nach der
journalistischen Karriere reüssieren kann? Weil es CEOs geben
soll, die es schätzen, nicht ausschließlich von Jasagern umgeben
zu sein, die immer alles toll finden, was der Chef grad so macht.
Dosiert und strategisch eingesetzt, können Journalisten also auch
diese Fähigkeit noch später gegenüber Autoritäten anwenden.

6. Netzwerk-Technik

Nimmt man die aktuelle Ratgeber-Schwemme zum Maßstab,
kann heute niemand mehr existieren, ohne Netzwerker zu sein.
Auf Journalisten trifft die Bezeichnung aber wohl wirklich zu.
„Einer der wesentlichen Vorteile des Jobs ist, dass man als Journalist sehr rasch und meist schon in jungen Jahren sehr vielen wesentlichen Entscheidungsträgern aus Politik und Wirtschaft auf

Augenhöhe begegnet", sagt Kabinettchef Fürst. Das steigert einerseits den Scheiß-mi-nix-Faktor (siehe Punkt fünf), andererseits aber eben auch die Anzahl an Schlüsselpersonen, die man kennenlernt und später vielleicht wieder trifft. Gerade in Kommunikationsjobs sind diese Kontakte Gold wert.

7. STRESSRESISTENZ

Journalisten sind belastbar. Überziehen sie eine Deadline über Gebühr, erscheint das Produkt nicht, oder zumindest verspätet. Noch schlimmer: Die Sache kostet nicht nur echtes Geld in der Produktion. Es ist auch gut möglich, dass der Fauxpas jemandem außerhalb der Redaktion auffällt. Journalismus ist also nichts für schwache Nerven. Steht eine Regierungsbildung auf Messers Schneide oder zerreißt es eine heimische Großbank in der Karibik, der zuständige Redakteur sollte immer auf Ballhöhe sein. Und mehr als das: Er sollte Neues herbeischaffen, um die Konkurrenz abzuhängen. Dieser permanente inhaltliche wie zeitliche Druck macht Journalisten weitgehend immun gegen Stress. Natürlich leiden sie unter den Produktionsbedingungen. Aber sie klappen nicht zusammen, sondern funktionieren und produzieren. Eigenschaften, die wohl über den Journalismus hinaus geschätzt werden.

8. NEUGIERDE

„Ein Journalist ist neugierig, er will lernen, will sich ständig verbessern", sagt Manager Hehemann. Und beschreibt damit eine Eigenschaft, die er nach eigener Einschätzung auch gut in seinem neuen Job einsetzen konnte. Die ständige Bereitschaft, für neue Entwicklungen und Fakten nicht nur offen zu sein, sondern sogar danach zu suchen, ist ein weiteres Asset des Journalismus. Geschäftsführer Renner: „Lebenslanges Lernen ist für einen Journalisten keine hohle Phrase, denn man lernt mit jeder neuen Geschichte."

9. Geheimnisträger

Journalisten schreiben nicht alles, was sie wissen, auch in die Zeitung. Außenstehende mögen das für befremdlich oder gar demokratiepolitisch bedenklich halten. Ein guter Journalist weiß trotzdem, dass es ab und an ein „Geheimnis" zu bewahren gilt. Journalisten sind Informations-Broker, sie leben davon, oft unangenehme Dinge zu publizieren. Doch das höchste Gut des Journalisten ist das Vertrauen, das ihm von Gesprächspartnern entgegengebracht wird. Das gilt für den Informanten, der sich darauf verlassen können muss, dass er unter keinen Umständen enttarnt wird. Das gilt aber auch für den Gesprächspartner, der auf hohe professionelle Standards zählen darf. Auch in späteren Karrierestationen können diese Vertrauensbasis und der sorgsame Umgang mit Informationen zentral sein.

10. Know who – aber auch Know how

Journalisten sind, soweit waren wir schon, Netzwerker. Natürlich bauen sie darauf, wen sie kennen. Doch wenn sie ihren Job gewissenhaft machen, lernen sie auch die wesentlichen politischen und wirtschaftlichen Abläufe kennen. Nicht nur das Know who, auch das Know how zeichnet gute Journalisten also aus – und auch dieses Insiderwissen kann für spätere Jobs von Vorteil sein.

Endstation

Ist es also so, dass Journalisten Alleskönner sind, die sich jeden anderen Job ebenso zutrauen können wie den eigenen? SPÖ-Bundesgeschäftsführer Kalina: „Eine fundierte und gute journalistische Ausbildung kann für vieles qualifizieren. Ein direkter Weg vom Journalismus in High-Level-Jobs ist aber nicht vorgezeichnet." So gibt es gerade in der Politik genügend Beispiele von Journalisten, die den Sprung schlussendlich nicht schafften. Alfred Worm, kürzlich verstorbener Chefaufdecker der Nation, etwa hielt es nicht lange in der Politik.

Klar ist auch, dass der Journalismus bei weitem nicht alles vermittelt, was in anderen Schlüsseljobs vonnöten ist. Führungskompetenz ist etwa so eine Fähigkeit, die sich im Journalismus nur schwer erlernen lässt. Dennoch: Es gibt sie, die Journalisten, die nach der Karriere in den Medien auch noch anderes erreichen. Und sie tun das nicht trotz, sondern wegen ihrer journalistischen Fertigkeiten. Manager Hehemann: „Ohne Journalismus hätte meine berufliche Laufbahn sicher einen anderen Verlauf gehabt. Ich hätte sicher nicht den Job, den ich jetzt habe."

Die berufliche Bandbreite erfolgreicher Ex-Journalisten kann sich jedenfalls sehen lassen. Sie reicht vom Bundeskanzler (Ex-Kanzler Wolfgang Schüssel war freier Mitarbeiter der *Ö3 Musicbox*) bis zum Zirkusdirektor (Bernhard Paul vom Zirkus Roncalli war *profil*-Redakteur). Die meisten Ex-Journalisten finden sich freilich als Pressesprecher und Kommunikationschefs wieder, oder sie bleiben der Kommunikationsbranche in der einen oder anderen Form als Berater erhalten.

Zunehmende Durchlässigkeit zwischen Journalismus und anderen Professionen wäre jedenfalls auch für Österreich wünschenswert. Der hohe Frustrationslevel mancher Branchenkollegen speist sich auch aus der Enge der heimischen Medienlandschaft. Eine Verbreiterung der Möglichkeiten für Journalisten und das Bewusstsein, dass Journalismus nicht schon im zarten Alter von 25 und nach Abschluss des Journalismus-Studiums als „Endstation" gesehen werden muss, würde der Branche jedenfalls gut tun.

DIE HERAUSGEBER

DR. REINHARD CHRISTL
(Leiter *FH-Studiengang Journalismus*)

Geboren am 17. Jänner 1962 in Ried im Innkreis/Oberösterreich. 1980-1985 Betriebswirtschaftsstudium an der Universität Passau. 1985-1990 Assistent am Institut für Wirtschaftspolitik der Universität Passau. Forschungs- und Lehrtätigkeit in Volkswirtschaft, Wirtschafts- und Sozialpolitik mit dem Schwerpunkt EU. 1990 Promotion zum Doktor der Wirtschaftswissenschaften. Nebenbei freier Journalist (*Handelsblatt, Wirtschaftswoche*). Danach 12 Jahre hauptberuflich als Journalist tätig: Gründungs-Chefredakteur des *Österreichischen Industriemagazins;* stellvertretender Ressortleiter des Nachrichtenmagazin *Format;* Wirtschaftsredakteur im Nachrichtenmagazin *profil.* Lektor an Fachhochschulen. Seit 2003 Leiter des FH-Studiengangs Journalismus.

DR. SILKE RUDORFER
(Öffentlichkeitsarbeit, Forschung, *FH-Studiengang Journalismus*)

Geboren am 5. März 1976 in Leoben/Steiermark. 1995-2001 Diplomstudium aus Germanistik und Kunstgeschichte an der Universität Wien. 2000-2003 Tätigkeit in den Abteilungen Presse & Public Relations/Veranstaltungsmanagement sowie Vertrieb im Verlag Carl Ueberreuter. 2003-2004 Auslandsaufenthalt (USA). Tätigkeit am Office of Science and Technology an der Österreichischen Botschaft, Washington, D. C. Lektorin für Deutsch als

Fremdsprache am Goethe Institut, Washington, D.C. Ab 2005 Arbeit in Organisation und Veranstaltungsmanagement des FH-Studiengangs Journalismus. 2006 Promotion zum Doktor der Philosophie. Seit 2007 in den Bereichen Forschung und Öffentlichkeitsarbeit für den Studiengang tätig. Buchveröffentlichung: Verlagsförderung in Österreich (Studienverlag, 2002).

DIE AUTORINNEN UND AUTOREN

MAG. GERNOT BAUER

(Redakteur Innenpolitik *profil*)

Geboren 1970. Studierte lang, aber doch abschließend Handelswissenschaften an der Wirtschaftsuniversität Wien. Absolvierte
1996/1997 den Redaktionslehrgang für Magazinjournalismus von
profil und Universität Wien. Bauer ist seit 1998 als Redakteur im
Innenpolitik-Ressort des Nachrichtenmagazins *profil* tätig.

HANS BESENBÖCK

(ehemaliger Chefredakteur ORF; Geschäftsführer *Public
Solutions Media Consulting GmbH*)

Geboren 1947. Hans Besenböck ist gelernter Journalist. Er begann seine Laufbahn in der Zeit Bruno Kreiskys in der Nachrichtenagentur der SPÖ, wechselte dann zur *Arbeiter-Zeitung* und
heuerte auf Einladung Gerd Bachers 1979 im ORF an. Er war dort
in der ZiB Reporter, Innenpolitik-Chef und Leiter der gesamten
Sendung. Von 1990-1994 reformierte er als Chefredakteur die Information des ORF-Radios. Er war Mitbegründer und erster In-
formationsdirektor von ATV. Seit 2004 ist Besenböck selbstständig und leitet seine Unternehmensberatung für Kommunikation
Public Solutions Media Consulting GmbH. Seit 2004 ist er Lektor am FH-Studiengang Journalismus.

EMIL BOBI

(Redakteur Chronik *profil*)

Geboren 1958. Redakteur des Nachrichtenmagazins *profil*. Verheiratet, drei Kinder. Lebt in Wien und in der Südsteiermark. Journalistisch tätig seit etwa 1986. Fixe Engagements bei *Neue Zeit*, *AZ*, *News* und seit 1997 *profil*.

ERNA CUESTA

(Chefin vom Dienst und Redakteurin Kultur ORF)

Geboren 1967. Spanische Staatsbürgerin. Schulausbildung im französischen Lyzeum in Wien inkl. österreichischer Matura. In Paris und Wien Studium der Politikwissenschaften und Romanistik, erste Erfahrungen bei *Antenne Austria*, Radioreportage, Nachrichten, Moderation, im Anschluss daran *Magazin Erfolg*, verantwortlich für 15 Seiten Kulturberichterstattung. 1990 Wechsel zum ORF in die Kulturabteilung als Redakteurin, später Moderatorin und Chefin vom Dienst der aktuellen Kultur, Hauptgebiet: klassische Musik und Theater. Immer wieder Mitarbeit bei der ARD, der ORF-Wirtschaftsredaktion, zahlreiche Artikel für diverse Magazine.

DR. FRITZ DITTLBACHER

(Chefreporter *Zeit im Bild*, ORF)

Geboren 1963. Matura an einer HTL für chemische Betriebstechnik, dann Studium der Geschichte, Publizistik und Kommunikationswissenschaft an der Universität Wien. Magisterium 1989, Doktorat 1992. Seit 1983 Journalist, zunächst bei einer Tageszeitung (*AZ*), seit 1992 beim ORF. Zunächst Innenpolitiker bei den Radiojournalen, 1996 Korrespondent in Brüssel, seit 1997 bei der *Zeit im Bild*, zuletzt als Chefreporter und stellvertretender Inlandschef. Seit 1995 ORF-intern in der Journalistenausbildung tätig, seit 2004 Lektor am FH-Studiengang Journalismus.

HARALD FIDLER
(Redakteur Medien *Der Standard*)

Geboren 1969. Studierte ab 1987 mit abnehmender Intensität
und ohne Abschluss Kommunikations- und Politikwissenschaft.
Ab 1987 freie Mitarbeit und Praktika u.a. bei *NÖN*, *Ganze Woche*, *AZ*, *APA*. Ab 1991 Medienredakteur der Nachrichtenagentur, ab 1995 des *Standard*. Startete 1999 den Onlinedienst *der-
Standard.at/Etat*. Veröffentlichungen u.a. in *werben & verkaufen*, *kress*, *Financial Times Deutschland*, *Journalist*, *Falter*, *Krone*. Standardwerke zur Medienlandschaft: Sendepause (1999 mit
Andreas Merkle), Im Vorhof der Schlacht (2004).

DR. ERIC FREY
(Chef vom Dienst *Der Standard*)

Geboren 1963. Von 1981-1986 Studium an der Princeton University in den USA, Abschluss mit B.A. und M.P.A. in Internationalen Beziehungen. 2003 Doktorat in Politikwissenschaften an der
Universität Wien. 1986-1990 Reporter und Büroleiter von AP-
Dow Jones News Service in Frankfurt, seit 1991 beim *Standard*:
1996-1998 Ressortleiter Außenpolitik, 1998-2001 Ressortleiter
Wirtschaft, 2002 bis heute Chef vom Dienst. 2001/2002 Gastpro-
fessur an der University of New Orleans, seither Lehraufträge an
der Webster University und dem FH-Studiengang Journalismus.
Korrespondenztätigkeit für die *Financial Times* und den *Economist*, fünf Buchveröffentlichungen.

MAG. GERLINDE HINTERLEITNER
(Chefredakteurin *derStandard.at*, *dieStandard.at*, Vorstand
Bronner Online AG)

Geboren 1964. Von 1982-1989 Studium der Geschichte und Politikwissenschaft an der Universität Wien. Seit 1991 bei der Tageszeitung *Der Standard*, Ressortleiterin Textarchiv, 1995 Grün-
derin und Projektleiterin von *derStandard.at*. Seit 1999 Chefre-

dakteurin von *derStandard.at* und *dieStandard.at* und Vorstand der Bronner Online AG. Seit 2004 Lektorin am FH-Studiengang Journalismus.

DR. THOMAS HOFER, M.A.

(Politikberater, Geschäftsführer *public consult*; ehemals *profil*)

Geboren 1973. Langjähriger Innenpolitik-Redakteur des *profil*. Studierte als Fulbright-Stipendiat Wahlkampfmanagement und Lobbying in Washington, D.C., und Kommunikationswissenschaft an der Universität Wien. Absolvierte den „Redaktionslehrgang Magazinjournalismus" (profil/Uni Wien). Arbeitet als Politikberater und Lobbyist in Wien und ist geschäftsführender Gesellschafter von *public consult* (www.publicconsult.at). Vorstandsmitglied der „European Association of Political Consultants" (EAPC). Unterrichtet Kampagnenmanagement und Lobbying, auch am FH-Studiengang Journalismus. Zahlreiche Buchveröffentlichungen und Artikel, vor allem zum Thema Kampagnenmanagement. Zuletzt: „Spin Doktoren in Österreich" (Wien, 2005) und „Wahl 2006" (Wien, 2006, Hrsg. mit Barbara Tóth).

DR. ANDY KALTENBRUNNER

(Geschäftsführer *Kaltenbrunner Medienberatung*; Gesellschafter *Medienhaus Wien*)

Geboren 1962. Studium der Politik- und Erziehungswissenschaft in Wien, ab 1981 Redakteur und Ressortleiter bei der *AZ*. Ab 1990 Politikredakteur und -ressortleiter bei *profil*, ab 1995 in der *trend/profil/Orac*-Gruppe als Entwickler und Chefredakteur neuer Medien. 2000 Gründung der *Kaltenbrunner Medienberatung* mit internationalen Projekten, Gesellschafter der *Medienhaus Wien GmbH*. Langjährige Tätigkeit in Lehre und Forschung an Universitäten und in anderen Bildungsinstitutionen. 2001-2003 u.a.: Vorstudien und Entwicklung des FH-Studiengangs Journalismus Wien. Arbeits- und Publikationsschwerpunkte: Medienpolitik, Journalistenaus- und -fortbildung. Seit 2003 Lektor am FH-Studiengang Journalismus.

DR. FLORIAN KLENK

(stv. Chefredakteur *Falter*; ehemaliger Redakteur *Die ZEIT*)

Geboren 1973. Stellvertretender Chefredakteur des *Falter*. Davor Redakteur im Politikressort der *ZEIT*. Von 1991-1996 Studium der Rechtswissenschaften in Wien und den Niederlanden, dann Tätigkeiten als Rechtsberater für Flüchtlinge und Gerichtsjahr in Wien. 1998 Absolvierung des Redaktionslehrganges Magazinjournalismus von *profil* und Uni Wien/Institut für Publizistik. Publikationen in österreichischen Tages- und Wochenzeitungen, Mitwirkung an mehreren Dokumentarfilmen. Seit 1998 Redakteur der Wiener Stadtzeitung *Falter*, Schwerpunkt Justiz, Grundrechte, Affären. Florian Klenk wurde mit dem Claus-Gatterer Preis, dem Kurt-Vorhofer-Preis, dem Concordia-Preis für Menschenrechte und dem Leopold Ungar Preis für seine Reportagen ausgezeichnet. Im Jahr 2005 wurde er zum österreichischen „Journalisten des Jahres" gewählt. Er führt ein Weblog auf www.florianklenk.at und ist Gründer des Österreichblogs der *ZEIT*. Kontakt: klenk@vienna.at. Seit 2006 ist er Lektor am FH-Studiengang Journalismus.

DI ULRICH KÖRING

(Chefredakteur *RADIOSZENE*)

Geboren 1964. Von 1983-1993 Studium der Nachrichtentechnik in Aachen. Währenddessen Mitarbeit bei diversen Piratenradios, freien Radiosendern in Belgien (*Henri Radio, Euro Radio*), *Radio Telstar Offenburg* und *Radio Duisburg*. 1994-1995 *89.0 Hitradio X Belgien*. 1995-1996 Morgenshow-Moderator und Produ-

cer bei *Spreeradio Berlin*. 1996 Morgenshow-Moderator, Redakteur und Producer bei *RTL Radio Luxemburg*. 1996-1997 Mor-
genshowmoderator bei *Radio Aachen*. 1998-2000 Chefproducer
bei *88.6 Der Musiksender* Wien. 2000- 2001 geschäftsführender
Programmdirektor bei *92.9 RTL/HIT FM* Wien. 2001-2003 Funk-
haus Network Manager bei *Krone Hit Radio*. 2003-2007 Producer
für 88.6 und *HiTFM-Network*. Seit 1997 *RADIOSZENE – Das In-
sidermagazin für Radiomacher* (www.radioszene.de). Seit 1998
Radioformat- und Produktionsberatung für *Burgenland 1, 92.6
Das City Radio, 107.5 Der Musiksender Graz, Aachen 100,eins,
107.8 Antenne AC, Rockland Radio, Radio 21, 88.6 Wir spielen
was wir wollen*. Seit 2004 Lektor am FH-Studiengang Journalismus.

ADI KORNFELD

(Geschäftsführender Chefredakteur *SportWoche, Sportmagazin, sportnet.at*)

Geboren 1967. Von 1986-1988 Studium der Publizistik und Politikwissenschaften in Wien. März 1988-Juni 1989 freier Mitarbeiter *Sportmagazin* (im *trend/profil* Verlag), ab November 1989 fix
angestellter Redakteur beim *Sportmagazin* (seit Juli 1999 unter
Herausgeber & Eigentümer Herbert Pinzolits), Chef vom Dienst,
stv. Chefredakteur, 1993-Dezember 1998 Chefredakteur *Sportmagazin*, seit 8. Februar 1999 Gründungs-Chefredakteur *Sport-
Woche*. Seit Mai 2006 Geschäftsführender Chefredakteur *Sportmagazin, SportWoche* und *sportnet.at*. Buchautor der Ende November 2003 erschienenen Biografie „Franz Klammer, Ein Leben
wie ein Roman, aufgezeichnet von Adi Kornfeld", die mit über
35.000 verkauften Exemplaren die Bestseller-Auszeichnung das
Goldene Buch erhielt.

DR. DANIELA KRAUS

(Geschäftsführerin *Medienhaus Wien*)

Geboren 1972. Studium der Geschichte und Philosophie. 1997-

1999 Stipendiatin der Österreichischen Akademie der Wissenschaften, parallel freiberufliche Tätigkeit in verschiedenen Medien. 2000-2004 tätig für die *Kaltenbrunner Medienberatung*, dort Mitarbeit an Print- und Onlineentwicklungen sowie Forschungsprojekten. Mitglied des Entwicklungsteams des FH-Studiengangs Journalismus Wien. Lehrtätigkeit am Studiengang und an der Universität Klagenfurt. Seit 2005 geschäftsführende Gesellschafterin der *Medienhaus Wien – Forschung und Weiterbildung GmbH*.

RÜDIGER LANDGRAF
(Chefredakteur *KRONEHIT*)

Geboren 1968. Von 1986-1992 Studium der Nachrichtentechnik in Wien. 1991-1993 *Piratenradio 103,3 MHz* in Wien. 1994-1995 Projektmanagement Radioprojekt *Kanal 4*. 1995-1998 Redakteur bei der Tageszeitung *Der Standard*, Ressort: Kommunikation. 1996-1998 Redakteur und Chef vom Dienst bei *Radio Max*. 1998-2001 Redakteur, Chef vom Dienst und Unterhaltungschef bei *88.6 Der Musiksender*. 1999 Aufbau der Nachrichtensendung „Newsroom" beim Fernsehsender TIV. 2001-2003 Unterhaltungschef *Krone Hit Radio*. Seit 2002 Beratung beim TV-Sender *go.tv*, seit 2003 Chefredakteur von *KRONEHIT*. Seit 2005 Lektor am FH-Studiengang Journalismus.

MICHAEL LANG
(Chefredakteur *APA – Austria Presse Agentur*)

Geboren 1964. Erste journalistische Tätigkeit als freier Mitarbeiter bei *Neue Illustrierte Wochenschau*, ORF-Niederösterreich und *Die Presse*. 1988 Eintritt in die *APA – Austria Presse Agentur*, ab 1989 Chronik-Redakteur. Ab 1994 Ressortleiter Chronik, ab 1997 stellvertretender Chefredakteur, 2000 zudem Aufbau und Leitung des Profit Centers *APA-MultiMedia*. Projektleitung bei Konzeption des neuen *APA*-Newsrooms, seit 2005 *APA-*

Chefredakteur. Umfangreiche Lehrtätigkeit u.a. Universität Wien, FHWien, APAcademy.

MAG. (FH) WOLFGANG LUEF
(Absolvent *FH-Studiengang Journalismus*; *Die ZEIT*)

Geboren 1983. Von 2003-2007 Studium am FH-Studiengang Journalismus. Von 2004-2006 freier Mitarbeiter in der Politik-Redaktion der Wiener Stadtzeitung *Falter* und beim Monatsmagazin *DATUM*. 2006 Pauschalist in der innenpolitischen Redaktion der *Austria Presse Agentur* und Praktikant im Feuilleton der *Süddeutschen Zeitung*. Seit Ende 2006 pauschalierter Mitarbeiter der Wiener Redaktion der *ZEIT*.

KONRAD MITSCHKA
(Verantwortlicher Training & Förderung ORF)

Geboren 1969. Nach 12 Jahren Journalismus bei ORF, deutschen Sendern und *Krone* Schulungsverantwortlicher im ORF. Mehrere Sachbücher („Wandelwörter", „Ötzi, Sisi & Co"), Coinhaber der Unternehmensberatung *derort für überflüssige projekte*. Lebt mit Traude, Miriam und Igor in Wien und darf bei der Schülerzeitung und den Presseartikeln der beiden Letztgenannten ausdrücklich NICHT beraten. Seit 2004 Lektor am FH-Studiengang Journalismus.

MICHAEL NIKBAKHSH
(Ressortleiter Wirtschaft *profil*)

Geboren 1970. 1989 Baccalauréat am Lycée Français de Vienne, danach diverse leidenschaftslose Studienanläufe (Medizin, Dolmetsch, Handelswissenschaften). 1990-1992 Volontariate *Salzburger Nachrichten*, *Die Presse*, Wirtschaftsmagazin *Option*.

1992-1995 Wirtschaftsredakteur *Salzburger Nachrichten*. 1995-1996 Redakteur *WirtschaftsWoche Österreich*. 1997-1998 Redakteur Wirtschaftsmagazin *trend*. 1998-1999 Redakteur Nachrichtenmagazin *Format*, Ressort Wirtschaft. November 1999 Redakteur Nachrichtenmagazin *profil*, Ressort Wirtschaft. Seit 2004 Leiter des *profil*-Wirtschaftsressorts. Seit 2006 Lektor am FH-Studiengang Journalismus.

MMAG. GEORG RANSMAYR M.A.
(Redakteur Wirtschaft *Zeit im Bild, ORF*)

Geboren 1969. Von 1988-1993 Studium der Handelswissenschaften in Wien und Straßburg/Frankreich. 1990-1995 Studium der Geschichte in Wien. 1994 Verwaltungspraktikant im EU-Parlament in Luxemburg, 1995-1996 Postgraduate Studium „M.A. in International Journalism", City University, London. Ab 1994 freier Mitarbeiter beim ORF (Radio und TV), seit 1996 in der TV-Information: 1996-1997 Mitarbeiter der Diskussionssendung *Zur Sache*, von 1997-1999 ORF-Wissenschaftsredaktion *Zeit im Bild/Modern Times*, 2000-2002 Redakteur in der *ZiB*-Innenpolitik, seit 2002 Redakteur im *ZiB*-Wirtschaftsressort. Seit 2005 Lektor am FH-Studiengang Journalismus.

NORBERT RIEF
(Korrespondent Washington D.C. *Die Presse*)

Geboren 1968. Arbeitete neben dem Studium der Rechtswissenschaften als freier Mitarbeiter für die *Tiroler Tageszeitung*, später als Redakteur bei der mittlerweile eingestellten *Neuen Tiroler Zeitung*. Seit 1990 Mitarbeiter der Tageszeitung *Die Presse* in Wien, ab 1992 innenpolitischer Redakteur, von 1997-2003 Ressortleiter des Lokalteils der *Presse*. Seit 2003 Korrespondent in Washington.

DR. ANNELIESE ROHRER

(Fachbereichsleiterin *FH-Studiengang Journalismus*; Kolumnistin *Kurier*)

Geboren 1944. 1963-1964 Studienaufenthalt in Toledo, Ohio/USA. 1964-1971 Studium der Geschichte an der Universität Wien. 1971-1974 Lehrtätigkeit in Neuseeland. 1974-1986 Redakteurin der Tageszeitung *Die Presse*, ab 1987 Ressortleiterin Innenpolitik. Ab 2001 Leitung des Außenpolitik-Ressorts. 2003 Kurt Vorhofer-Preis für Politikjournalismus. Seit 2005 Kolumnistin der Tageszeitung *Kurier*. Seit 2005 Tätigkeit als Fachbereichsleiterin und Lektorin am FH-Studiengang Journalismus. Buch: „Charakterfehler – Die Österreicher und ihre Politiker", Ueberreuter, Wien 2005.

KLAUS STIMEDER

(Herausgeber *DATUM – Seiten der Zeit*)

Geboren 1975. 1995-2000 Studium der Geschichte, Anglistik und Politikwissenschaft. 1998-2000 Außenpolitikredakteur beim damaligen Nachrichtenmagazin *Format*. 2000 Aufenthalt in New York, ständiger Mitarbeiter der *New Yorker Staatszeitung*. 2001/2002 ständiger Mitarbeiter der Wiener Stadtzeitung *Falter*. 2002 Aufenthalt in Berlin, Mitarbeiter des *Tagesspiegel*. Rückkehr zu *Format* als Außenpolitikreporter. 2004/2005 Sportredakteur beim *Standard*. Seit 2004 Herausgeber des Monatsmagazins *DATUM – Seiten der Zeit* (www.datum.at).

DR. KLAUS TASCHWER

(Redakteur Wissenschaft *Der Standard*)

Geboren 1967. Von 1985-2002 Studien der Soziologie, Politikwissenschaft und Philosophie an der Universität Wien. Promotion mit einer wissenschaftshistorischen Arbeit zum Thema „Wissenschaft für viele". 1995-2006 regelmäßige Mitarbeit bei der Stadtzeitung *Falter*, freier Journalist und Uni-Lektor. Ab 1998 Gründungsredakteur der Wissenschaftszeitschrift *heureka!*. Miterfinder des Universitätslehrgangs für Wissenschaftskommunikation „Scimedia" (ab 2002). Seit 2007 Wissenschaftsredakteur bei der Tageszeitung *Der Standard*. Zahlreiche wissenschaftssoziologische und -historische Publikationen.

ARMIN THURNHER
(Herausgeber und Chefredakteur *Falter*)

Geboren 1949. Studierte Anglistik, Germanistik und Theaterwissenschaften in New York und Wien. 1977 Mitbegründer, später Chefredakteur der Wiener Stadtzeitung *Falter* und Miteigentümer des *Falter*-Verlags. Zuletzt erschienen die Bücher „Das Trauma, ein Leben. Österreichische Einzelheiten" und „Heimniederlage. Nachrichten aus dem neuen Österreich" im Zsolnay-Verlag. 2001 erhielt er den Kurt-Vorhofer-Preis, 2002 den Dr.-Karl-Renner-Preis für Publizistik. Er lehrt Journalismus an der Hochschule für Musik und Darstellende Kunst und am FH-Studiengang Journalismus.

MAG. BARBARA TÓTH
(Redakteurin Politik *Falter*, ehemals *Der Standard*)

Geboren 1974. Von 1993-1998 Studium der Geschichte und Kommunikationswissenschaft. Absolventin des „*profil* Lehrgangs für Magazinjournalismus". Begann ihre journalistische Karriere bei *profil*, wechselte dann zur Gründungsmannschaft von *Format*. 2002 Aufenthalt in Berlin (Berliner Seiten der *FAZ*) und 2003 in Prag (Milena Jesenska Stipendiatin am Institut für die Wissenschaften vom Menschen). Seit 2004 Politik-Redakteurin beim *Standard*, seit August 2007 beim *Falter*. Buchveröffentlichungen: Reifeprüfung Prag 1989 (2004). Karl von Schwarzenberg. Die Biografie (2005). 1986. Das Jahr, das Österreich veränderte (2006, mit Hubertus Czernin). Wahl 2006. Kanzler, Kampagnen, Kapriolen (2006, mit Thomas Hofer).

LITERATURTIPPS

Altmeppen, Klaus-Dieter / Hömberg, Walter (Hrsg.) (2002): Journalistenausbildung für eine veränderte Medienwelt, Wiesbaden, Westdeutscher Verlag

Bauer, Thomas: Aus Bildung Ausbildung, in: Kaltenbrunner, Andy (Hrsg.) (2001): Beruf ohne (Aus-) Bildung – Anleitungen zum Journalismus, Wien, S. 28-37

Christl, Reinhard: Der Journalist in 2200 Stunden, in: Die Presse, Spectrum, 22.5.2004

Goldhammer, Klaus (1995): Formatradio in Deutschland. Wissenschaftsverlag Volker Spiess.

Haas, Hannes (2006), Dynamik im Marketing, Stagnation im Journalismus? In: Filzmaier, Peter / Karmasin, Matthias / Klepp, Cordula (Hrsg.): Politik und Medien, Medien und Politik, Wien, S. 67

Haller, Michael: Was muss der Journalist der Zukunft können?, in: Verband österreichischer Zeitungen (Hrsg.) (2007): Jahrbuch Presse 2006, S. 212-224, Wien

Hömberg, Walter / Hackel-de-Latour, Renate (Hrsg.) (2005): Studienführer Journalismus, Medien, Kommunikation, 3. Auflage, Konstanz

Hochadel, Oliver (2006): Wissenschaftsjournalismus in Österreich, in: Winfried Göpfert (Hrsg.): Wissenschaftsjournalismus. Ein Handbuch für Ausbildung und Praxis. 5., vollständig aktualisierte Auflage, S. 277-283

Jakobs, Hans-Jürgen/Langenbucher, Wolfgang R. (Hrsg.) (2004), Das Gewissen ihrer Zeit. Fünfzig Vorbilder des Journalismus, Wien

Kaltenbrunner Medienberatung (2006), ... Journalisten zu sein – Berufswünsche und -bilder von Journalismus-EinsteigerInnen, unveröffentl. Studie des FH-Studiengangs Journalismus, Studienteam: Andy Kaltenbrunner, Daniela Kraus, Judith Leitner, Tobias Radinger, Wien, Erhebungszeitraum: Juli/August 2005 und Juli 2006, Alters-Median: 20,4 Jahre, N=289

Karmasin, Matthias (2005): Journalismus: Beruf ohne Moral?, Wien

Kraus, Daniela / Leitner, Judith / Zimmermann, Astrid / Kaltenbrunner, Andy / Karmasin, Matthias (im Auftrag des FH-Studiengangs Journalismus) (2007): Österreichs Journalistinnen und Journalisten – eine empirische Untersuchung der Strukturen des Berufsstandes, Wien

La Roche, Walther von (2006): Einführung in den praktischen Journalismus, 17. Auflage, Berlin

Lackner, Herbert (2001): Hereinspaziert. In: Kaltenbrunner, Andy (Hrsg.) (2001): Beruf ohne (Aus-)Bildung, Anleitungen zum Journalismus, Wien, S. 83

Messerer, Karin / Humpl, Stefan (2003): Bewerbung – Auswahl – Aufnahme. Das Aufnahmeverfahren an österreichischen Fachhochschul-Studiengängen, WUV Wien

Regitnig, Norbert (2001): Gut geplant. Der Schritt von Ausbildungstheorie zu Planung und journalistischer Bildungspraxis. In: Kaltenbrunner, Andy (2001), S. 89

Wachtel, Stefan (2003): Schreiben fürs Hören – Trainingstexte, Regeln und Methoden, VVK.

Weichert, Stephan Alexander: Die Selbstüberbietungsspirale. Krisenberichterstattung im Angesicht des Terrors. In: Medienheft, 14.12.04, Zürich

Weichert, Stephan Alexander: Medien im Ausnahmezustand, Was das Fernsehen in Krisenzeiten alles (nicht) leisten kann; in: Medienheft, 19.12.05, 4ff., Zürich

Weischenberg, Siegfried / Malik, Maja / Scholl, Armin (2006):

Die Souffleure der Mediengesellschaft. Report über die Journalisten in Deutschland, Konstanz

Weischenberg, Siegfried (1990): Journalismus und Kompetenz. Qualifizierung und Rekrutierung für Medienberufe, Wiesbaden, Westdeutscher Verlag

Weischenberg, Siegfried / Malik, Maja / Scholl, Armin: Journalismus in Deutschland 2005, in: Media Perspektiven 7/2006, S. 346-361

www.scimedia.at: Homepage des Universitätslehrgangs für Wissenschaftskommunikation

www.sciblog.at: Blog über Wissenschaftskommunikation und Wissenschaftsjournalismus in Österreich

www.wissenschaftsjournalisten.at: Homepage des Klubs der Bildungs- und Wissenschaftsjournalisten

www.scico.at: Homepage des Alumnivereins von Scimedia, des Universitätslehrgangs für Wissenschaftskommunikation. Der Verein steht allen interessierten Wissenschaftskommunikatoren offen und dient auch als Weiterbildungsforum

ANHANG

Studienplan – VOLLZEIT*

1. Semester	LV-Typ	SWS	ECTS
Kick-off Workshop	WS	1,0	1,0
Grundlagen von Medien und Wirtschaft	ILV	2,5	3,0
Europäische und österreichische Medienlandschaft	ILV	1,5	3,0
Media and Culture (englisch)	ILV	1,5	3,0
Medien und Gesellschaft 1 - Einführung	ILV	2,5	3,0
Kommunikationsberufe im Wandel	ILV	1,5	3,0
Medientechnik und Medienpraxis	UE	1,5	3,0
Sprache und Stil 1 - Literatur und Journalismus	UE	1,5	3,0
Kommunikation, Argumentation, Präsentation	UE	1,5	2,0
Grundlagen des wissenschaftlichen Arbeitens	UE	1,5	3,0
Fachspezifische Grundbegriffe in Englisch	UE	1,5	3,0
Summe		18,0	30,0

2. Semester	LV-Typ	SWS	ECTS
Grundlagen des Medienmanagements	ILV	1,5	2,0
Grundlagen des Medienmanagements	UE	1,5	2,0
Medien und Gesellschaft 2 - Schwerpunkt Innenpolitik	ILV	2,5	3,0
Medien- und Kommunikationspolitik	ILV	1,5	2,0
Visuelle Kommunikation für Print und Multimedia	UE	1,5	2,0
Printmedien	UE	1,5	3,0
Printmedien	SE	1,5	3,0
Sprache und Stil 2 - Schreiben für AV-Medien	UE	1,5	3,0
Einführung in die empirische Sozialforschung 1 - Theorie	ILV	1,0	1,0
Einführung in die empirische Sozialforschung 2 - Praxis	UE	1,5	3,0
Einführung in kommunikationswissenschaftliches Denken und Journalistik	ILV	2,5	3,0
Fachenglisch	UE	1,5	3,0
Summe		19,5	30,0

3. Semester	LV-Typ	SWS	ECTS
Bürgerliches Recht und Wirtschaftsrecht	ILV	1,5	2,0
Medienrecht	ILV	1,5	2,0
Mediaplanung und Mediaforschung	ILV	1,5	2,0
Medienkonvergenz	ILV	1,5	3,0
Medien und Gesellschaft 3 - Schwerpunkt Politik und Wirtschaft	ILV	2,5	3,0
Fernsehen	UE	1,5	3,0
Fernsehen	SE	1,5	3,0
Vertiefung 1 (A oder B, zur freien Auswahl)	UE/SE	6,0	11,0
Workshop Status und Evaluation	WS	1,0	1,0
Summe		18,5	30,0

4. Semester	LV-Typ	SWS	ECTS
Urheberrecht	ILV	1,5	2,0
Arbeitsrecht	ILV	1,5	2,0
Medien und Gesellschaft 4 - Schwerpunkt internationale Beziehungen	ILV	2,5	3,0
Medienethik und journalistische Ethik	ILV	1,5	2,0
Hörfunk	UE	1,5	3,0
Hörfunk	SE	1,5	3,0
Visuelle Kommunikation für Fernsehen	UE	1,5	3,0
Vertiefung 2 (A oder B, zur freien Auswahl)	UE/SE	4,5	7,0
Bachelorarbeit 1	BA	0,25	5,0
Summe		16,25	30,0

5. Semester	LV-Typ	SWS	ECTS
Medien und Gesellschaft 5 - Schwerpunkt Kultur und Wissenschaft	ILV	2,5	4,5
Multimedia	UE	1,5	3,0
Multimedia	SE	1,5	2,0
Organisationskommunikation	ILV	2,5	4,5
Projektmanagement	SE	1,5	2,0
Atelier	PR	1,5	11,0
Englisch - Vertiefung	UE	1,5	3,0
Summe		12,5	30,0

6. Semester	LV-Typ	SWS	ECTS
Berufspraktikum	BPR	0,0	18,0
Reflexion und Berufsvorbereitung	WS	1,0	1,0
Bachelorarbeit 2	BA	0,25	7,0
Bachelorprüfung	BP	0,15	4,0
Summe		1,40	30,0

SWS Semesterwochenstunden
ECTS Leistungspunkte (European Credit Transfer System)

ILV Integrierte Lehrveranstaltung
SE Seminar
PR Projekt
WS Workshop
UE Übung
BPR Berufspraktikum
BA Bachelorarbeit
BP Bachelorprüfung

(*) vorbehaltlich der Zustimmung durch den Fachhochschulrat.
Weitere Infos siehe www.fh-wien.ac.at

Lektoren / Gast-referenten	Berufliche Tätigkeit
Altenburger, Robert	Leiter Programmentwicklung und Innovation ORF
Altmann, Peter	altmann language services, Wien
Bauer, Thomas A.	Univ. Professor Institut für Publizistik und Kommunikationswissenschaft, Wien
Baumberger, Rüdiger	Content Manager APA-DeFacto Datenbank & Contentmanagement GmbH
Baumgartner, Bernhard	Ressortleiter Wiener Zeitung
Berger, Wolfgang	Richter Verwaltungsgerichtshof
Bertsch, Elmar	digital solutions
Besenböck, Hans	Geschäftsführer Public Solutions Media Consulting; ehemaliger Chefredakteur ORF
Böck, Christian	Dekanatsdirektor Fakultät für Psychologie, Universität Wien
Bronner, Oscar	Herausgeber Der Standard
Bruckenberger, Johannes	Stv. Chefredakteur APA – Austria Presse Agentur
Christl, Reinhard	Leiter FH-Studiengang Journalismus
Dittlbacher, Fritz	Chefreporter, Redakteur ORF
Dolezal, Christian	Leiter Pressestelle Wirtschaftskammer Wien
Draschtak, Raphael	Pressesprecher, stv. Bereichsleiter Marketing und Kommunikation Industriellenvereinigung
Eppensteiner, Barbara	Programmintendantin Okto – Community TV-GmbH
Fehervary, Janos	Gründer von CHiLLi und CHiLLi.cc, freier Publizist

Felber, Christian	Freier Publizist, Autor
Fellner, Verena	FH-Studiengang Journalismus
Fenderl, Birgit	Redakteurin, Moderatorin „Report", ORF
Feurstein, Christoph	Redakteur, Reporter, Moderator „Thema", ORF
Fischer, Wolfgang	Leiter Human Resources Management ORF
Freund, Eugen	Redakteur ORF
Frey, Eric	Chef vom Dienst Der Standard
Glassner, Elke	Freie Journalistin
Götsch, Markus	Technischer Koordinator, Producer Okto
Graber, Renate	Redakteurin Wirtschaft Der Standard
Grissemann, Stefan	Redakteur Kultur profil
Gross, Christian	Bildmeister Bearbeitung ORF
Hackenberg, Harald	Geschäftsführer Hackenberg Media
Halwax, Julia	Leiterin FH-Studiengang Personal- und Wissensmanagement
Hebein, Marcus	Leiter APA-MultiMedia
Heindl, Andreas	Human Resources Management ORF
Hinterleitner, Gerlinde	Vorstand, Chefredakteurin derStandard.at
Hirner, Wolfgang	Ehemaliger Geschäftsführer Radiofabrik; Landesgeschäftsführer Die Grünen Salzburg
Hofer, Thomas	Politikberater und Lobbyist public consult
Horwitz, Kurt	Chefredakteur Vorarlberger Nachrichten / Wien-Redaktion

Hüffel, Clemens	Bereichsleiter Öffentlichkeitsarbeit Bundesministerium für Wissenschaft und Forschung
Huber, Hubert	Chef vom Dienst Kurier
Innerwinkler, Gerald	Abteilungsleiter APA Produktionssysteme, APA-IT Informationstechnologie
Janny, Stefan	Ehemaliger Chefredakteur profil
Kaltenbrunner, Andy	Geschäftsführer Kaltenbrunner Medienberatung; Gesellschafter Medienhaus Wien
Karmasin, Matthias	Vorstand Institut für Medien- und Kommunikationswissenschaft, Universität Klagenfurt
Klenk, Florian	Stv. Chefredakteur Falter
Kneil, Christian	Redaktionsleiter Breaking News, APA-MultiMedia
Köring, Ulrich	Chefredakteur RADIOSZENE
Kogler, Michael	Medienrechtsexperte Bundeskanzleramt
Koller, Andreas	Stv. Chefredakteur, Ressortleiter Innenpolitik Salzburger Nachrichten
Korinek, Irene	Unternehmensjuristin APA – Austria Presse Agentur
Kraker, Paul	Redakteur, Moderator Kultur, ORF
Kraus, Daniela	Geschäftsführerin Medienhaus Wien
Krawarik, Verena	Redakteurin, Innovationsmanagerin APA – Austria Presse Agentur
Kreuzer, Christian	Leiter FH-Studiengang Finanz-, Rechnungs- und Steuerwesen

Kropsch, Peter	Geschäftsführer APA – Austria Presse Agentur regGenmbH
Kunz, Alexander	Senior Consultant TTP Marketing and Business Development GmbH.
Lackner, Herbert	Chefredakteur profil
Landgraf, Rüdiger	Geschäftsführer Kronehit
Lang, Michael	Chefredakteur APA – Austria Presse Agentur
Lenz, Gabriele	Geschäfsführerin Büro für visuelle Gestaltung, Wien
Longauer, Walter	Ressortleiter Infografik APA – Austria Presse Agentur
Maier, Michael	Ehem. Chefredakteur Die Presse
Maireder, Axel	Lektor Institut für Publizistik und Kommunikationswissenschaft, Universität Wien
Meidl, Christian	Forschungsassistent Österreichische Gesellschaft für Bildung und Kommunikation
Meyn, Guido	Interview- und Medientrainer ORF
Mitschka, Konrad	Verantwortlicher Training & Förderung ORF
Mück, Werner	Ehemaliger Chefredakteur Fernsehinformation ORF
Müllner, Werner	Stv. Chefredakteur, Chef vom Dienst APA – Austria Presse Agentur
Nembach, Eberhard	Korrespondent ARD
Nikbakhsh, Michael	Ressortleiter Wirtschaft profil
Nikowitz, Rainer	Kolumnist profil
Nusser, Christian	Chefredakteur Österreich

Oberkofler, Anja	Rechtsanwältin Galanda & Oberkofler
Ortner, Oliver	Redakteur, Reporter ORF
Pauser, Michael	Ressortleiter Traffic & Continuity Ö3
Ransmayr, Georg	Redakteur Wirtschaft ORF-Zeit im Bild
Reif, Marcel	Chefkommentator Premiere, Fußballreporter
Reitan, Claus	Chefredakteur Österreich
Ribing, Rainer	Geschäftsführer Bundessparte Tourismus und Freizeitwirtschaft, Wirtschaftskammer Österreich,
Ritterband, Charles	Österreich-Korrespondent Neue Zürcher Zeitung
Rohrer, Anneliese	Fachbereichsleiterin FH-Studiengang Journalismus; Kolumnistin Kurier
Rudorfer, Silke	Forschung, Öffentlichkeitsarbeit FH-Studiengang Journalismus
Sablatnig, Wolfgang	Ressortleiter Innenpolitik Österreich
Schäfer, Theo	Ehemaliger Senior Vice President public relations Random House; Kultur-Manufaktur Alte Mühle
Schalt, Christian	Programmdirektor Kronehit
Schanza, Claudia	Redaktionsleiterin Gesundheit Österreich; Medientrainerin
Scherer, Helmut	Professor für Kommunikations- und Medienwissenschaft, Institut für Journalistik und Kommunikationsforschung/Hochschule für Musik und Theater Hannover

Schlager, Siegmar	Geschäftsführer Falter Verlag
Schuh-Haunold, Angela	Vertriebs- und Vertriebsmarke- tingleiterin Kurier/Mediaprint
Schulze Berndt, Mariele	Ehemalige Brüssel- Korrespondentin Der Tages- spiegel; freie Journalistin
Schwab, Nikolaus	Head Producer ATV Privat- Fernseh GmbH; Nikolaus Schwab Filmproduktion
Schweinzer, Robert	Leiter Produktmanagement Mul- timedia, APA – Austria Presse Agentur
Settele, Matthias	Ehemaliger Geschäftsführer RTL; Geschäftsführer SetTele Entertainment
Spatt, Georg	Pogrammdirektor Hitradio Ö3
Sperl, Gerfried	Ehemaliger Chefredakteur Der Standard
Starmühler, Herbert	Geschäftsführer Starmühler agentur & verlag
Staudinger, Christian	Redakteur, Reporter ORF
Stern, Thomas	Geschäftsführer Braintrust Mar- keting Services
Stimeder, Klaus	Herausgeber Datum
Stuiber, Petra	Korrespondentin Die Welt
Süssenbacher, Daniela	Fachbereichsleiterin FH- Studiengang Journalismus
Thurnher, Armin	Herausgeber und Chefredakteur Falter
Tóth, Barbara	Redakteurin Politik Falter, ehe- mals Der Standard
Trost, Hans Peter	Programmwirtschaftlicher Leiter Informationsdirektion ORF

Tscheligi, Manfred	Geschäftsführer USECON – The Usability Consultants GmbH
Uitz, Robert	Redakteur ORF
Unterberger, Andreas	Chefredakteur Wiener Zeitung
Vecsei, Paul	Generaldirektor Stabsstelle Kommunikation Wiener Krankenanstaltenverbund
Völk, Natalie	Stv. Leiterin FH-Studiengang Unternehmensführung – Entrepreneurship
Vogel, Michael	Geschäftsführer APA-PictureDesk GmbH
Voigt, Oliver	Geschäftsführer, Herausgeber Verlagsgruppe News
Wagner, Stefan	Geschäftsführender Gesellschafter intoMedia Medientraining GmbH
Wagner, Wolfgang	Sendungsverantwortlicher ZIB2 ORF
Watzinger, Alois	Project & Program Manager Deutsche Bank
Wawschinek, Georg	Geschäftsführender Gesellschafter intoMedia Medientraining GmbH
Weinrich, Kimberly	Geschäftsführerin weinrichworld
Weissenberger, Eva	Redakteurin, Kleine Zeitung
Wieselberg, Lukas	Chef vom Dienst, Redakteur science.ORF.at
Wolf, Franz Ferdinand	Kolumnist Kurier; Ex-Moderator „offen gesagt", ORF
Wrabetz, Alexander	Generaldirektor ORF
Zehetner, Hedwig	Generalsekretärin Arbeitsgemeinschaft Teletest / ORF-Markt- und Medienforschung

Zekert, Wolfgang	Geschäftsführer Österreich
Zettl, Kristina	Kommunikationstrainerin, Wirtschaftscoach Kommunikation & Information Zettl KEG
Zimper, Martin	Geschäftsführer Writing & Media Consulting
Zink, Herta	Geschäftsführerin think:zink – Kommunikations- und Mediaberatung